民事程序法论丛

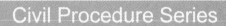

家事法院制度研究

陈爱武 /著

图书在版编目(CIP)数据

家事法院制度研究/陈爱武著.—北京:北京大学出版社,2010.5
(民事程序法论丛)
ISBN 978-7-301-17170-7

Ⅰ.家… Ⅱ.陈… Ⅲ.婚姻法-研究-中国 Ⅳ.D923.904

中国版本图书馆 CIP 数据核字(2010)第 077502 号

书　　　名:家事法院制度研究
著作责任者:陈爱武　著
责 任 编 辑:李　铎
标 准 书 号:ISBN 978-7-301-17170-7/D·2586
出 版 发 行:北京大学出版社
地　　　址:北京市海淀区成府路 205 号　100871
网　　　址:http://www.pup.cn
电　　　话:邮购部 62752015　发行部 62750672　编辑部 62752027
　　　　　　出版部 62754962
电 子 邮 箱:law@pup.pku.edu.cn
印 刷 者:三河市北燕印装有限公司
经 销 者:新华书店
　　　　　　650 毫米×980 毫米　16 开本　13.25 印张　205 千字
　　　　　　2010 年 5 月第 1 版　2010 年 5 月第 1 次印刷
定　　　价:28.00 元

未经许可,不得以任何方式复制或抄袭本书之部分或全部内容。
版权所有,侵权必究
举报电话:010-62752024　电子邮箱:fd@pup.pku.edu.cn

本书系司法部 2006 年度"法治建设与法学理论研究部级科研项目"——"比较法视野下的家庭法院"(06SFB5022)的最终成果。

论丛总序

本丛书的宗旨在于：大胆假设，小心求证；专注制度，推动立法。

2008年4月1日开始实施的修正后的《中华人民共和国民事诉讼法》之所以仅仅是局部性的，而非全面性的；之所以未达预期的效果，而难免令人有失望之感，究其缘故，固然有诸多或种种，然而深层次上的原因，不能不被认为是，学术研究未能跟上立法之需求也。

反观我国的民事诉讼法学研究，起初营营碌碌于注释法学，后来迅速遭到诟病，认为这种研究长此以往，难脱原地踏步之嫌；于是乎，取而代之的乃是所谓的理论法学，以抽象思维见长的学者们，纷纷登台发表高见，短时间内，竟一扫注释法学之积弊，法学研究的面貌因之而焕然一新。然而，时间稍长，人们便发现，坐而论道原本是一件更为轻松的事，难点还在于，将放飞的思绪从辽阔的天空中收回，屏心静气地进行艰苦卓绝的制度构建。

具体的制度构建全然有别于潇洒的理论畅想，它需要有透彻的理论把握，敏锐的时代触感，宽阔的学术视野，务实的精心构筑，以及弥漫于全书中的价值说服力。这样的理论研究，显而易见，是多了一份枯燥，少了一份浪漫；然而，这样的理论研究，同样显而易见的，乃是真正的理论升华，培植了真正的学术之根。

德国学者海德格尔通过对"真理"一词的词源学考察表明，真理的古希腊语是 aletheia，原意是"无蔽"。可见，真理的本质就在于无蔽，而无蔽就是敞亮，敞亮就是本真。我们这套丛书，就是试图将我们各位作者本真的制度构想——无论是全面的抑或局部的，敞亮开来，达至无蔽，然而同时还要绝对地说：我们距离真理很远。

因为我们距离真理很远，所以我们欢迎批评；因为我们贡献的是本真，所以我们能够收获真诚的争鸣——正是在争鸣中，民事诉讼法才能在妥协性的智慧中，扬帆远航。

此为序。

前　言

一、选题的由来：从家事纠纷到家事法院

家事法院是指专门处理涉及婚姻家庭领域各类家事案件的审判机构的总称。[①] 世界上大多数国家和地区都建立了具有自身特色的家事法院或家事法庭，如日本早在1948年就建立了与地方裁判所并立的家事裁判所，构建了完善的家事法院制度。德国、澳大利亚、美国的一些州、英国的高等法院等也都建立了独立的家事法院或家事审判庭。

国外普遍建立家事法院，主要根源于整个社会对家庭关系以及家庭关系纠纷的特殊性的理性认知，而这种认知又是在跳出法律内在视角之外，利用社会学的研究成果、在抽象层面的人类关系中去进行考察和分析后获取的。

在国外社会学家的眼里，人们之间的社会关系可以划分为初级关系（primary relationships）和次级关系（secondary relationships）。初级关系是指在初级群体内部形成的一种个人的、情感的、不容置换的关系，包括个体的各种角色和利益。与初级关系相对应的组织是初级群体，是指相对小、有多重目的的群体，在那里人们的互动是亲密无间的，并存在强烈的群体认同感。家庭就是最重要的、最常见的初级群体。

初级关系具有如下特征：关系的参与者扮演了各种角色，并牵涉多种利益，包括了全面的人格要素；初级关系由于具有多人格的方面，关系不

[①] 本书所称的家事法院是广义的概念，它既包括与普通法院并列的家事法院，也包括设立在普通法院内部、相对独立的家事审判庭或家事法庭。

容易转移;初级群体的整合程度很高,个别成员的背叛,会遭到非正式的严厉制裁;初级关系的维持和初级群体的控制,主要通过习惯、风俗、伦理道德以及群体意识等非正式手段实现。

与初级关系相比,次级关系是缺乏感情深度的关系,其所包含的只是人格的某些方面。次级关系存在于次级群体之中。所谓次级群体,是指其成员为了某种特定的目标集合在一起,通过明确的规章制度结成正规关系的社会群体。相比之下,初级关系主要通过习俗、伦理道德、群体意识等非正式手段加以控制和维持,以诉讼方式解决纠纷的可能性小;而次级关系主要以正式的、明确的法律、法规和规章予以控制,以诉讼方式解决纠纷的可能性大。①

与初级、次级关系的分类类似,美国学者格鲁克曼把人们的关系划分为简单关系和复杂关系。所谓简单关系,是指人们之间为了非常有限的特殊目的而建立的关系,其特点是目的单纯、接触面单、存续时间短。而复杂关系,则是指人们之间为了各种目的而广泛接触所建立起来的关系,特点是目的复杂、接触面广、存续时间长。简单关系和复杂关系所需要的社会控制形式不同。在复杂关系中,人们之间有较多的相互控制方式,使得正式的法律方法较少被使用,而且复杂关系中多方面的权利义务关系相互交错,非黑即白的法律方法的运用存在较大的困难。反之,在简单关系中,人们之间相互控制的方法较少,而权利义务关系明确,正确的法律方法是主要的控制手段。②

此外,在韦伯的契约理论中,也把契约分为身份契约和目的契约。所谓"身份契约"主要是指产生于家庭和继承法领域或者公法领域中的契约,而"目的契约"则是指出现在交换和市场经济中的契约。"身份契约"大多数是"信徒性契约",根据这种契约,某人就变为了另一人的子女、父亲、妻子、兄弟、主人、奴隶、亲戚、战友、保护人、顾客、随从、家臣、附属、朋友,或一般来说,就是同志。而"目的契约"大多数属于"货币契约",它既不影响当事人的身份,也不产生新的同志关系,仅仅是为了特定的(尤其

---

① 参见〔美〕戴维·波普诺:《社会学》,李强等译,中国人民大学出版社1999年版,第172—177页。本部分内容之论点及阐述还受到巫若枝博士的博士论文的启发,特此感谢! 参见巫若枝:《当代中国家事法制实践研究——以华南R县为例》,中国人民大学2007年博士论文。
② 参见朱景文:《比较法社会学的框架和方法——法制化、本土化和全球化》,中国人民大学出版社2001年版,第433—443页。

是经济的）履行或结果而进行交换。① 目的契约追求的是短暂的利益交易，而身份契约则指向获得长期的成员资格，关系的内容复杂而全面。因此，身份契约与目的契约使用不同的原则，后者可以为契约自由原则所覆盖，前者却不能。②

根据社会学家对人类关系的上述分类，我们可以把婚姻家庭关系放在上述关系的坐标中对号入座。显然，婚姻家庭关系是典型的初级关系或者复杂关系，家庭是典型初级群体，家庭成员间的契约形式是身份契约；与此相对应，民事主体之间的财产契约关系是典型的次级关系、简单关系，其契约形式是货币契约或者目的契约。正是源于这一显著的差异，两种社会关系的"调整手段与纠纷解决手段也应有根本差别。换言之，家事实体法与程序法应该有高度独立于一般民事法律的地位"③。进而言之，作为特殊社会关系的婚姻家庭关系一旦发生纠纷，其纠纷的样态、特征以及具体的解决纠纷的途径和方法也将与一般民事纠纷有着显著的区别。

其一，家庭纠纷不仅涉及私人之间的权益之争，同时也涉及社会之公益，如果听任私人按照私法纠纷自主解决机制进行塑造，势必会引发某些严重的家庭危机或社会问题，这是任何一个理性的政治国家都不愿意看到的现象。

其二，作为初级群体内部的家庭纠纷不仅涉及成年人之间的感情纠葛，而且还会涉及生活于家庭群体内的无辜的未成年子女，他们的抚养、监护、教育乃至身心健康等都会受到一定的影响，因此，在家庭纠纷的解决过程中，法官不得不考虑或斟酌纠纷直接当事人之外的群体的利益，而不仅仅是就事论事。

其三，家庭纠纷是亲人之争、熟人之争，纠纷当事人之间的权利义务关系表现得相当复杂。因为作为初级关系的人身关系突出的特点是长期性、非计算性、全面合作、相互依赖和难以转化。与次级关系相比，初级关

---

① 〔德〕马克斯·韦伯：《论经济与社会中法律》，张乃根译，中国大百科全书出版社1998年版，第104—106页。
② 〔德〕马克斯·韦伯：《经济与社会》之《法律社会学》，林荣远译，商务印书馆2004年版，第24—25页。
③ 巫若枝：《当代中国家事法制实践研究——以华南R县为例》，中国人民大学2007年博士论文，第15页。

系成员之间出现纠纷的频率更高[1],但成员之间对待纠纷的态度常常首先体现为忍让而不是对立,解决方式也多半是容忍、包容、回避或争吵等,较少对簿公堂。[2]

其四,家庭纠纷不仅涉及过去、现在,还可能涉及未来,当事人之间的纠纷往往不可能做到一了百了,在法院判决作出后的未来日子里,当事人可能还需要继续合作或进行共同的事务,如夫妻离婚后,不与子女共同生活的一方有探视子女的义务,另一方有义务配合,这样的交往至少截止到未成年子女成年。

其五,婚姻家庭关系作为一种身份关系,其身份契约的特点并没有由于现代化而发生本质变化。[3] 相反,现代化只是改变了传统社会和家庭中的那些负面的、消极的、不平等的控制因素,如家庭内部通过家长制的权威消解纠纷的力量被削弱或消除,法的利用增加,"法不入家门"的传统被逐步挤压。而这恰好是生成亲属法秩序以及形成家事专门法庭的重要因素。正如有学者指出的:"家长制权威相对较弱的社会中家事法会比较多,儿童法也比较多。离婚法庭与少年法庭的出现同样是家长制权威削弱的表现。一个家庭的自身的社会控制方式比较弱时,就更可能通过法律来解决其内部事务"。[4] 因此我们仍需要将身份关系和契约财产关系进行分类考察和分析。

总之,正因为家庭关系以及家庭关系纠纷的特殊性,很多国家才将它与普通民商事交往和民商事纠纷区别对待,不仅在实体法上进行特别规制,而且在程序法上单独设计解决该类纠纷的特别程序或者允许特殊规

---

[1] 为了解释这一点,费孝通先生在其《乡土中国——生育制度》中曾对初级关系的典型关系——夫妻关系进行过精辟的分析。他认为世上美满姻缘难求的原因主要在于人与人相处本身固有的难题。人本身是一个独立的封闭的系统,每个人的体验都不会完全相同,每个人都有自己的特殊经验,而两个人的合作需要共同知识。然而,人与人的完全理解是不可能的。夫妇之间更由于性别的差异而增加了相互理解的困难。传统中国社会里夫妻不追求互相理解,只要求各尽其职,交流也不是必要的,代表阿波罗文化的现代西方文化追求的是夫妇的相互理解,这就可能产生更多琐碎的误解、不满和冲突。参见巫若枝:《当代中国家事法制实践研究——以华南R县为例》,中国人民大学2007年博士论文,第71页。

[2] 参见〔美〕戴维·波普诺:《社会学》,李强等译,中国人民大学出版社1999年版,第172—177页。

[3] 参见〔美〕麦克尼尔:《新社会契约论》,雷喜宁、潘勤译,中国政法大学出版社2004年版,第12页。

[4] 巫若枝:《当代中国家事法制实践研究——以华南R县为例》,中国人民大学2007年博士论文,第77页。

则存在。而为了上述实体法和程序法追求的法秩序和法的效果能够最大程度的得以实现,很多国家在普通的法院之外设立了专门处理家庭案件的家事法院(家事法庭)。家事法院具有不同于一般法院的功能,它是集诉讼与非讼于一身、司法和行政手段为一体的独特机构,它不仅具有化解家庭中出现的纠纷的功能,而且还有形成未来良好秩序的功能;它不遵循通常的民事诉讼程序原理,而具有自己独特的程序理念。

二、家事法院制度的研究现状

家事法院是世界上多数国家和地区都普遍建立的一项制度,美国、日本、澳大利亚、德国等国家都构建了完善的家事法院制度,这些国家之所以建立家事法院,源于他们在理论上对家事法院的特殊功能和意义有着理性认知。从研究情况看,对家事法院制度的研究主要是伴随着家事审判制度研究而逐渐深入的。

日本学者中村英郎著有《民事诉讼理论的法系考察》(日本成文堂1986年版),该书中专门有一章是关于"家庭事件裁判制度的比较法研究",对各国的家事法院的功能、目的进行了系统分析;日本学者小岛武司在1992年发表了《家庭裁判所的手续法课题》一文,专门对家事法院的诉讼法意义进行阐释;日本学者沼边爱一在20世纪90年代撰写了关于家事审判与家事法院的系列文章和专著,如《家事案件的理论与实务》(日本评论社1990年版)、《家事案件的现状与问题二》、《家事调停中家事法官的责任五》等;日本学者野田爱子则在《家事月报》第38卷第8号上发表了《家庭法的世界潮流与家事法院》。上述关于家事法院制度的研究,比较深刻地揭示了家事法院的内在规律性及其理论价值,为家事法院制度的进一步完善提供了理论支撑。

我国台湾学者中也有对家事法院进行专门研究的学者,如台湾大学陈棋炎教授在20世纪80年代就撰文:《家事裁判所之研究》、《在吾国成立家事法庭之私见》,对家事法院的构建原理进行了论证。

从英美学者的著作看,英国学者Stephen Cretneyzai在2003年出版的"Family Law in the Twentieth Century:A History"中对英国20世纪70年代在高等法院创建家事审判庭的论证及论争进行了系统介绍;美国也有学者对家事法院进行研究,如L. B. Day,在"The Development of the Family Court"一文中对美国少年法院演变为家事法院的理论和实务进行了分析。美国家事法学者哈里·D.格劳斯在其所著的《家庭法》(法律出版社1999年英文版)一书中,对美国在20世纪60年代涌现的"家事法院运动"进行了介绍和评论。21世纪以来,美国学者和实务界人士仍然密切关注家事法院的发展和制度变迁,近年来比较热门的话题是"构建综合性家事法院"的计划,对该计划,支持者有之,反对者也有之,这方面的研究成果极为丰富,如美国律师协会综合性家事法庭协调委员会主席赫伯特·贝尔加德(Herbert J. Belgard),以美国律师协会名义,专门撰文对综合性家事法庭计划进行调查。① 2002年10月出版的《家事法庭评论》(Family Court Review)中有"家事法院改革"(Family Court Reform)专题,内有多篇涉及家事法院制度的文章。如安妮·格拉提(Anne H. Geraghty)、华莱士·马里尼克(Wallace J. Mlyniec):《谨慎地放缓发展综合性家事法庭的步伐》(Unified Family Courts: Tempering Enthusiasm with Caution);安德鲁·谢泊德(Andrew Schepard):《法学院与家事法庭改革》(Law Schools and Family Court Reform);朱迪斯·莫兰(Judithh D. Moran):《家事法庭改革:未成年人保护案——一项适宜的改革建议》(Family Court Reform: Fragmented Courts and Child Protection Cases: A Modest Proposal for Reform)等。

可以说,时至今日,各国对家事法院制度的研究和关注仍然处于一个较高的兴奋点上。不过研究的重点已经不单是是否设置家事法院本身的论证了,而是对家事法院制度进行全面研究。包括家事法院的调停和和解制度、家事法院的调查官制度、家事法院的保全令制度、家事法院法官的遴选等。如日本《判例时报》2006年6月21号、7月11号、7月21号三期杂志上就连载了日本家事法院调查官饭田邦男撰写的理论和实证相结合的论文:《现代型家事调停事件的性格与家事调停的课题》,该作者以自己作为一个家事法院调查官的亲身经历,撰文探索现代型家事调停事件与传统家事调停事件的区别,对家事调停论进行了再思考,对传统学说进行了检讨,进而提出了现代型家事调停的新课题。这些议论从一个侧面反映出这样一个信号:即围绕家事法院的研究已经日渐深入,其深度和广度都有了极大的扩展。

---

① Herbert J. Belgard, The American Bar Association and Unified Family Courts: Introduction to A Survey, Family Court Review, Sage Publications, Inc., January, 2004.

就我国而言,目前尚没有专门的著作或论文对家事法院进行研究,涉及这一领域的研究零星地存在于一些相关的专著、文章以及部分硕、博士论文。如王强义教授在1993年出版的《民事诉讼特别程序研究》一书中,首次提出建立人事诉讼的特别审判机构——家事法庭。在他看来,家事法庭符合身份关系的特殊性质要求,便于实行程序法上的特殊规则,如调解前置主义、职权审理主义以及不公开主义等,也便于与社会的"干预"相结合,产生最佳的处理效果。但家事法庭受理的案件不限于人事诉讼案件,而是包括人事诉讼案件在内的所有家事案件,家事法庭全面负责家事案件的调解和审判工作。① 此外,也出现了很多以家事审判为题的硕、博士论文,如河南大学尹诸洲2001年硕士论文:《家事审判制度研究》,中国政法大学张晓茹2006年博士论文:《家事裁判制度研究》等。这些论文中大都将所有家事案件统合起来进行研究,并在制度构建中提出建构我国家事法院的设想。随着家事类审判程序研究的不断深入,开始出现专门的家事法院研究,如南京师范大学李永燕2007年硕士论文:《家事法院比较研究》;蒋月:《家事审判制度:家事诉讼程序与家事法庭》(《甘肃政法学院学报》2008年第1期);张晓茹:《日本家事法院及其对我国的启示》(《比较法研究》2008年第3期)。这些研究在介绍国外家事法院的理论与实践的基础上,已经针对我国现状,对在我国设立家事法院提出构想或蓝图。当然,上述关于家事法院制度的研究仅仅是初步的、介绍性的,尚缺乏深层次的、全面的专题研究。因此,从某种意义上说,家事法院制度研究在我国还有着很大的学术空间。

三、本书的研究意义及价值

对家事法院制度进行系统研究至少有如下两点意义:

其一,该研究具有重要的实践意义。我国目前正处于传统社会向现代社会的转型时期,处于社会主义市场经济发育的初期阶段,各类矛盾呈现出急剧上升的态势。据统计,在我国众多的民事案件中,婚姻家庭类案件占到30%—50%,面对如此多发的家庭纠纷,如何妥当解决该类纠纷成为一个现实的问题。实践中,普通法院在处理婚姻家庭案件时往往力

---

① 参见王强义:《民事诉讼特别程序研究》,中国政法大学出版社1993年版,第301—306页。

不从心,因为婚姻家庭案件的特殊性使得该类纠纷按照普通程序处理后,"案结事不了",有些还酿成了恶性的刑事案件,家事法院的特殊功能在普通法院往往无法实现。因此,仅仅从妥当解决家庭纠纷角度而言,设立家事法院便具有十分重要的意义,同时这也与我国构建和谐社会的政策导向相吻合,有着极强的时代意义。

其二,该研究具有一定的理论价值。在家事法研究领域,我国尚没有人对家事法院制度进行系统研究,关于家事法院的性质、功能、价值、意义等理论问题没有学者作出系统的回应,这不仅对我国法院制度改革、民事诉讼制度改革以及亲属法制度创新带来障碍,而且也不利于上述学科理论体系的完善。近年来,学者们对于法院制度的改革可谓建言良多,有对四级两审制的法院系统进行全面改制的建议,有对各级法院的功能进行深刻揭示的宏论,还有针对专门法院改革进行大胆论证的,创新之处颇多。但对于是否设立专门的家事法院或家事法庭以及如何设立等却鲜有人提及,这与我国作为婚姻家庭纠纷大国的现实很不相称;在民事诉讼法以及亲属法领域,学者们尽管关注到了家庭纠纷的特殊性,也提出了构建人事诉讼程序和家事审判程序的设想,但对家事法院的相关论证却着墨甚少,没有引起足够的关注。专门对这一问题进行研究可以在理论上回应上述问题,为司法改革乃至我国法制建设带来可资借鉴的理论资源,为法院制度创新带来系统化思维,为程序法理论体系的完善带来些许贡献。

总之,对家事法院进行系统研究,具有多方面的收益,因为它处于多个学科门类的交汇点。这一研究既能汲取各个学科的学术养分滋养自身,又能通过自身的逻辑辐射影响相关制度的完善。

四、本书的基本框架和基本观点

本书分为五个部分。第一章,家事法院制度的产生和发展。该章首先介绍了家事法院的由来,对家事法院产生的现象和原因进行历史考察;接着具体考察世界上主要国家家事法院的立法和实践状况,包括美国、日本、德国、澳大利亚、英国等国家;最后对考察的结果进行分析和比较,从中探寻家事法院的形成规律和发展趋势。

第二章,家事法院制度的法理分析。本章系统分析了家事法院的性质、功能和价值,在此基础上归纳出家事法院的特色和优势。从性质上看,家事法院不仅具有司法性质,还在一定程度上具有行政性质以及社会性质,家事法院是具有多重性质的法院,是综合性法院;从功能上看,家事法院既具有普通法院所具有的解决纷争功能,还具有其特殊功能,即调整、修复和治疗家庭关系功能,保护儿童最大利益功能以及社会服务功能;从价值层面看,家事法院把实质正义、高效快捷、和谐秩序等作为其最重要的价值追求。与普通法院相比,家事法院具有综合性、个别性、科学性、社会性、前瞻性、大众性、非形式性、非公开性、治疗性和整合性、温情性等诸多特色和优势。

第三章,家事法院之主体构造。尽管家事法院制度已在许多国家扎下根,然家事法院发挥作用需要相应主体的有效运作,否则其目的必不能顺利实现,正如日本学者三个月章所言,"不论在形式上具有多么完备的机构,若运作主体之体质(阵容)脆弱,在运作的效率上亦会大打折扣"。[①]本章详细考察了各国家事法院的工作群体,包括家事法官、调查官、调解员、参与员(陪审员)以及与家事法院密切相关的法院外合作机构和人员等,对他们的设置及其职责等进行梳理和总结,期望找出其中的规律性要素,为我国家事法院的建构打下基础。

第四章,家事法院的设置及其管辖。本章结合国外家事法院的发展历程,对各国设置家事法院的各种因素进行归纳和分析,在此基础上对家事法院的设置模式进行细分,并对家事法院在整个司法体系中的定位进行解读;本章还对家事法院的管辖范围、家事法院的职权进行界定和分析;最后,从家事法院管辖范围的全面扩展的角度,介绍了美国构建综合性家事法庭体系的最新实践,以期对我国建立家事法院提供必要的借鉴和启示。

第五章,家事法院与我国的制度选择。本章对构建我国家事法院的必要性和现实可能性进行了详尽的分析,论证其合理性。在此前提上,对构建我国家事法院提出了一些宏观构想,期望在遵循一定指导思想和基本原则的基础上,在我国构建一个多层次的家事法院体系。

五、本书的研究方法

本书力求以多种分析方法、从多个视角多层面地解析家事法院制度

[①] 〔日〕三个月章:《法的客体の侧面と主体の侧面》,载《民事诉讼法研究》1976年第4卷,第3—9页。转引自蔡孟珊:《家事审判制度之研究——以日本家事审判制度为借镜》,台湾大学法律学研究所1997年硕士论文,第96页。

的法理与实证,以期达到全面把握家事法院的精髓和实质,为我国建构家事法院打下较为厚实的理论基础。具体而言,本书采用的研究方法主要包括:

第一,比较分析方法。

家事法院是源于美国的一个概念,其理论和构想在包括美国在内的若干国家得到实践。多年来,在各国具体条件和历史背景作用下,家事法院呈现出多元化的格局和样式。研究家事法院必得在域外广阔的实践中去观察和总结,因此,比较的方法是本书最重要的写作方法。通过比较,既领略家事法院在各国呈现的多彩画卷,弄清其产生和发展的特定情势,又从中找到共通的规律和发展走向,为我国家事法院的理论研究和制度创新提供基本的素材和样本。

第二,实证分析方法。

研究家事法院,还需要在理论阐述、比较分析的基础上,获取相应的实证材料,尤其是相关统计数据,这些资料既是对已有论述的佐证,又是进一步搜索新资料的基础。为此,本书查阅并援引了大量实证数据,以较为翔实的资料论证家事法院的正当性、合理性以及必然性,增强了文章的说服力。

第三,系统分析方法。

家事法院不是孤立的现象,研究家事法院制度,必须将其放在国家与社会这个大背景下展开,必须顾及到与家事法院相关联的若干组织与制度,包括家事法院内部的结构与外部的环境。只有把家事法院放在国家与社会这个大背景下,对家事法院的研究才能实现全方位的解读,才能避免盲人摸象式的片面观点和荒唐结论。同时,也只有在系统论的思维模式下,对我国的家事法院的制度抉择才能在我国国情基础上提出较为科学的设想和预测,为我国法院制度的创新乃至司法制度改革提供切实可行的参考方案。

总之,通过多种方法的综合运用,力争达致全面、客观、科学、公正的认识和评价,力争对有关家事法院的理论阐述和实践构想有理、有力、有据。

目 录

第一章 家事法院制度的产生与发展 …………………………… (1)
    一、家事法院的由来——从少年法院到家事法院 ………… (1)
    二、家事法院在英美法系国家(地区)的产生和发展 ……… (5)
    三、家事法院在大陆法系国家(地区)的产生和发展 ……… (21)
    四、本章小结 ……………………………………………………… (29)

第二章 家事法院制度的法理分析 …………………………… (33)
    一、家事法院的性质 …………………………………………… (33)
    二、家事法院的功能 …………………………………………… (41)
    三、家事法院的价值追求 ……………………………………… (54)
    四、家事法院的特色和优势 …………………………………… (60)
    五、本章小结 …………………………………………………… (69)

第三章 家事法院之主体构造 ………………………………… (71)
    一、家事法院之法官 …………………………………………… (71)
    二、家事法院之特别辅佐机构 ………………………………… (81)
    三、家事法院与院外合作机构和人员 ………………………… (93)
    四、本章小结 …………………………………………………… (98)

第四章 家事法院的设置及其管辖 …………………………… (100)
    一、设置家事法院的因素分析 ………………………………… (100)
    二、家事法院的设置模式及定位 ……………………………… (105)

三、家事法院的管辖范围及其职权……………………（114）
　　四、家事法院管辖范围的全面扩展
　　　　——美国构建综合性家事法庭体系的最新实践………（122）
　　五、本章小结……………………………………………（127）
第五章　家事法院与我国的制度选择……………………（129）
　　一、构建我国家事法院的必要性分析…………………（129）
　　二、构建我国家事法院的可行性分析…………………（154）
　　三、构建我国家事法院的宏观构想……………………（165）
　　四、本章小结……………………………………………（178）
主要参考文献………………………………………………（180）
后记…………………………………………………………（193）

第一章
家事法院制度的产生与发展

一、家事法院的由来——从少年法院到家事法院

(一)少年问题的由来①

少年问题(juvenile delinquency),早先主要是指少年犯罪问题,后来这个概念的内涵不断扩展,远远超过了刑法意义上的"犯罪",如美国在定义 juvenile delinquency 的范畴时,不仅包括少年犯罪,还包括吸食迷幻药、逃学离家、流浪街头等不一定需要刑罚制裁的偏差行为。② 这个问题之所以引起重视,是因为它与社会安全密切相关,加之少年年事尚幼、心智尚未成熟,未必有自由意志,因此,从古代时起,君主或帝王的法令就对少年问题另眼相待,即对犯有罪错的少年,或予以宽宥,或减免其刑罚,如我国《唐律》规定:7 岁以下,虽死罪不加刑;70 岁以上,15 岁以下及废疾,犯流罪以下收赎(《名例律》)。遂重至谋反及大逆,家族依法缘坐,父子年二六以上皆绞,然年在 15 岁以下者,亦仅没官而已(《盗贼律》)。

客观而言,由于传统家庭结构以及宗教的影响,应当说我国古代以及欧洲中世纪以前的若干时间里,少年问题、少年犯罪问题并不是一个严重

---

① 这里的"少年"到底是指处于什么年龄阶段的未成年人,不同国家或者同一国家的不同州在不同历史时期的认识并不相同。1899 年美国伊利诺伊州《少年法院法》规定,少年法院可以对任何 15 岁或者 15 岁以下违反伊利诺州法律或者市法令的少年犯行使管辖权。后来这一年龄在其他州的少年法院管辖范围中不断被提高,从 16 岁、17 岁直至 18 岁。目前伊利诺伊州少年法院对 16 岁及 16 岁以下违法犯罪者有管辖权,其他绝大多数州都是界定 18 岁为少年法院管辖的少年犯罪年龄上限。从下限看,美国有的州认定为 7 岁,有的则规定为 10 岁,但多数州认定为 14 岁。我国对少年犯罪的年龄界定也基本上界定在 14—18 岁之间。

② 参见张鸿巍:《美国少年法院研究》,载《广西大学学报》(哲学社会科学版)2005 年第 2 期。

的问题,因此不可能就此问题专门制定法律。

但到了18、19世纪,情况发生了巨大的变化,尤其是19世纪末、20世纪初,由于西方国家工业化、现代化的影响,新兴的城市不断产生,城市中工厂林立,人口稠密,妇女的角色悄然发生着变化,她们不再是固守家庭、相夫教子的家庭主妇,而是广泛参加就业的职业女性,在纺织、娱乐、餐饮等领域都活跃着她们的身影,由此带来的后果是大量少年缺乏家庭的有效管教,在成长过程中可能因为内外因素的综合影响而出现行为偏差甚至走上犯罪道路;另一方面,城市丰富的娱乐生活乃至各种文化现象对少年既有启发智慧的积极功效,但对缺乏有效监管的少年又极可能产生负面效应,因为心智尚不成熟但求知欲旺盛、模仿性极强的少年最容易受到不良诱惑,误入歧途,有的因此走上犯罪道路。因此,少年犯罪问题在这一时期急剧增加实乃具有客观之必然性。之后,第一次世界大战发生,该次战争影响区域之大、死伤人数之多,远较以前任何战役为甚,家破人亡、妻离子散,尤其是少年失其教养者不计其数。在工业化、城市化、战争等多种因素的交织作用下,少年犯罪问题不仅数量大增,而且日趋严重。

少年问题的出现及不断增多,引发国家及社会有识之士的关注,如何对待这些犯罪以及具有行为偏差的少年成为一个沉重的话题,社会学、刑事司法学学者更是将这一问题列为重要课题进行研究。

(二) 少年保护及少年法院

在18世纪以前的若干时间里,人们普遍认为,对待孩子,尤其是那些具有偏差行为的孩子,最好的处理办法就是用鞭子、棍棒和其他东西来进行体罚,以达到矫治非行少年的目的,而对家长们的体罚的幅度和程度法律一般都没有严格的界定,甚至13世纪的荷兰法律指出:"只有把孩子打到他流血,他才会记住这些教训。"① 我国千百年来也推崇"棍棒底下出孝子"这个"公理",因此,家长、老师体罚未成年人是十分正常的行为,否则就是"子不教,父之过"。在这种背景下,国家和社会不可能理性认知少年保护的必要性,也不可能对实施体罚的家长或老师进行限制或处罚。从国外情况看,一直到欧洲文艺复兴以前,都很难看到家长因将孩子打死而受到惩罚的案例。

---

① 参见张鸿巍:《美国少年法院研究》,载《广西大学学报》(哲学社会科学版)2005年第2期。

然而,到了18世纪以后,对未成年人的以暴力体罚为主的教育方式在数量上开始逐渐呈现下降趋势。少年应当受到特别保护的观点逐渐占据了对待少年问题的主流意识;同时伴随着19世纪工业化和城市化的迅猛发展,新兴的资产阶级,利用公民社会和政治参与的机制,推动政府承担起保障公民,特别是弱势社会群体基本权利的责任,以保障公民能更为公平地分享工业经济的"前进"所带来的成果,受此影响,社会不断对刑事司法理念和实践进行反思,众多思想家们提倡"孩子中心主义",认为应当对少年司法进行修整和完善,不但要建构少年劳工法、少年社会福利法、义务入学法,还必须建立一种全新的少年刑事司法保护体系①;从法律上看,英国普通法在数个世纪以来形成的法院判决中已经形成了"少年应该承担更低的刑事责任"的传统。

上述源于社会的、经济的和文化上的历史变迁导致国家对待有关少年问题的思想发生重大变化,那就是不仅侵犯少年人身权利的行为要受到谴责或追究,更进一步的,少年违法、犯罪以及其他的偏差行为也应当以区别于对待成人犯罪的方式来进行处理。国家与社会已悄然将对少年犯罪的处理理念从惩罚主义、报应主义演变为保护主义,并使之区别于成年人犯罪的处罚。正所谓"少年犯罪人所犯者,并非犯罪(crime),而应视之为非行(delinquency);而对非行少年所为处置,亦不应是刑罚(punishment),而仅是一种保护处分(protective treatment)已耳"。②

在上述思想和观念的指引下,少年司法机构由此产生。

从世界范围看,美国于1894年制定了世界上第一部少年法,其中已经涉及少年司法特殊性的先进思想和理念;1899年5月和7月,美国伊利诺州议会分别通过了《安置生活不能自理、被遗弃和违法未成年人条例》和《伊利诺州少年法庭法》,该法规定,少年司法的原则是为符合规定的少年提供照顾、保护及道德、精神和身体全面发展的机会。该法还授权为此目的设立少年法院,依据这一规定,在伊利诺州律师协会、当地法学家、社会科学家、社会工作者的敦促下,1899年7月11日,专门审理少年案件的少年法院在伊利诺州芝加哥市考克县建立。③ 这通常被认为是世界上

---

① 参见张鸿巍:《美国少年法院研究》,载《广西大学学报》(哲学社会科学版)2005年第2期。
② 陈琪炎:《亲属、继承法基本问题》,台湾三民书局1980年版,第553页。
③ 张中剑、赵俊等:《少年法研究》,人民法院出版社2005年版,第323页。

第一个少年法院(Juvenile Court)创设的标志。其后,建立专门少年法院或专门少年司法机构的做法逐渐影响到美国其他州和世界各国,被他们所仿效。

少年法院作为处理少年案件的专门法院,在审理程序上具有显著的特殊性,因为对于成年犯罪人,通常应遵照严格的诉讼手续与证据法则,来作为有罪认定的根据,这些司法手续上的严格性与形式性,乃是保障被告基本权利时不可或缺的。① 但对于未成年犯罪人,既然不是作出刑罚处置,而是实施保护处分,则不应当按照刑事法庭之严格手续来处理案件,而应有特别的程序以资适用。在这一背景下,少年法院为了能对少年犯罪人实施适当的保护处分,就应随少年之个性及其所处环境,做具体的、个别的处置,因此,少年法院设置了一些特别的组织或人员,如有专门知识的调查官、观护人、精神科医生、心理学专家等。这些机构或人员的设置使少年法院的特殊机能得到进一步体现。

(三) 从少年法院到家庭法院

少年法院的审理对象,起先主要是涉及少年犯罪的案件,后来逐步扩展到包括少年犯罪在内的少年非行案件,但随着少年问题的不断增多,少年法院的管辖权仅仅局限于少年非行案件仍不能满足保护少年的需要,因为"少年之所以为非作歹,多因父母监护不周所以致者",故对这些问题少年,作适当的监护措施,才是所谓保护处分之具体内容。即便少年没有非行作为,但如果其无父母或父母不为适当监护时,该少年就是所谓"被放任的少年(neglected children)",他(她)们也应当是少年法院管辖权所之对象。② 由此,除了少年犯罪、少年非行行为外,少年放任事件,以及与少年监护有关联的一切事件,如未成年人监护人的选任、亲权停止、收养以及禁治产未成年人之监护事件等皆由少年法院管辖。少年法院的管辖权范围实际上已经扩大到涉及私法的身份关系的事件范围。

以后,随着人们对少年事件认识水平的不断提高,少年法院的管辖权在上述范围内又有进一步扩展的趋势。因为人们逐步发现,在少年法院所处理的少年案件,多半与家庭生活、父母婚姻关系之不调和或破绽等有

---

① 陈琪炎:《亲属、继承法基本问题》,台湾三民书局1980年版,第554页。
② 同上注书,第555页。

密切的关联。也即问题少年的监护,常常潜藏着更复杂的家庭问题,尤其是该问题少年的父母间的问题,才是产生问题少年的主要原因。因此,应当将问题家庭与问题少年当做一个整体来处理,在防止家庭崩溃的同时,使少年能重新做人,避免其犯罪行为再度发生。而为使少年法院能对问题少年作更适当的保护处分,则似有使少年法院管辖家事事件的必要。要之,少年法院本来所管辖的问题少年之非行案件及放任案件,毕竟也仅是家事事件之一部分而已。① 但由少年法院管辖家庭事件,从设立少年法院的宗旨而言又似有不妥,故由少年法院发展而成立独立的家庭法院成为一种必然。"这一由少年法院发展,而终形成家庭裁判所之趋向,不但在少年法院之实务处理上,有如此要求,纵在理论上,亦非经过如此演变过程不可。详言之,为针对具体的、个别的少年犯罪人,施以适当的保护处分,既应成立有特别组织及权限之专门化的少年法院,则为个别的妥善处理具体的个人身份法关系纠纷,亦自有成立家事法院之必要"。② 因此,一些国家率先成立了管辖少年及家庭事件的专门法院、家事法院或者在少年法院之外另行组建单独的家事法院,分管家庭事件。

可见,家事法院实际上是从少年法院发展演变而来,或者说是受到少年法院的启发而形成。家事法院一经产生,便如星星之火,在世界上很多国家呈现出燎原之势。现如今,家事法院已经成为各国法院系统的重要组成部分。

二、家事法院在英美法系国家(地区)的产生和发展

(一) 美国

美国是世界上最早成立实质意义上的家事法院的国家。

从某种意义上说,家庭法院源自少年法院,是少年司法独立化以后逐步形成的。前已述及,1899 年,世界上第一个专门审理少年案件的少年法院在美国伊利诺州芝加哥市考克县建立。其后,建立专门少年法院或专门少年司法机构的做法逐渐影响到美国其他州和世界各国,被他们所仿效。尽管早先成立的少年法院是针对青少年问题的专业法院,但少年

---

① 参见陈琪炎:《亲属、继承法基本问题》,台湾三民书局 1980 年版,第 555 页。
② 同上注书,第 555—556 页。

法院的管辖事宜很快扩展到与少年相关的家庭成年人案件,因为美国司法机构根据其长期经验认识到少年问题与其家庭的成年人问题密切相关,"为了解决少年问题,就必须认识到离婚后双方的人际关系调整、对子女的抚养以及财产分割等问题的重要性,并将之纳入法院的管辖范围"。① 如果抛开与少年相关的成年人案件,则那些涉及少年问题的案件将难以得到妥当处理。基于这样的认识,少年法院的管辖权随之扩大到与少年有关的部分成年人案件,少年法院的性质和范围与设立之初的预计已经相去甚远。

1910 年,美国纽约州水牛城为解决在实质上属于家庭纠纷的家庭刑事事件,在地区(市)法院内设立了家事法庭(Division of Domestic Relations),专门处理丈夫对妻子或子女之抚养疏忽与暴力等轻微刑事案件,采取少年裁判监护程序的精神,以调整夫妻关系的方式代替处罚,适用刑法或衡平法加以裁判。②

1914 年,俄亥俄州辛辛那提市设立家庭关系法院(Court of Domestic Relations),除收养事件及与子女无关之抚养懈怠事件外,所有少年事件及家庭事件(包括离婚、赡养费)均归其管辖,这可谓美国设立家庭法院的先驱。同州其他市先后仿效,进而影响到其他州,均以家庭法院或家庭关系法院为名称,或设立为独立的家庭法院,或设立属于普通法院一部的家事法庭。

1917 年,美国全国观护协会(National Probation Association)将家事法庭的管辖权概括为:疏于照管未成年人诉讼、遗弃未成年子女或老人案件、非婚生子女抚养案件、少年错失行为及助成少年犯罪之成年人刑事案件、收养与监护权纠纷、离婚及赡养费争议等。此后,在庞德倡导的法社会学派的有力推动下,美国在全国开展统一家庭裁判所的运动。受此法学派影响的少年法院发展了"社会化之程序"(socialized procedure)及"个别化之裁判"(individualized justice),形成了以法律及其他科学(如医学、心理学、社会学等)协同把握对象之个性,并予以适当处置之裁判制度。更进一步,以治疗代替惩罚之少年裁判所观点及方法,被适用于家庭事件上。

---

① 〔日〕中村英郎:《民事诉讼理论的法系考察》,日本成文堂 1986 年版,第 111 页。
② 参见蔡孟珊:《家事审判制度之研究——以日本家事审判制度为借镜》,台湾大学法律学研究所 1997 年硕士论文,第 30—31 页。

然而，由于家事法庭的管辖权与州内其他法院的管辖权竞合，引发种种问题，美国自20世纪60年代开始了大规模的创建独立家事法院运动，主张者们希望在各州内建立起单独的家事法院，由具有专业法律知识和家事知识及经验的法官、社会工作者、心理学家、精神健康保健专家等专业人士组成。该法院基本将承担1/3左右的司法工作量，采取更为灵活的诉讼程序，适用各种替代纠纷解决方式，减少美国长期形成的对抗性诉讼特征。① 但是，这一改革主张并未得到广泛支持，社会各界对此褒贬参半。至今，仅有大约十二个州设立了专门的家事法院（如加州、大纽约市等）。在这些州内，独立的家事法院是州法院系统的正式初审法院。同时，地方治安法院作为非正式的初审法院，也享有部分家事纠纷的初审管辖权。当然，美国的立法者、法律学者，乃至普通社会公众已经逐渐认识到家事诉讼与其他民事、刑事诉讼的重大差异，有限度地承认了对家事案件适用特别程序的必要性，因而，几乎所有州都设立了专门的家事法庭。1993年，美国律师协会提出家事诉讼机制改革的基本原则：所有涉及家庭与子女问题的案件根据通常的管辖划分；在同一管辖区域内应合并至最高法院所属同一法院系统，审理此类案件的法院应负责为未成年子女及其家庭提供各种法律与社会援助。为此，法院应有适当的经济能力适格与称职的工作人员来完成其职能。

目前，在美国的法院体系中，家事法院（家事法庭）和青少年法院在一些州都有一席之地，常常并列设在郡法院或地区法院内部。同时，在司法界有"万能博士"之称的非正式法官的"治安法官"也可以受理部分简单的家庭案件，市法院也可以受理部分家庭案件，但多数家庭案件的初审由郡法院或地区法院受理。家事法院在美国州法院系统的地位可以从佛罗里达州组织良好的、统一的法院制度中窥其一斑，也可以在弗吉尼亚州简单的四级法院体制中看到其踪影。②

---

① 参见〔美〕哈里·D.格劳斯：《家庭法》（英文版），法律出版社1999年版，第169—170页。

② 美国存在着双重法院体制，即联邦法院和州法院。联邦法院有两种类型法院，一是依宪法成立的法院，二是依立法成立的法院。前者又主要包括联邦地区法院、联邦上诉法院和联邦最高法院。而州法院在结构和名称上存在着极大的差异，本书所称的州法院体系是根据一些典型的州司法制度（如佛罗里达、弗吉尼亚州）创造的"合成物"，以便对州司法制度进行直接的描绘。参见宋冰编著：《读本：美国与德国的司法制度及司法程序》，中国政法大学出版社1998年版，第97页。

参见下列表1和表2。

表1　佛罗里达州司法系统①

法院	案件范围
治安法院。该法院由治安法官(the justice of the peace)构成,治安法官又称县官(magistrate),或者乡绅(squire)。治安法官通常由选举产生,有时也由任命产生,任期2至6年。治安法官是非正式法官。	受理轻微的民事纠纷和刑事轻罪。其中民事案件中包括部分家事纠纷案件。
市法院,有时被称为交通法院、小数额法院、夜间法院或警务法院。市法院是一级初审法院而不是上诉法院,并且是第一个州立的"有诉讼记录的法院"。市法院法官几乎全部是受过专门训练的律师。	基本管辖权因州而异。一般可受理的民事案件的最高限额在1200美元(路易斯安纳州)到1.5万美元(田纳西州)之间不等;也可以受理轻微的刑事案件。
郡法院,郡法院的受案范围相当广泛,这类法院通常会采用陪审团制度。与郡法院相关联的审判机构主要包括:中级民事及刑事法庭、刑事法院、孤儿法院、遗产检验法院、家庭法院、少年法院、衡平法院、代理验证法院和大法官法庭等。	与郡法院相关联的审判机构名称项目下的所有纠纷都享有管辖权
中级上诉法院,也称上诉法庭(纽约)或者称高等法院(宾州)。尽管在许多州,案件直接由郡法院上诉到州最高法院,后者的工作压力却常常使中级上诉法院的产生成为必要。	中级上诉法院的体制类似于联邦上诉法院,根据立法,它是下级法院案件上诉的第一站,往往也是最后一站。在较大的州,如纽约州和费城,它根据适当的分工处理上诉案件,所做的工作相当重要。
终审上诉法院,又称最高法院(几乎所有州都这样称呼),但也有州称为上诉法庭(如纽约州和马里兰州);最高司法法院(如缅因州和马塞诸塞州);最高上诉法院(如弗吉尼亚州)等。无论名称如何,其判决都将成为该州的法律,对其下级法院来说是终极的、有法律拘束力的判决。	包括所有下级法院的裁判上诉案件。这里的下级法院是指地方法院和州立法院。

---

①　本图表的内容来自宋冰编著:《读本:美国与德国的司法制度及司法程序》,中国政法大学出版社1998年版,第98—99页。但图表及图表内容的归类系笔者整理。

表 2 弗吉尼亚州司法系统①

法院	案件范围
最高法院（7位大法官）	对判处死刑的刑事案件、涉及行政机关的案件和刑事处罚案件拥有法定管辖权； 对民事案件、死刑以外的其他刑事案件、有关行政机关、青少年犯罪、刑事处罚、初审、庭审过程中的决定等案件可以自己决定是否管辖。
上诉法院（10位法官）	对某些民事案件、涉及行政机关的案件和某些初审案件有法定管辖权； 对死刑以外的其他刑事案件可以自己决定是否管辖。
巡回法院（31个巡回法院、122个巡回法庭）（141位法官）	侵权、合同、房地产权（0—1000美元、无上限）、精神健康、行政机关的上诉案件、竞合的民事案件、家庭关系、民事上诉案件、地产管辖权； 轻罪、刑事上诉案件，对重罪的专属管辖权； 违反条例的案件； 有审判团参与的审判。
地区法院（204个综合性地区法院，青少年法院、家庭关系法院）（118位FIE综合性地区法院法官，84位FIE青少年法院和家庭关系法院法官）	侵权、合同、房地产权（0—7000美元）、扶养或监护、URESA、家庭暴力、家庭关系轻罪、精神健康、发法克斯郡的小额赔偿诉讼； 重罪、轻罪，对DWI、DUI的专属管辖权； 违反条例的案件，对机动车、停车、轻微交通肇事的管辖权； 对青少年案件的专属管辖权； 预审管辖权； 无陪审团参与的审判。

如今,家事法院这个概念已经深入人心,但"家事法院的定义及其究竟替代了现存法院体系中的哪个部分"的问题似乎尚无定论。美国亚利桑那州家事法院体系构建委员会曾指出:不同的人对家事法院的定义不同,最广泛的定义是该法院是处理所有与家庭有关的法律问题的简单法院。家事法院常被描述为一个以人为本的殿堂,不止是一个单纯的解决家庭成员间法律冲突的法庭,目的在于服务人民,而不是将家庭问题纳入预先设计好的法律框架。但这种对崇高目的的描述不能解决家事法院定

---

① 参见宋冰编著:《读本:美国与德国的司法制度及司法程序》,中国政法大学出版社1998年版,第108页。

义不明确的问题。众所周知,早在家事法院出现之前,解决离婚和监护权纠纷的法庭就已经存在了。对家事法院的定义应当能体现该法院体系的特征与必要性,就像是"为什么我现在要扔了旧车买新车呢?"的问题,考虑的因素至少有:(1)旧车的缺陷;(2)新车的好处。既然要构建新的司法体系,就得说明现行体系的弊端和新体系的优越性。我们至少得弄清楚,花那么大的"价钱",究竟能"买"到些什么?①

的确,关于家事法院设置的目的究竟是什么,与普通法院相比,家事法院到底有何优越性等诸如此类的问题,人们的认识尚存分歧,疑惑也很多,但美国多数州都设立了专门审理家事案件的家事法庭或者家事法院却是不争的事实。

(二)英国

英国家庭法院(家事法庭)的产生并不是从少年法院衍化而来,重要的因素是因为以离婚为核心的家庭事件迅猛增长的结果。可以说,如果没有离婚的世俗化以及无过错离婚主义在立法中的引进,则就不可能有离婚率的大幅增长,以及诸多家庭问题的出现,家事法庭也就不可能应运而生。

从英国历史上看,在很长一段时间,法院是不能介入婚姻生活的,即使夫妻已经无法共同生活,法院也无权判决离婚。12世纪中叶至16世纪宗教改革期间,英格兰规范婚姻关系的法律是由教会法院执行的罗马天主教《教会法》。《教会法》主张禁止离婚主义,认为婚姻是神合之作,婚姻使男女在肉体上结为一体,婚姻在配偶双方和上帝之间建立了不可解除的永久的关系,不能用任何世俗力量解除婚姻关系。普通法法院无权作出离婚的判决,人们只能通过宗教法院获得别居。因重大事由需要离异的,须经国会单独的私法案,被称为"立法离婚"。② 在很长的时间里,英国的宗教法庭对婚姻行为有排他的管辖权。③ 他们能宣告婚姻无

---

① Gerald W. hardcastle, Adversarialism and the Family Court: A Family Court Judge's Perspective, UC. Davis Journal of Juvenile Law & Policy, The Regents of the University of California, Winter, 2005.
② 参见〔美〕哈里·D.格劳斯:《家庭法》(英文版),法律出版社1999年版,第335页。
③ 在英国历史上,对家事案件行使管辖权的法院并不是统一的,家事案件往往由不同的法院分而治之,如与亲子、继承相关的事件常常由普通法法院审理;子女监护养育事件由治安法院(法庭)处理;夫妻财产问题主要由衡平法院处理;教会法院则几乎成为专门处理婚姻事件的法院。参见蔡孟珊:《家事审判制度之研究——以日本家事审判制度为借镜》,台湾大学法律学研究所1997年硕士论文,第29页注解。

效,然后称作"解除婚姻关系";也可以追溯既往,使有缺陷的婚姻归于无效。除了宣布婚姻无效,宗教法庭可以只判令夫妻分居,且分居双方不享有再婚的自由。当然由于整个程序进行起来非常艰难且花费不菲,所以只有少数特权者可享受这一权利。据称宗教离婚的影响是巨大的,即便当婚姻司法权被移交到民事法庭之后并且一项允许完全离婚(离婚双方享有了再婚的权利)的法案业已颁布,世俗法庭仍是毫无改变地承袭了教会法庭的裁判程序,并保留了这样一种观念——离婚作为对错误婚姻的补救,只能提供给"无罪"的一方,对"有罪"的一方无效。①

最初规定英国离婚制度的世俗立法是1857年的《离婚诉讼法》,该法遵行的是离婚有责主义的立法思想,1923年《离婚诉讼法》进一步完善了有责离婚之规定;之后,至1937年的《离婚诉讼法》,婚姻破绽主义思想渐露端倪,并在该立法中有所体现;第二次世界大战后伴随着社会的巨大变动,离婚的数量大幅度增加,人们对离婚态度的变化也使社会对离婚采取了宽容的态度,有责主义的离婚立法于是受到广泛质疑。1969年英国颁布《离婚改革法》,该法于1971年生效,正式引入了破裂主义,使英国离婚法发生了彻底的变化。② 这一变化导致的结果之一是离婚变得越来越容易,离婚数量呈现大幅增长的趋势。一些专家更是通过数据表明"无过错法律制度对离婚率有着重要的影响,尤其在其实施后的一年";"对1980年至1991年的离婚率的研究表明,无过错离婚制度与高离婚率有着直接关系,这已是毋庸置疑的事实"。③

随着社会的发展,1969年《离婚改革法》在实施中也遭受质疑,主要争论点在于"法院在离婚中的角色的疑问"。因为无论是合法婚姻、还是未婚同居;无论是丧偶还是离异,都存在子女安置问题。④ 婚姻破裂不仅影响夫妻双方,更影响到儿童。多年来,儿童的监护问题一直被忽略,在离婚案件中,子女问题被视为一个事件(通常是最小的事件),自动按照

---

① 参见陈苇主编:《外国婚姻家庭法比较研究》,群众出版社2006年版,第418页。
② 同上注书,第418—419页。
③ 〔英〕安东尼·W.丹尼斯、〔英〕罗伯特·罗森编:《结婚与离婚的法经济学分析》,王世贤译,法律出版社2005年版,第245页。
④ Stephen Cretney, Family Law in the Twentieth Century: A History, Oxford University Press, 2003, p.741.

裁决归属——即离婚案件的胜诉方自动取得子女的监护权。但是第二次世界大战以后，在离婚诉讼中提及子女抚养问题的比例大幅提高。这一现象的出现部分源自子女抚养权的确定应按照有利于子女福利的标准，而不是夫妻双方有无过失。但必须注意的是，在不同法院和法官处理家事纠纷时，没有理性的普遍原则可予适用，而是针对具体案件进行特殊处理。因此许多人主张家庭案件应有不同于商事或刑事案件的程序，而1969年的法院制度并未鼓励必备的专家意见。① 1970年的程序执行法案终于使英国在其高等法院中创设了家事法庭。

当然，要真正了解英国的家事法院，除了了解它的历史，还必须了解英国的法院体系，只有弄清楚纷繁复杂的法院类别，才有可能找到家庭法院(法庭)的坐标。

众所周知，在西方发达国家的现行法院制度中，英国的法院制度最为复杂，这与英国中世纪的法院体制混乱及其资产阶级革命的不彻底性有关。从目前情况看，按照审理的案件的性质不同，英国的现行法院制度可以分为刑事法院系统、民事法院系统和行政法庭系统。②

刑事法院大致分为四级，即治安法院为第一审级，刑事法院为第二审级，高等法院和上诉法院为第三审级，上议院为第四审级。其中治安法院(Magistrates' Court)是英国的刑事基层法院，负责审理绝大部分刑事案件。治安法院内附设有少年法院(法庭)(Youth Court)，负责审理17岁以下的未成年人案件。少年法庭的治安法官是经过专门训练后挑选的。少年法庭的审理一般不公开进行。

英国的民事法院系统在总体上也分为四级：郡法院、高等法院、上诉法院民事庭、上议院。一般把郡法院称做地方法院，而把后三个法院成为中央法院，它们的设置和职能如下表：

---

① Stephen Cretney, Family Law in the Twentieth Century: A History, Oxford University Press, 2003, pp.741—743.

② 除了特别说明，这里述及的英国司法制度，特指英格兰和威尔士两个地区的司法制度，不包括苏格兰和北爱尔兰的司法制度，因为后两个地区从历史上看就有自己相对独立的法院组织和不同于英格兰的司法制度。

表3 英国民事法院组织体系①

法院	审理的案件类型
郡法院（County Court）。郡法院是地方法院，它的管辖地区与郡的行政区划并不相同，通常是一个郡有好几所郡法院，由几所郡法院联成1个巡回区。目前在英格兰和威尔士，共设有郡法院375所。 郡法院内审理家事诉讼案件的法庭常常被称为家庭诉讼法庭。	诉讼标的金额不超过750英镑的契约和侵权案件； 诉讼标的金额在5000英镑以下的，涉及信托、抵押和合伙的衡平案件； 金额在400英镑以下的房地产案件以及在伦敦以外的破产案件； 一些收养儿童、监护和无答辩的离婚案件也由其受理。此外，如果双方当事人同意，不在上述范围内的案件也可以由郡法院受理审讯。
高等法院（High Court）。高等法院由三个庭组成： 王座法庭（Queen's Bench Division） 大法官庭（Chancery Division） 家事法庭（Family Division）	王座法庭管辖有关契约和侵权行为的案件。王座法庭的法官还另外组成商事法庭和海事法庭，专门审理商事和海事案件。 大法官庭管辖原先由衡平法院管辖的案件包括遗产管理、信托执行、合伙解散、抵押回赎及终止、破产等方面的争执。此外它也审理王座法庭的管辖的案件，尤其是破产契约方面的纠纷，当事人可以进行选择。 家事法庭管辖家庭、婚姻、监护和遗嘱等方面的案件，其中最多的是有答辩的离婚案件。
上诉法院（Court of Appeal）。上诉法院分设民事庭和刑事庭。	上诉法院民事庭审理来自郡法院和高等法院的上诉案件（个别涉及社会公益的重大案件，可以越级直接向上议院上诉）
上议院	凡是向上议院上诉的案件，必须得到上诉法院或者上议院的准许，一般只有涉及重大的法律问题的案件，才由上议院审理，因此，上议院实际审理的案件是很少的。

从英国刑事法院系统、民事法院系统的具体分工和职能来看，英国家事案件的初审管辖权由地方法院家庭诉讼法庭、郡法院和高等法院分享。在英国，并没有特别设立的家庭法院。家庭法案件只在英国高等法院的

---

① 参见肖扬主编：《当代司法制度》，中国政法大学出版社1998年版，第8—11页。

家庭法庭①、郡法院或地方法院家庭诉讼法庭进行审理。其中,有的诉讼可在上述任一个法院中审理,但有的却必须在特定的法院进行。如离婚诉讼必须在专门指定的一个被称做"离婚郡法院"的法院审理,儿童绑架案的案件和依据1996年家庭法案第四部分的无妨害令和占有令的申请,都能在地方法院家庭诉讼法庭、郡法院或高等法院里审理。有争议的遗嘱验证案件的遗嘱验证事项则由高等法院的家庭法庭解决。② 具体而言:

(1) 地方法院家庭诉讼法庭。该庭受理的案件都是由那些专业的地方带薪法官来审理,而这些法官都是受过家庭工作的专门培训且有高等法院市机关的协助。尽管管辖权受到的限制比最高法院多,但这些法官仍可以做出私法命令,如有关经济条款的命令和有关家庭暴力的法令,他们可以和郡法院、高等法院一起做出收养法令,依据1989年《儿童法案》提出的私法案件,除了涉及离婚的,其余的都可以在家庭诉讼法院审理。依据《儿童法案》提出的公法案件③则必须在治安法院家事诉讼法庭审理,但也能被移送到郡法院或高等法院。然而,复杂或紧急的案件是可以提交给郡法院或高等法院的,即使是从地方家庭诉讼法庭直接提交给高等法院也是可以的。

(2) 郡法院。大多数郡法院是指定的"离婚郡法院",它有权就离婚、婚姻无效和司法别居作出判决和受理辅助救济申请。④ 依据1989年《儿童法案》,一些郡法院被指定为家事案件审理机构专门审理依《儿童法案》产生的诉讼,并且特别配备了专门法官。郡法院对监护权的管辖权

---

① 家事法庭成立于1971年,与王座法庭、大法官法庭共同构成高等法院的组成部分。家事法庭主要处理离婚及儿童福利事宜。家事法庭的下属法院审理郡法院及治安法院提交的有关家庭事宜的上诉案件。参见《若干海外国家委任法官的程序:英国》,http//legco.gov.hk,2000年11月22日浏览。
② [英]凯特·斯丹德利:《家庭法》,屈广清译,中国政法大学出版社2004年版,第13页。
③ 公法案件是相对于私法案件而言的,私法案件就是指那些由个人提起诉讼的案件,一般涉及离婚或别居的情况;公法案件是指那些由地方当局提起诉讼的案件,包括扶养问题、监督问题和紧急保护令。参见同上注书,第14页。
④ 在英国过去的法院管辖权分工中,离婚案件曾规定由高等法院专属管辖,其他法院不能管辖,因为在英国的传统观念中,离婚是一件很重要的事情,不应当由郡法院来处理。但后来情况发生了变化,因为20世纪50年代,英国离婚案件的数量急剧增加使得高等法院无法应付,一些郡法院的法官穿上高等法院法官的制服处理此项工作。从那以后,立法已经使离婚变得容易,更多的离婚案件由巡回法官自己开庭审理,只有比较复杂的离婚案件才送交高等法院家庭部。参见[日]小岛武司等:《司法制度的历史与未来》,汪祖兴译,法律出版社2000年版,第184页。

是有限的,通常这些问题都是由高等法院审理的。难解决的、耗时的或者重大的公法或私法上的案件,都可以由郡法院提交给高等法院。此外,在郡法院法官中还存在专业分工,尤其是有关家庭案件,但他们的主要工作常常涉及大量的简单案件,当诉讼可能超过一天时需作特别规定。①

(3) 高等法院的家庭法庭。它负责审理监护权案件,依海牙和欧洲公约来受理的儿童绑架案、上诉案件和从家庭审理机构或地方家庭诉讼法院提交的依1989年《儿童法案》进行审理的案件。私法案件可依其复杂程度、难易程度或案件的重要性,将其从郡法院提交至高等法院或从高等法院移交至郡法院。② 我国台湾地区有学者经过考察也发现,英国高等法院家事法庭的管辖事项已演变为相对固定的家事纠纷,包括"离婚、婚姻之无效、别居、扶养、同居之请求、婚生宣告等事项"③。

此外,英国的治安法院除了设立青少年法庭专门处理青少年犯罪事宜外,也常常采取简易的程序审理简单细小的家事纠纷。"治安法院以较高等法院简易之技术与形式负责解决家庭纷争,可谓大众化家事裁判所"。④

在家事审判领域,尽管英国在传统的法院体制下作出了一些体现专业化分工的改革和尝试,如设立了专门的家事法庭,但相比于其他发达国家,它的改革还是相对谨慎和保守的。

(三) 澳大利亚

澳大利亚的家事法院体系是现代家事法院制度的典型范例。除了西澳州(Western Australia),几乎所有州都设有专门的联邦家事法院,负责处理婚姻事项、监护权争议与抚养费纠纷等家事案件,西澳州则有一个与此权力相似的洲法院。⑤《联邦婚姻案件程序法》(1959年)和《家事法

---

① 参见〔日〕小岛武司等:《司法制度的历史与未来》,汪祖兴译,法律出版社2000年版,第184页。
② 参见〔英〕凯特·斯丹德利:《家庭法》,屈广清译,中国政法大学出版社2004年版,第14页。
③ 林菊枝:《家事裁判制度之比较研究》,载《政大法学评论》1976年第13期。
④ 尹绪洲:《家事审判制度研究》,河南大学2001年硕士研究生论文。
⑤ 参见肖扬主编:《当代司法制度》,中国政法大学出版社1998年版,第83—84页。

案》(1975年)确立了澳大利亚的家事诉讼机构与程序,后者更是创设联邦家事法院体系(Family Court of Australia,简称FCA)的主要依据。澳州家事法院建立于1976年,主要方式是在联邦高等法院内部设置家事法庭,并在各主要城市及其他一些地区设置联邦家事法院。现有家事法院大约29个。家庭法院"不像其他法院那样正规化,法官都不戴假发、不穿法袍,还对外进行咨询服务"①。

家事法院对下列事项享有管辖权:有关离婚和确认婚姻无效的案件;有关子女监护与探视权纠纷;子女抚养费与配偶赡养费争议和夫妻财产分割问题等。② 同时,澳大利亚各联邦家事法院在处理家事纠纷时,还引入了顾问制与注册官制。顾问与注册官主要由那些在某些社会科学领域中拥有专长的人担任,负责向法庭提交涉及本案家庭成员间关系的"家事报告"并通过与夫妻双方进行座谈试图解决争议。近几十年来,由于联邦家事法院积压的案件愈来愈多,注册官的职责范围不断扩展,甚至必须处理离婚或收养诉讼,履行司法或准司法职责。③

澳大利亚法院的组织结构分为两个体系,一为联邦法院系统,一为州法院系统,在每个系统内部又各自分为不同层次的法院,分别解决不同的问题。总体而言,它们都是根据联邦议会或各州议会的法律设立,各有案件管辖范围,平行运作,但不是封闭的。如州法院可以依法管辖某些联邦案件、联邦法院也可管辖某些州案件;联邦高等法院是州最高法院的上诉法院。④ 要准确理解澳大利亚家事法院,必须在整个法院体系的结构中进行观察。参见下表:

---

① 孙云晓、张美英主编:《当代未成年人法律译丛》(澳大利亚卷),中国检察出版社2006年版,第9页。
② 与设置综合性家庭法院的国家不同,澳大利亚严格区分了家庭事务和青少年犯罪,因此家事法院只管辖家庭事务,青少年犯罪由各州或特区设立的儿童法院管辖。
③ David Barnard, The Family Court in Action, London: Butterworths, p.983.
④ 参见董开军:《澳大利亚联邦司法制度研究报告》(上下),载《中国司法》2005年第3期。

第一章 家事法院制度的产生与发展

表4　澳大利亚法院系统①

法院		管辖范围
联邦法院系统	联邦初级法院（Federal Magistrates Court）	这个层次的法院是1999年联邦议会立法设立的,现有22名法官。此前,有关联邦基层事项的案件主要由联邦法院和州初级法院管辖。 联邦初级法院受理有关家庭、破产、歧视、隐私、消费、移民、版权及行政争议等方面案件。在管辖上,它与联邦法院和联邦家事法院有交叉之处,与州法院也有一定交叉。 联邦初级法院的设置主要是出于便民诉讼的考虑,同时也为联邦法院和联邦家事法院减轻案件负担。 联邦初级法院分设在各地(州、区)。
	联邦法院和家事法院　联邦法院	联邦法院是根据1976年《联邦法院法》设立的,既是一审法院也是上诉法院。现有46名法官。它的一审管辖范围甚广,几乎可以受理所有与联邦法律有关的民事案件和一些适用简易程序的即决刑事案件。有些案件与州最高法院受理范围有交叉。 作为上诉法院,联邦法院受理的上诉案件有四类:不服本院"独任制"判决提起的上诉;不服州最高法院刑、民案件判决提起的上诉;不服联邦初级法院判决(家事判决除外)提起的上诉;不服联邦行政上诉裁判庭决定而就法律问题提起的上诉。
	家事法院	家事法院是根据1975年《家事法案》而设立的地位相当于联邦法院的专门法院。家事法院既受理一审家事案件,也受理不服州、联邦初级法院家事案件而提起的上诉。现有48名大法官。 目前,在除了西澳州以外的所有各州都已经把离婚的管辖权授予澳大利亚家事法院的联邦法官。这一法院还有权决定儿童监护以及因离婚引起的财产争议。 与联邦法院一样,家事法院的判例有相应的约束力,但联邦家事法院及其以下的联邦司法机构所作的判决不具有判例效力。此外,家事法院还可以受理不服本院"独任制"判决提起的上诉,由3名法官组成上诉庭进行审理。

---

① 参见董开军:《澳大利亚联邦司法制度研究报告》(上下),载《中国司法》2005年第3期;肖扬主编:《当代司法制度》,中国政法大学出版社1998年版,第82—85页。图表系笔者绘制和编辑。

（续表）

法院		管辖范围
联邦法院系统	联邦高等法院（High Court of Australia）	联邦高等法院是根据联邦《宪法》第71条设立的,1903年建立时,由1名首席大法官和2名大法官组成,1907年成员增加为5名,1912年增加至现在的7名。自1986年正式废止英国枢密院终审权以来,联邦高等法院真正成为澳大利亚的最高法院。 联邦高等法院具有一审管辖权和上诉管辖权。一审管辖权包括涉及宪法的案件和全国重大案件如土著人权利案。上诉案件包括不服州最高法院、联邦法院和联邦家事法院判决提起的各类上诉案件以及不服本法院"独任制"判决的上诉案件。它审理案件也有"独任制"和"合议制"两种形式。 联邦高等法院对上诉案件实行特别许可制。最高法院的判例对它以外的澳大利亚所有的法院都有约束力。
州法院系统	州初级法院（Magistrates Court）	这类法院的称谓、种类及其管辖等,各州不完全统一。总体而言,它们处理的都是一些简单的民事案件和轻微的刑事案件如判处罚金或缓刑的治安案件等。 初级法院经常被称为当地法院（民事）,有时是指轻微罪法院和小额民事法院等。有的州如维多利亚,只有一种初级法院,既受理简单民事案件又受理轻微罪案。有的州如西澳州,有两种初级法院,刑事案件由轻微罪法院管辖,民事案件由当地法院（民事）管辖。 初级法院审理案件通常适用简易程序。 同属这个层次的法院还有两种特殊法院：一是尸检法院,负责勘验调查不明死因；二是儿童法院,受理青少年案件,对严重青少年犯罪案件可以提交较高审级法院审理。 初级法院的判例对其他法院没有约束力。
	州中级法院（District/County Courts）	这一层次的法院,有的称地区法院,有的称市法院,各州在称谓上不很一致,但都既受理民事案件又受理刑事案件。 与初级法院相比,它受理复杂的民事案件和严重的刑事案件。审理刑事案件,通常要有陪审团参加,而且采取正式的程序。 州中级法院除了受理一审案件外,还审理不服初级法院定罪量刑的上诉案件。它们的判例对初级法院有约束力。
	州最高法院（State Supreme Courts）	州最高法院受理最严重的犯罪和最重要、最复杂的民事案件,同时是十分重要的上诉法院。它既能受理不服中级法院裁判的上诉,又能受理对本院一审案件裁判不服的上诉。有时州最高法院还具有联邦司法管辖权。 州最高法院在审理一审案件时采取"独任制",由一名法官审理；审理上诉案件时,需要采取"合议制",通常是指三名法官共同审理。 州最高法院的判例,对中、初级法院有约束力。采取"独任制"审理案件时,受其"合议制"判例的约束。

（四）我国香港地区

我国香港地区设立家事法庭的构思始于1975年，由当时香港女律师协会及香港妇女协会等团体首先发起，目的是寻找在家庭法方面富有经验的法官处理家事案件，并以曾受专业训练的社会工作者处理社会调查报告。

在1975年时，当事人不提出抗辩的家庭案件通常由地方法院法官在每个星期六早上轮流审理，而附带事宜则留待宣读判令的法官处理。所有提出抗辩的案件则自动移交高等法院，一般由少数大法官审理。至20世纪70年代后期，家事案件愈趋繁复冗长，尤其是涉及管养及经济给养的附带事宜。所有经济给养的申请均由当时的副经历司（即聆案官）处理，由于处理此类申请需时较多，聆案官难以处理日常案件。基于公众对家庭法的需求愈来愈大，社会工作者要应付的工作量也日益庞大，而社会调查报告的质素往往是其工作表现的指标。因此，在20世纪70年代末期，法律界强烈要求设立专责处理家事案件的专门法庭，可惜，这一要求在当时未获得批准和接纳。直到几年后的1983年，设立家事法庭的理念才被司法部门接受，司法部在这一年首次采取实质行动，增设一个专责审理涉及家庭法案件的法庭。

家事法庭设在地方法院，由两名法官取代聆案官审理家庭案件，其一设于维多利亚地方法院，另一设于九龙地方法院。从司法管辖权的分工范围来看，所有家庭案件，不论当事人提出抗辩与否，一律拨归地方法院的司法管辖权范围，只有涉及监护的案件仍由高等法院审理。到了1987年，当事人把法律程序自动移交高等法院的权利被免除，但仍可提出移交诉讼的申请。过去，也曾有案件经家事法庭的法官同意移交高等法院，但最终由最高法院的前任经历司发还家事法庭处理。①

我国香港地区家事法院在司法体系中的地位，可以从下表中进行完整地体现：

---

① 参见《家事法庭至今的演变》，http://sc.legco.gov.hk/sc/www.legco.gov.hk/yr97-98/chinese/panels/ajls/papers/aj08093a.htm，最后访问日期：2008年8月18日。

表5 我国香港地区的法院系统①

法院	管辖范围
终审法院	终审法院是根据基本法和终审法院条例成立,以取代英国枢密院司法委员会作为香港最终之审裁机构,是香港最高级法院,负责处理高等法院上诉法庭或原讼法庭之上诉案件。
高等法院(包括上诉法法庭和原讼法庭)	高等法院,包括上诉法庭和原讼法庭。上诉法庭处理区域法院和高等法院原讼庭之刑事和民事上诉案件。原讼法庭有初审权也有上诉审裁权。初审权包括刑事和民事初审权。刑事方面负责最严重之刑事罪行,以陪审员制度审理案件。民事方面,除了条例所限,如小额钱债、劳资及雇员赔偿、协议离婚等案件不能处理外,有无限审裁权。上诉审裁权则限于处理来自基层法院之刑事和民事上诉案件。
区域法院(包括家事法庭和土地审裁处)	区域法院相当于中级法院,主权移交前称为地方法院,于1953年设立,具有有限的刑事和民事审判权。刑事方面是处理较严重的案件,但谋杀、误杀和强奸等案件除外。区域法院所判监禁刑期不得超过7年。区域法院的审讯,不设陪审团,法官单独审理。区域法院亦根据多项条例,行使有限的上诉管辖权,审理不服各审裁处和法定团体的决定而提出的上诉。民事审裁权除了处理涉及款项5万港元以上、100万港元以下之民事索偿外,也处理雇员工伤索偿,金额不设上限。区域法院对根据《雇员补偿条例》提出的申索、根据《税务条例》提出的税项追讨以及根据《业主与租客(综合)条例》进行的欠租扣押等案件有专属管辖权。 区域法院有两个专门法庭,即家事法庭和土地审裁处。 家事法庭是区域法院的一部分,专责处理根据《婚姻诉讼条例》提出的离婚或裁判分居呈请和其他附带事宜。 土地审裁处于1974年设立,作为区域法院的组成部分,它主要处理涉及土地的各项争议、救济和补助等事宜。
基层法院	基层法院包括裁判法庭、儿童法庭、死因裁判法院、小额钱债审裁处、劳资审裁处和色情物品审裁处。裁判法庭和儿童法庭是处理较轻微的刑事案件,判刑上限是三年监禁。其他法庭分别处理与其名称相应的各类案件。

---

① 参见夏庆山:《香港的法院架构》,http://www.sdcourt.gov.cn/art/2005/08/11/art_4572.html;尹佐海:《香港司法制度中的法院与法官》,http://www.chinalawedu.com/news/2005/9/li72614951211519500217936.html(最后访问日期均为:2008年12月20日)等。图表及内容系笔者编辑。

三、家事法院在大陆法系国家(地区)的产生和发展

(一) 德国

德国法院的结构相当复杂,主要原因是由于德国法院序列的两个原则。由于德国本身的联邦性质、历史的原因和德国法律的编纂和整理形式,德国在设立法院时采纳了分权原则和专业化原则。两德统一后,德国的法院结构发生了某些变化,但是法院的总体架构并没有发生变化。[①]德国的法院结构主要由德国法院组织法调整,其他法律中关于法院组织的规定同时具有法律效力。

根据分权原则,德国基本法将审判权授予德国宪法法院、德国联邦法院和州法院的法官,这也就是审判权垄断原则。根据专业化原则,德国还设立了五种专门法院,分别是:普通法院、行政法院、劳动法院、社会法院和财政金融法院。

在德国,联邦各州的普通法院有三个级别:地方法院、州法院(地区法院)和州上诉(高等)法院。州普通法院的终审法院为联邦法院。在这些法院中,能够对家庭事件纠纷进行审理的一审法院主要是州地方法院和州法院。

从时间上看,德国创设专门家事法庭(法院)的时间相对较晚。德国在历史上一直没有一部统一的法律规定婚姻事件的法院管辖,造成涉及婚姻事件的各判决之间缺乏协调性,尤其是离婚程序和离婚后果程序的脱节,使得与之相关但不必要的当事人与前一次婚姻的当事人再次发生争议,并且使配偶双方通常不能及时发现其离异后带来的各种影响。在诉讼中,州法院的民事法庭处理婚姻案件,而离婚后果案件如涉及亲权和探视权的案件,以及把未成年人返还给另一方配偶的案件,则通过监护法院(地方法院的一个部门)的非讼管辖程序处理。改变这一状况的改革首先是从离婚实体法的修订开始的,1976年德国制定了《婚姻法第一次修改法》,在该法中,正式确立了建立家事法院制度的三个目标:第一,运用特别家事法官极为渊博的专业知识,集中处理同一家庭中全部

[①] 参见肖扬主编:《当代司法制度》,中国政法大学出版社1998年版,第131页。

的或大部分的纠纷或个别法律问题,使纠纷尽可能得到客观、公正的解决;第二,简化程序,加快程序进行;第三,促进司法统一,提升司法利益。①

在家事案件的具体管辖分工上,立法把所有一审家庭案件的管辖权授予州地方法院和州法院(地区法院)。其中地方法院是法院结构中最低一级法院,设立在德国最小的城镇中,属于"小权益诉讼法院",不仅受理金额较小的民事争议,也受理最轻微的刑事案件。对一些简单的家庭案件也能受理和处理,并且在离婚等家事纠纷中,为了尽快作出决定,可以超过规定数额限制。但地方法院"不行使青少年法院和家庭法院的职权"②。地方法院由于很小,因此具有很大的优越性。每个地方法官都有专门的司法管辖权,他们很易于接近,实行简易程序,并且作出快速判决;而州法院(地区法院)建立在较大的城镇,州法院除去受理地方法院的上诉案件之外,还受理争议标的额为6000马克以上的一审民事案件、商事案件和较严重的刑事案件。州法院内设受理民事案件、商务案件、刑事案件、家庭案件和青少年案件的专门法庭,每个专门法庭的法官成员不尽相同。德国的州高等法院和联邦最高法院都设有处理家事案件(上诉案件)的专门法庭,专门审理家事案件的上诉案件。

可见,德国尽管没有独立的家事法院,但有专门的家事法庭,且家事法庭分为三级:地方和地区法院家事法庭、州高等法院家事法庭和联邦最高法院家事法庭。按照德国《法院组织法》第23条、第133条的规定,地方法院是家庭案件的一审法院,由1名独任法官审理家事案件中的亲子关系案件、扶养案件和婚姻案件。此外,地区法院的家庭案件专门法庭也是受理家庭案件的第一审法院,由3名法官组成合议庭进行审理;州高等法院的家事法庭由3名法官组成,审理不服地方、地区法院作出的亲子关系和家庭案件的裁判而提出的上诉和抗告,是家庭案件的上诉审法院;联邦最高法院是审理上告和法律抗告的上告法院,通常由5名法官组成家

---

① 参见〔德〕卡尔·费尔施恩:《法官在家事诉讼管辖中的任务》,载〔日〕中村英郎主编:《家事诉讼管辖——1983年维尔茨堡第七届国际诉讼法大会论文集》,东京比较法研究所1984年编,第84页。转引自蓝冰:《德国家事法院管辖制度若干问题考察》,载陈刚主编:《比较民事诉讼法》(2003年卷),中国人民大学出版社2004年版,第244—245页。

② 肖扬主编:《当代司法制度》,中国政法大学出版社1998年版,第134页。

事法庭进行审理。①

关于德国的家庭案件的管辖法院及机构设置、法官构成,可以在下列图表中观其全貌。

表6　德国的法院体系②

联邦	联邦宪法法院 ※※※※※※※		联邦劳动法院 ※※※※※	联邦行政法院 ※※※※※	联邦社会法院 ※※※※※	联邦财税法院 ※※※※※
	联邦法院(设有家事法庭) ※※※※※		□※※※□			
州	高等(上诉)法院(设有家事法庭) ※※※		上诉劳动法院 □※※□	上诉行政法院 □※※□	上诉社会法院 □※※□	财税法院 □※※□
	地区法院(州法院) 设有受理民事案件、商务案件、刑事案件、家庭案件和青少年案件的专门法庭		劳动法院 □※□	行政法院 □※□	社会事务法院 □※□	
	民事 ※※※ 商务 □※□	刑事 □※※※□ □※※□ □※※□				
	地方法院		注1: □代表非职业法官　※代表职业法官 注2: 地方法院的民事案件可以向地区法院民事庭提起上诉,但家庭案件只能向州高等法院家事法庭提起上诉;地区法院的家事法庭审理的案件也向州高等法院提起上诉。			
	民事 ※ 家庭 ※	刑事 □※□ ※				

(二) 日本

根据日本宪法的规定,司法权属于最高法院及法律规定设立的下级法院。最高法院是根据宪法直接设立的唯一终审法院。有关设置下级法院的法律有法院法及关于下级法院的设立及管辖区域的法律。据此,日本的下级法院体系由高等法院、地方法院、家庭法院和简易法院构成。日

---

① 蓝冰:《德国家事法院管辖制度若干问题考察》,载陈刚主编:《比较民事诉讼法》(2003年卷),中国人民大学出版社2004年版,第245页。

② 参见宋冰编:《读本:美国与德国的司法制度及司法程序》,中国政法大学出版社1998年版,第135页。

本家事法院是与地方法院并列的、专门处理少年违法犯罪案件和家庭纠纷案件的法院。根据《少年法》和《家事裁判法》的规定,设立家事法院的宗旨是保护每个家庭的利益,谋求少年的健康成长,并通过实现这一宗旨,达到符合人们适应现代社会所追求的社会正义这一目标的要求。家事法院设立于1948年,次年1月1日开始受理案件。日本家事法院是独立于地方法院的第一审专门法院,又是与地方法院并列的同级法院。除在都、道、府、县各设1所外,在北海道又设有4所家事法院。日本全国的家事法院与普通法院的数量一样都是50所,但最高法院决定设置的家事法院分院多达242处。其中甲号分院85处,可以处理家事法院的一切事务;乙号分院157处,主要负责处理家庭案件。① 此外,家事法院还有96个派出机构。

日本家事法院的设立并不是一蹴而就的,它也有着一定的演变过程。日本在1945年8月战败后,即于次年3月,公布宪法改正草案要纲,以示在联合国军队占领下,将要革新宪法之方针,随后不少法令被改废。1947年4月26日公布的《裁判所法》,就是改废法制中的一环,同年8月,日本司法当局,又向战败后的第一次国会,提出民法改正案与家事审判法案,双双获得参、众两院通过,并从1948年1月1日起同时施行。于是,为应付家事审判(包括调解)制度之施行,日本政府乃成立家事审判所,为地方裁判所之一支部,以便于处理家事事件。后来,联合国军总部坚决要求日本成立"家庭裁判所",日本政府不得不改正《裁判所法》,在《裁判所法》第三编:"下级裁判所"中增加"第三章:家庭裁判所"的规定,并于1948年12月21日公布《裁判所法一部改正之法律》,1949年1月1日施行。据此,日本正式确立家事审判法制,而使家庭裁判所,成为得一并处理家事事件与少年案件之独立的第一审裁判所,由地方裁判所独立,而与之有平行之地位。② 下列图表可以全面观察日本家事法院的设置状况及其地位。

---

① 肖扬主编:《当代司法制度》,中国政法大学出版社1998年版,第207页。
② 参见陈琪炎:《亲属、继承法基本问题》,台湾三民书局1980年版,第569页。

第一章 家事法院制度的产生与发展

表7　日本法院体系①

法院构成	法院名称	设置状况	管辖范围
最高法院	最高法院	全国只有1个,设在首都东京	最高法院对一切案件都具有审判权。在法律上规定为下级法院的权限,不论案件的种类,也不论是法律问题还是事实问题,最高法院都可以处理。虽然法律规定了最高法院的审判权,民事、刑事诉讼法规定了上告审为法律审,又对上告理由加以限制,但最高法院可以不受其拘束。
下级法院	高等法院	高等法院主要设在一些较大的城市,目前全国有8所,分别设于东京、大阪、名古屋、广岛、福冈、仙台、札幌和高松。另有分院6所。分院是本院的派出机构。	负责审理对地方法院一审判决、家庭法院判决、简易法院刑事判决提出控诉的案件;对地方法院及家事法院的裁定及命令的抗告;对简易法院刑事裁定及命令的抗告;对民事及地方法院第二审判决、简易法院一审判决的上告等。
下级法院	地方法院 家庭法院	地方法院:分别在各都、府、县设1所,北海道设4所。全国共50所,分院242所;家庭法院:与地方法院同属一级,设置也相同。也有242个分院。	地方法院原则上是第一审法院。受理行政诉讼案件、诉讼标的超过90万日元的民事案件、科处罚金以上刑罚的刑事案件,以及对简易法院裁判的上诉案件;家庭法院负责审理和调解家事事件以及人事诉讼案件,审理少年法所规定的少年保护案件。
下级法院	简易法院	简易法院是日本最基层的法院,于1947年5月设立,前身是区法院,全国共有575所。	受理地方法院受理的案件标准以下的案件,但不受理家庭案件。

从表中可以清晰地看到,日本的家事法院和地方法院不仅同属一级,

---

① 图表内容参见肖扬主编:《当代司法制度》,中国政法大学出版社1998年版,第202—207页;冷罗生:《日本现代审判制度》,中国政法大学出版社2003年版,第48页。

设立也与地方法院相同。根据日本《裁判所法》第31条之3的规定,家事法院的权限主要包括:就家事审判法所定有关家庭事件有审判及调解的权利;就少年法所定少年保护案件,有审判权;就少年法第37条第1项所列各罪,有第一审裁判权。① 家事法院审理少年案件实行不公开原则,并且除法律规定需要合议庭审理的以外,一律实行独任制。

过去,日本家庭法院是非讼性质的法院。根据日本《家事审判法》的相关规定,家事法院对于家事事件的管辖对象分为审判事项和调解事项两种。其中审判事项又包括两类:一类是非讼性质比较明显的禁治产及失踪的宣告、监护人的指定、遗嘱的确认等案件,又称"甲类案件";另一类是有关离婚或解除养父子关系后财产分配、遗产分割、亲权监护等争议性稍强或涉及较多财产关系的案件,又称"乙类案件"。对"甲类事件"法律禁止调解,只能以审判程序予以处理;至于"乙类案件",既可依审判加以处理,又可通过调解程序解决。对人事诉讼案件,它不具有管辖权,当事人只能向地方法院起诉,但对离婚以及解除收养关系的人事诉讼案件,在诉讼系属前必须向家事法院申请调停,如果未经调停而直接向地方法院起诉,视为申请调停,此被称为调停前置主义。可见,甲类事件和乙类事件尽管在有无争讼性质方面存在差异,但它们的共同之处在于它们由家事法院专属管辖。对于人事诉讼案件,其调解和诉讼分属于家事法院和地方法院专门负责,即家事法院不能对人事诉讼案件进行诉讼审理,只能进行调解,并且实行调解前置主义,反之,地方法院依据《人事诉讼法》负责人事诉讼案件的审理和裁判,一般不进行调解。2003年,日本新修订的《人事诉讼法》改变了这一模式,将人事诉讼案件也划归家庭法院管辖,一改家事案件调停、审判与诉讼"分段式"处理为家庭法院"一元化"解决。因此,现在的家事法院是非讼和诉讼两种性质兼有的法院。

(三) 韩国

韩国从1909年至1945年的36年期间受日本殖民统治,法院体系受日本影响很深,1945年8月日本投降后,又开始由美国实施军事管制,因此韩国司法制度也受到美国法律的影响。

1949年9月韩国公布了自己的《法院组织法》,该法规定,组织法施

---

① 对16岁以上未成年人犯有严重罪行需要给予刑事处罚时,应移送检察厅起诉。

行当时设置的大法院、高等法院、地方法院、地方法院分院,视为依据《法院组织法》设置的。宪法公布以前所任命的法官也视同为根据该《法院组织法》任命的。以后《法院组织法》经过1963年、1973年、1980年、1987年的历次修改,法院体系总体沿袭以往做法,法院分为四种类型:大法院、高等法院、地方法院、家事法院。地方法院中又分为民事地方法院和刑事地方法院,分别独立处理相关案件。1994年7月《法院组织法》再一次进行大幅度的修正,这次修改追加设置了专利法院和行政法院,废止了地方法院内的民事地方法院和刑事地方法院的区分。同时,还规定,在地方法院及家事法院的管辖区域内新设市法院或郡法院,这些法院将处理地方法院和家事法院的部分事务。①

韩国的家事法院原先只设在首都汉城(现更名为首尔)②,其他地方没有。随着家事案件的不断增加,人们强烈要求,为了对个人的人格和私生活给予关注,应该在韩国的大都市和道、都设置家事法院。在有关民意的推动下,1994年修改后的《关于各级法院的设置和管辖区域的法律》规定了汉城家事法院和各分院的管辖区域,目前,有5所地方法院分院可审理家事案件。

韩国家事法院及其分院的合议部负责审理下列一审案件:(1)家事诉讼法规定的家事诉讼及大法院规则规定的两类家事非讼案件;(2)对家事法院的审判员提出的除斥、忌避案件;(3)法律规定的其他家事法院合议部有权审理的案件。此外,家事法院还有一项特殊的规定,那就是家事法院总院的合议部负责审理对家事法院独任审判做出的判决、决定、命令提起的抗告案件(上诉案件),这类案件按第二审程序进行审理。

(四) 我国台湾地区

许久以来,我国台湾地区并没有单独设置的专门家事法院或家事法庭,尽管针对家事案件的特殊性,台湾地区《民事诉讼法》第九编有"人事

---

① 〔韩〕郑二根:《韩国司法制度的历史、发展与改革》,载陈刚、廖永安主编:《移植与创新:混合法制下的民事诉讼》,中国法制出版社2005年版,第248—253页。
② 汉城家事法院成立于1963年10月1日,有家事部和少年部,主要审理家事案件和轻微少年犯罪案件及少年违案案件。家事法院的审判通常由法官3人组成合议庭或者独任审判员来进行。家事法院设置有专门调整家事事件的调整委员会和调查家事、少年、家庭保护事件的调查官,同时也设置了处理法院日常行政事务的事务局。参见成都法院赴日本、韩国考察组:《日本、韩国少年司法制度掠影》,载《当代法官》2006年第2期。

诉讼法"的专门规定,"非讼事件法"中有家庭非讼事件的专门规定,但审理此类案件的司法机构却并没有特殊性,它们与普通民事案件一样由普通法院审理和裁决。由于没有专门家事审判机构,家事案件在普通法院往往难以得到妥当处理,因此,学界和实务界许多有识之士纷纷提出建议,参照国外设立家事法院的做法,在本土设置专门的家事法庭,实现家事案件的专门化审理,以满足人民对家事司法正义的需求和期待。

在这一背景下,台湾地区于 2006 年颁布了《家事事件处理办法》,根据该办法的规定,地方法院设家事法庭专门办理家事事件,其事件较少之法院,得指定民事庭专人兼办之。家事法庭,置法官若干,担任事件之调解和裁判。法官 3 人以上者,置庭长一人,由法官兼任,综理全庭行政事务。前项庭长或法官,应遴选对家事事件具有研究并资深者充任之。候补法官及未曾结婚之法官,原则上不得承办。

可见,我国台湾地区对家事案件采取家事法庭或者地方法院内专门家事法官的形式进行审理和裁判。此处的家事法庭是针对绝大多数家事案件(不包括少年案件)的综合性法庭,因为根据该法第 3 条的规定,家事法庭管辖的事件包括三项:《民事诉讼法》第九编所定人事诉讼事件;《非讼事件法》第四章所定家事非讼事件;其他因婚姻、亲属关系、继承或遗嘱所发生之民事事件。

除了上面提及的两大法系典型国家或地区的家事法院机构设置状况外,还有一些国家在家事案件处理的机构设置上具有相类似的特点,如葡萄牙、墨西哥、新西兰、新加坡等国设有专门的家事法院,加拿大、奥地利、西班牙、以色列等国在普通法院内设有专门的家庭事件处理部或家事法庭。① 此外,法国在家事法院机构设置上有着不同于其他国家的历史传统。从对特殊类型的案件设立特殊审理机构的情况来看,法国针对商事纠纷、劳资纠纷的特殊性,特别设有商事法院与劳资纠纷调解法庭等专门司法机构,但却没有专门针对家事案件的家事法院。家事案件全部由大审法院管辖。② 大审法院对家庭案件有专属的司法管辖权,在大审法院

---

① 参见〔日〕中村英郎:《家庭事件裁判制度的比较研究》,郎治国译,载张卫平主编:《民事程序法研究》,厦门大学出版社 2007 年版,第 322 页。
② 法国的大审法院是审理民事案件的第一审法院,法律没有规定由其他法院管辖的所有民事案件都可以由大审法院管辖。

审理的民事案件中,家庭纠纷案件和合同纠纷案件的比例最大。法国虽然没有设立专门的家事法庭,但受理家事案件的大审法院设有专门的家事法官,家事法官不仅有权对家事案件进行审理和裁判,还可以对家事案件涉及的相关事项进行事实调查或者委托调查。法国的这一做法实际上也是家事司法机构专门化的一种方式。

四、本章小结

1. 各国设置家事法院的具体样态差异较大

从理论上讲,设立家事法院主要是因为家事法院的处理对象——家庭事件具有不同于普通财产事件的性质,因此,为了妥当解决家庭纷争,不仅应当适用不同于普通财产案件的诉讼程序,而且还应当由特殊的法院、特殊的法官以及特定的辅助人员参与来共同完成。基于此,澳大利亚、日本、韩国、泰国、新西兰、新加坡以及美国部分州都设立了专门的家庭法院,其中澳大利亚的家庭法院属于联邦法院系列,位次最高,其他各国多将家庭法院设置在地方法院内或设立与地方法院并列的独立的家事法院。还有一些如德国、英国、加拿大以及我国台湾地区、香港地区等,通过在法院内部设立相对独立的家事法庭来处理家事案件,实现家事案件专门化的审理要求。另有一些国家如法国、意大利、比利时等国,虽然具有处理家庭事件的特殊程序,法官也有家事审判的特殊理念,如重视调解、和解等准司法形式的运用,但却没有单独的家庭法院或家事法庭,它们根据本国历史的沿革和事件的种类将案件分别归入青少年法院、治安法院、监护法院以及普通民事法院来管辖。其中,法国就是在大审法院(普通法院)设置专门的家事法官负责婚姻、亲子等家事事件。意大利通过青少年法院审理部分家事案件。另外,我国台湾地区对于家事案件较少的法院也通过指定民事庭专人兼办的形式解决家事事件审理专门化的问题。

除此之外的一些国家及地区,对于家事案件没有特殊的规定,直接归入普通民事法院按照与普通民事案件一样的程序进行处理。如芬兰、瑞士、土耳其、匈牙利、荷兰、挪威、乌拉圭等国。① 我国也属于这一行列。

2. 家事法院与少年法院或儿童法院的关系

尽管从家事法院产生的历史看,家事法院是从少年法院演变而来,或者是受到少年法院的影响而构建的。但随着家事审判和家庭法院的发展、变化,今天的家庭法院和少年法院的关系已经呈现多种样式。

其一,设家事法院,不设少年法院,由家庭法院统一处理家庭案件和少年案件。典型代表是日本,其家事法院由家事部和少年部构成,家庭部受理家庭诉讼事件和非讼事件,可以进行调停、审判和诉讼。少年部则主要受理少年犯罪案件和少年非行案件等;美国的部分州也是将家庭案件与少年案件都归于一个家事法院管辖,但并未像日本那样作出家事部和少年部的明确划分,而是混同在一起的。

其二,采取两分法,即家事法院与少年法院分立的模式。美国的某些州即是如此,澳大利亚也是采取这一机制的典型。资料显示,澳大利亚各州或地区都建立了各自的儿童法院。儿童法院一般分为家庭分院和刑事分院。家庭分院受理以下申请:为处于危险情况下的儿童和青少年的保护和照管申请相应的命令。刑事分院则主要处理不满18周岁的青少年犯罪,但如果是涉嫌严重犯罪,则由中级法院按照普通程序审理。儿童法院的家庭分院与家事法院尽管名称相似,但二者却具有明显的差异。因为前者属于州(地区)法院系统,审理危险情况下的儿童保护和照管问题;而后者属于联邦法院系统,是一个专门处理离婚、与家庭有关的儿童的一般民事法律关系以及由于家庭破裂而引起的财产纠纷案件的专门法院。②

其三,创设少年与家庭法院,统摄所有案件。如泰国,原先在全国设立了若干少年法院。后来在1991年修改法律,将所有的少年法院都进行扩大并均由少年与家庭法院所取代。

其四,由少年法院管辖涉及少年事项的少年案件和家庭案件。如美国的一些州。

---

① 参见〔日〕中村英郎:《家庭事件裁判制度的比较研究》,郎治国译,载张卫平主编:《民事程序法研究》,厦门大学出版社2007年版,第322页。

② 孙云晓、张美英主编:《当代未成年人法律译丛》(澳大利亚卷),中国检察出版社2006年版,第9页。

3. 家事法院置于法院系统的哪一个层次,各国做法各异

家事法院应当置于传统司法系统的哪一个层次,各国的做法不尽相同。在澳大利亚,家事法院设在联邦系统内,是联邦专门法院,系根据各州的上级法院而设立的;在日本和韩国,它们是在地方法院之外设立与地方法院平行的专门法院;在德国,家事法庭是作为区法院的特别部而设立的;在英国,家事法庭设在高等法院内。

从审级上看,多数国家的家事法院(法庭)只设一审,而且这种一审主要是根据普通民事第一审法院而设立的,家庭案件的第二审一般归普通民事第二审法院管辖,如日本。但澳大利亚、德国、墨西哥、韩国等与此不同。在澳大利亚,家庭案件如果存在上诉,则于同一法院内由 3 名法官组成上诉组对之进行管辖。在德国和墨西哥则在上级法院中设有管辖家庭事件之控诉审的特别部。① 在韩国,也有类似的做法,即家事法院总院的合议部负责审理对家事法院独任审判作出的判决、决定、命令提起的抗告案件(上诉案件),这类案件按第二审程序进行审理。

4. 家事法院专门化的规律和趋势

尽管各国家事法院产生原因、背景以及涉及的因素不完全相同,但对家庭事件具有特殊性、需要制定特殊的诉讼程序或审判程序进行处理这一点上已经取得较大的共识。正是在这个共识基础上,产生了早先的少年法院、后来的家事法院、家事法庭以及少年与家庭综合法院。

家事法院的审理理念趋于一致,都是强调家庭纠纷的圆满解决,为此,特别注重替代诉讼解决纠纷机制的利用,注重寻求社会公益机构的协助和合作。

家事法院审理案件的范围在当代呈现不断扩大之势,愈来愈多地体现其"综合性"特色,如日本原先的家庭法院,其性质是非讼法院,只能对家事非讼案件以及家庭身份关系之外的部分具有一定讼争性的案件实行调停和审判,不能按照诉讼程序进行审理和判决,涉及家庭身份关系的人事诉讼案件由地方法院管辖。但 2003 年新修订的《人事诉讼法》,已将包括人事诉讼案件在内的所有家事案件都交由家庭法院管辖,奠定了家庭关系案件一揽子解决的格局。韩国在 1990 年修订家事诉讼时,也将家事

---

① 参见〔日〕中村英郎:《家庭事件裁判制度的比较研究》,郎治国译,载张卫平主编:《民事程序法研究》,厦门大学出版社 2007 年版,第 323 页。

诉讼案件和家事非讼案件合并由家事法院管辖。美国一些州从20世纪90年代开始就在尝试建构综合性家事法院体系,目的是将家庭刑事案件和所有的家庭民事案件统合归一个家事法庭管辖,甚至提出构想,由一名法官独自处理涉及一个家庭的所有诉讼,也就是"一名法官:一个家庭模式"(具体内容参见第四章)。

综上观之,设立综合性家庭法院或许是世界性的发展潮流,体现了各国处理家庭事件的共同性认识,也是家事审判制度发展的必然结果。

第二章
家事法院制度的法理分析

一、家事法院的性质

（一）家事法院性质的含义

性质，是事物本身固有的属性和特质，是同类事物所共有的，也是区别他类事物的依据之一。

根据这一定义，法院的性质应当是法院本身所具有的属性和特质，是区别于行政机关、立法机关的依据之一。那么，法院的性质到底是什么？从某种意义上说，这不是一个问题，因为各国立法几乎都规定，法院的性质是专门的司法机关，它行使的是司法权或者审判权。在"三权分立"的国家，法院作为行使司法权的机关与行使立法权的议会以及行政权的政府形成三角结构的关系样态，它们相互分工又相互制衡，达到合理运用国家权力又防止滥用权力的目的。

我国虽然不是实行"三权分立"的宪政体制，但在"议行合一"的宪法架构下，我国宪法同样对各种国家机关之间的权限和分工进行了划分。根据宪法的相关规定，人民法院是国家的审判机关，人民法院代表国家通过审理和裁判民事、经济和行政案件，具体实现人民民主专政的国家职能。审判权是国家权力的重要组成部分，为了维护社会主义法制的统一性并保证正确适用法律，除人民法院外，其他一切组织和个人都无权进行审判。人民法院依照法律规定独立行使审判权，不受行政机关、社会团体和个人的干涉。与此相对应，政府依法行使行政权管理国家各项事务，人民检察院依法行使法律监督权，通过提起公诉、行使审判监督权等方式实现国家赋予其的职权。可见，我国法院的性质也是行使司法权的国家机构,与国外不同的是,我国法院不是唯一的司法机关,检察机关的检察职能也包括部分司法性质,因此,我国的司法机关包括法院和检察院两种主体。

由上可知,无论在何种宪政结构下,法院的司法性质是相同的,正因为这一性质,使它与政府机关、立法机关等主体明确的区分开来。

然而,家庭法院的性质也是如此吗?从前文对家事法院产生、发展的历史考察中发现,家事法院具有不同于一般法院的性质特征,呈现出自己独特个性——它是一种具有综合职能的特殊机构!一方面家事法院常常作为专门解决家事纠纷的司法机构;另一方面,家事法院又往往具有较强的社会服务、程序管理、组织管理等职能,这使得它的性质变得模糊起来,不再像一般法院那么单纯。在笔者看来,家事法院既具有司法性质,又具有一定的行政性和社会性,是综合性的法院。

(二)家事法院的司法性质

尽管各国家事法院的形成路径有着明显的差异,但家事法院一旦形成,它们便呈现出一些共同的特性,特性之一就是,它们是解决家庭纠纷的专业机构,是法院行使司法权的重要场所和载体。因此,与普通的法院一样,家事法院同样是严格按照法律规定,将纸面上的法律转变为司法实践的工具,它并不完全顾及那些被裁决影响的人们的实际需要。多数家事案件如离婚、确认婚姻无效、撤销婚姻、收养、亲子关系、监护等纠纷都是它的管辖范围,另外,涉及少年违法、犯罪乃至少年自身权利受侵害等事件也多半是家事法院的管辖对象。在解决纷争这一层面上,家庭法院与通常法院无异,所不同的仅仅是纠纷类型、解决纠纷所遵循的理念、所依据的程序以及审理案件的方式等方面存在差异而已。

理想中的家事法院应当更加注重满足诉讼参与人的实际需要,充分尊重正当程序规则,在遵循所有的法律规定、法庭规则、先例和公认的法律与公平原则的基础上给予所有参与诉讼的人平等地表述主张与意愿的机会。家事法院不是法官藐视法律规定或在无正当授权的情况下充当善心大使的地方,法官的自由裁量应当有理有度,在没有法律或事实基础的前提下,不应当随意干涉任何人的家庭生活。作为一种例外,在家事法官对涉及家庭和未成年人的纠纷作出裁决时,应当允许其有一定程度突破法律规定的权力,但法官必须慎重地保护诉讼参与人的程序性权利,如果枉顾其权利,即便是为了良好的目的,仍然会给法院体系带来巨大风险。

家事法院作为司法机构,究竟应当在何种程度上介入家事案件,这是一个很有意味的问题。从比较法的视角而言,各国的规定并不统一,问题的焦点在于家事法院是专门处理法律问题的国家机构还是应当兼顾法律背后的事实问题?前德国的家事法院是采取第一种立场的典型代表,因为,法院把试行和解的任务委托给了民间的类似于婚姻介绍所这样的机构处理了,所以,法院的角色只能是一个纯粹的司法机构;采取第二种立场的典型国家有美国和澳大利亚,它们均认为,家庭事件的对象是家族间的人际关系,所以受人的感情、传统和风俗的影响至深,此外,来自经济、社会甚至是生物学方面的影响也不可忽视。在法律问题的背后存在如此重要的事实问题,所以法院应当积极地解决这一类事实问题。① 两种模式孰优孰劣,这是很难下定论的,在笔者看来,各有千秋,但后者或许更能体现家事法院的司法特色和设立家事法院的价值和理想。

(三)家事法院行政性质

家事法院的行政性质,主要指的是家事法院处理家庭案件的权限中包含着一定程度上的行政权特质,也即家事法院的裁判权既具有司法性质,也具有一定的行政性质,正是在这个意义上,家事法院具有一定的行政性。正如我国台湾学者林菊枝所言:"家事法院应有行政、司法、教育之性质"。②

家事法院的行政性可以从它的权力特性上表现出来。为了更好地说明此点,必须把司法权与行政权的若干区别概述一下。根据通常的区分,司法权与行政权具有显著的区别,概括而言,这些区别主要表现在十个方面,分别是:其一,司法权所解决的事项在性质上不同于行政权所处理的事项,司法权所要解决的事项是他人之间所发生的纠纷,而行政权所要解决的事项则是针对行政相对人的各种行政事务。其二,司法权与行政权

---

① 参见〔日〕中村英郎:《民事诉讼理论的法系考察》,日本成文堂1986年版,第112—113页。

② 林菊枝:《家事裁判制度之比较研究》,载《政大法学评论》1976年第13期。

之价值追求存在差异,司法权的设立和行使应当具中立性和公正性,而行政权的设定与运行,其主导价值则在于秩序和效率。其三,司法权与行政权的功能存在区别。司法权的设立与行使之主要功能在于,为各种各样的权利提供一种最终的救济渠道,并对各种各样的国家权力施加一种特殊的审查和控制机制,以便为个人提供一种表达冤情、诉诸法律的基本途径,使得那些为宪法所确立的公民权利能够得到现实的维护。另外,司法权还具有广泛的行为导向功能,这种导向功能不仅表现在司法裁判对广大社会公众的行为具有较强的教育和引导功能,而且表现为法院之间的先例拘束原则。而行政权的功能则在于,通过行政主体的行政管理行为,维护既定的行政管理秩序。行政活动所产生的直接的、主要的法律功能是国家利益和社会利益得以维护,使国家的行政管理秩序不至于因个人的行为而受到破坏。其四,司法权与行政权的性质不同。从本质上来说,司法权是一种裁判权,而行政权可称之为处理权。其五,司法权与行政权的启动方式不同。司法权的行使遵循"不告不理"原则,具有消极性,而行政权的行使则常常可以采取主动的方式,因为,行政机关代表国家对社会各方面的事务进行管理,并不取决于行政相对人是否同意被管理,而取决于有没有管理的必要。其六,二者对独立性的要求存在区别。司法权的特性要求司法活动必须是独立的,而行政权作为一种国家权力,从整体上来说虽然也具有独立性,但在上下级行政机关之间以及行政机关内部各行政人员之间,却并不像司法权那样具有严格的独立性。其七,二者公开性的程度不同。司法活动具有公开性,而行政活动常常呈现出某种程度的秘密性和封闭性。其八,二者在裁决依据方面的差异。司法裁判应当依照国家的法律来作出,即必须遵循依法裁判原则,它是现代法治国家的一项基本要求,也是一项具有公理性的司法原则。而行政活动尽管从整体上来说也必须严格依照法律的规定来进行即"依法行政",但是并不排除政策在一定的范围内发挥作用。其九,裁决是否具有终局性之区别。司法裁判往往被法律赋予终局性的效力,而行政机关的处理决定一般情况下不具有终局性。其十,二者对执法主体的职业化要求不同。司法权是由法官来具体行使的,行政权是由行政官员来具体行使的,尽管法官和行政官员从广义上讲都是执法的主体,但对法官的职业化要求明显强于对行政官员的职业化要求。①

家事法院的行政性可以从多个层面表现出来:首先,家事法院在一些国家承担着属于家庭领域中的诸多"例行公事",如更改姓名、经过双方同意的离婚、检验遗嘱等②,有的还包括离婚登记、收养登记、认定死亡等。这些事项在性质上显然不是司法权所要解决的事项,而是行政权所应处理的事项,是行政管理的一种表现形态。

其次,家事法院处理家事案件时,常常具有积极性、主动性,突破"不告不理"原则。例如,家事法院在处理离婚诉讼案件中,尽管诉讼当事人没有就未成年子女亲权事项提出请求,但为了保护子女的最佳利益,法院仍然会主动处理与子女监护、抚养相关的事项,并可能依据职权对夫妻双方谁更适合担任亲权人、监护人进行社会调查,如果夫妻双方都不适合担任子女的亲权人或监护人,家事法院会主动为子女寻求适合的寄养家庭或者收养人。当家事法院处理少年事件时,这一性质表现得更为明显。因为家事法院的少年法庭或少年部负有教育、感化和挽救失足少年的重要职责,少年司法权的行使是积极而主动的,家事法官可以进行庭前社会调查、主导法庭教育、庭后回访考察帮教等数项活动。家事法院在这一方面所发挥的,"乃是个案研究的机能(是一种调整的、教育的机能),该机能符合个别的、具体的妥善处理事件之目的。"家事法院的上述机能,"与传统的司法裁判所,仅作是非之法律的判断者,有所差别,而宁可谓为带有行政的机能之特殊裁判所"。③

再次,家事法院在处理家事案件时,态度常常具有较强的倾向性。倾向性与中立性对立,是司法权行使中的大忌,但家事法院在处理家事案件

---

① 参见刘学在、胡振玲:《论司法权与行政权的十大区别》,载《湖北教育学院学报》2002年第4期。另外,法理学、行政法学学者孙笑侠教授也将司法权与行政权的区别归纳为十个方面:一是行政权在运行时具有主动性,而司法权具有被动性;二是行政权在它面临的各种社会矛盾面前,其态度具有鲜明的倾向性,而司法权则具有中立性;三是行政权更注重权力结果的实质性,但司法权更注重权力过程的形式性;四是行政权在发展与变化的情势中具有应变性,司法权则具有稳定性;五是行政权具有可转授性,司法权具有专属性;六是行政权主体职业的行政性,司法权主体职业的法律性;七是行政权效力的先定性,司法权效力的终极性;八是行政权运作方式的主导性,司法权运行方式的交涉性;九是行政权的机构系统内存在官僚层次性,司法权的机构系统内则是审级分工性;十是行政权价值取向具有效率优先性,司法权的价值取向具有公平优先性。参见孙笑侠:《司法权的本质是判断权》,载《法学》1998年第8期。

② 参见〔美〕弗里德曼:《法律制度》,周叶谦译,中国政法大学出版社1994年版,第21页。

③ 陈棋炎著:《亲属、继承法基本问题》,台湾三民书局1980年版,第572页。

时却常常带有明显的倾向性,如处理涉及未成年子女的家事案件时,着重强调保护未成年子女的最大利益,强调教育、感化、挽救失足少年。在涉及家庭暴力的案件处理中,着重批评、教育、惩罚施暴者,而对受害人则进行救济、抚慰和帮助。从某种程度上说,这是对司法权中立性的背离。

复次,家事法院在处理家事纠纷,尤其是涉及身份关系的纷争时,常常把"治疗"理念带入解决纠纷的过程,而治疗性司法理念认为法院不仅是社会控制机构,法官应当和家庭成员共同努力,为妥善解决家事纠纷提供积极且持久的方法。治疗性司法理念要求家事法院在面对家事纠纷当事人之间的交流困难、感情对立、意见分歧极大的情形时,迎难而上,积极寻求解决办法,必要时甚至可以进行"信息操作",即纠纷处理机关为了获得合意而有意识地把一方当事人主张的部分内容略而不提,或者加以适当修饰后转达给另一方。① 在治疗性司法理念主导下,家事法院不仅处理诉讼参与人的争议,而且挽救破裂中的当事人与其他家庭成员的关系。家事司法活动不仅是法官自由裁量的过程,也是寻找案件的正确解答的过程,因为家事法官承担着查明案件事实、发现正确解答的任务。治疗性司法改变了家事法院和家事法官的传统定位,他们不再是诉讼活动的消极仲裁者,而是积极参与人。在这里,治疗、操作、挽救、寻找等理念和行动明显地表现出类似行政的积极主动性,而与司法的消极性、被动性相去甚远。

最后,为了维护儿童最大利益,家事法院法官常常有直接决定权。如在美国,家事法官在处理案件过程中,可以根据具体情势(如发现父母双方都不适宜担任监护人)直接决定未成年子女的寄养,并在庭后为寄养儿童寻找新家。少年法庭与家事法庭承担着为大量受寄养未成年人寻找新家的重大责任。法官们必须经常回访未成年人,以确定其是否生活在最少强制、最类家庭的环境中。② 据统计,全美当前有超过50万受寄养未成年人,仅2002年间就有12.9万多名未成年人等待离开暂时性寄养机构

---

① 参见蒋红珍、李学尧:《论司法的原初与衍生功能》,载《法学论坛》2004年第2期。
② Astra Outley, Adoption and Foster Care: Overcoming Barriers to Permanency: Recommendations for Juvenile and Family Courts, Family Court Review, Blackwell Publishing, April, 2006.

(即指被正式收养)。① 家事法院的法官们承担的此类任务,早已偏离司法的内涵,实际上是一种行政性的行为。

(四)家事法院的社会性质

家事法院所处理之家庭事件、少年事件,都与国民日常生活有密切关联,能否妥善解决此类纠纷,直接关涉社会能否健全发展。正因此,当家事法院有所活动时,需要社会多种力量倾力扶助,鼎力支持。换言之,家庭法院欲妥善解决纠纷或事件,必须取得社会的支持与理解。为了达成这一目的,家事法院在审判程序上,可敦请社会贤达为参与员,参与审判;在调解程序上可聘为调解委员从事调解;在少年案件,则请保护司、儿童委员或者老师等列席审判;而且与社会福利机构、保护机构抑或精神卫生关系的机构等取得密切联络。②

普通法院作为单纯判断是非的司法机构,具有极强的专业性。运作司法程序的参与人员法官、检察官、律师等具有显著的同质性:他们接受的是同等背景的法律教育、具有同样的法律思维模式和行动方式。法官与民众、法院与社会之间有着一条明显的鸿沟。当然,为了防止司法的官僚化以及远离市民社会良识,并让民众分享部分司法权,很多国家在宪法上规定了民众参审制度或者陪审团制度,但事实上,这一制度往往是象征意义大于实质意义,因为其一,只有部分案件适用陪审制或陪审团制,大部分案件并不适用;其二,有些国家早已取消了陪审制,如日本早在1943年就取消了陪审制度;其三,陪审人员对司法审判的介入有限的。如英美陪审团制度中,陪审员只拥有事实认定权,没有法律决定权。总之,普通法院与社会及民众之间有着明显的界限。

家事法院却正好相反,它与社会之间的鸿沟被抹平,它们常常具有某种相互融通性,它们联系频繁,资源共享、信息共通。家事法院具有显著的社会特性,具体而言有以下表现:第一,家事法院的裁判理念是尊重和符合社会良识。家事法院裁判案件并非仅仅对法律负责,还需要符合社

---

① National Adoption Day Coalition, Urban Institute, Foster Care Adoption in the United States: A State By State Analysis of Barriers & Promising Approaches, 2004, http://www.urban.org/url.cfm? ID =411108,最后访问日期:2008 年 8 月 20 日。

② 参见陈棋炎:《亲属、继承法基本问题》,台湾三民书局 1980 年版,第 572 页;另参见林菊枝:《家事裁判制度之比较研究》,载《政大法学评论》1976 年第 13 期。

会一般民众的通念和普通情感。为此,家事法院常常以非讼方式解决纠纷,即便是依照严格的诉讼解决纠纷,在法律适用层面也需要顾及民俗习惯的司法运用,以便其判决能够得到当事人以及社会的认同。

第二,为了达致家事案件和少年案件合情、合理、合法的裁判后果,家事法院通常会聘请社会贤达人士参与程序。如日本家事法院不仅设置有家事法官、家事助理法官、调查官等常职人员,还有民间选任的家事调停委员和参与员。在家事法院,因家事调停委员来自社会各个阶层,其职业包括律师、会计师、大学教授、家庭主妇、公司职员等,所以,不仅多数家事纷争能够通过调停妥当解决,而且深受当事人信赖。

参与员制度也是社会人士参与家事事件审理和裁判的重要方式。在日本学者看来,参与员参与人事诉讼的趣旨就是反映公民的良识,因为人事诉讼事件多数是离婚事件,诸多场合需要反映公众的一般认知,如离婚有责性的判断、婚姻有无破绽的判断、离婚事由中需要裁量的苛酷条款的适用、在合并损害赔偿请求的情况下赔偿额的确定等,这些都需要在裁量的同时考虑市民的良识,这样才能作出妥当性的判断。[①] 参与员制度在家事调停事件和人事诉讼事件中的导入和扩充,从另一个侧面说明了家事裁判的社会性。

第三,家庭法院中常常设有家事调查官、顾问律师、社会工作者等特别的辅佐机构。在很多国家,家事法院不仅要对法律问题进行审判,还要介入到法律问题背后的人与人之间的关系,因此,为了解决问题,需要具有医学、心理学、社会学等专业知识的辅助人员对法官进行辅佐。例如,在澳大利亚的家庭法院中,设有顾问律师和社会工作者,辅佐法官;在日本的家庭法院中,配有家事调查官(辅助)和作为法院技术官员的医生;在韩国的家庭法院中设有调查官;在墨西哥的家庭法院中设有社会工作者;在美国,许多州的家庭法院都有顾问律师。[②]

第四,家事法院的社会性还表现为它与诸多的社会机构形成协力关系。对于家庭案件的解决,毫无疑问家事法院发挥着中心职能作用,但是通过法院外的其他的机构,如民间的调停机构、社会福利设施、婚姻介绍

---

① 参见〔日〕梶村太市、德田和幸编:《家事事件手续法》,日本有斐阁 2005 年版,第 143 页。

② 参见〔日〕中村英郎:《民事诉讼理论的法系考察》,日本成文堂 1986 年版,第 107—108 页。

所等参与解决家庭事务纠纷的事例很多,这些机构对于解决家事纠纷发挥着巨大的作用。从世界范围看,特别引人注意的法院以外的合作机构包括:荷兰的少年局;意大利家庭建议局;葡萄牙的社会福利局;澳大利亚、西德的婚姻介绍所;葡萄牙的未成年人辅佐官、美国的社会福利机构;瑞士的婚姻外辅佐人制度等。①

总之,尽管各国创设家事法院的初衷、形成家事法院的过程并不完全相同,但令人惊奇的是,不同形态的家事法院在发展历程中几乎不约而同地发生着综合化的变革。而综合化的家事法院,其性质也发生着综合性的变化,家事法院不再是单纯的司法机构,它具有着一定的行政性特质,同时还与社会紧密相连。由此可见,家事法院是具有多重性质的法院。了解这一点对于进一步认识家事法院的功能价值、内部结构、设计方案等都具有积极的意义。

二、家事法院的功能

与普通法院不同,家事法院是基于一种崭新的理念来思考家事纷争妥当解决的路径或方法,它关注纠纷解决的质量而非数量,关注结果而不仅仅是过程,它重视纠纷解决的现状,但更着眼于规划未来,它要求法官有极强的生活领悟能力、创造力以及协调能力。正是在这个意义上,家事法院发挥着自己独特的功能。

(一)解决家庭纷争

在现代社会中,普通法院作为"社会纠纷裁判中心",是专司纠纷裁判功能的组织机构。② 家事法院既以法院命名,其首要的功能当然是解决纠纷。有学者认为家事法院具有两大机能,一是司法机能,二是社会机能。解决家庭纷争显然是家事法院司法机能的表现,所谓司法机能,是指随着空白法规的增加以及不确定法律概念的运用,立法赋予法官的裁量权范围日益扩大,有必要委由法官作成合目的性裁量。此项裁量权亦被

---

① 参见〔日〕中村英郎:《民事诉讼理论的法系考察》,日本成文堂1986年版,第109—110页。
② 丁以升、孙丽娟:《论我国法院纠纷裁判功能的理性建构》,载《法商研究》2005年第2期。

授予家事法官,期待要求其作成合目的性、具备妥当性的裁判。① 与普通法院相比,家事法院不仅在所解决的纠纷类型、性质、程序等方面都具有显著特色,而且解决纠纷的手段、方式也具有特殊性。

家事法院的裁判对象是家事纠纷,家事纠纷是指涉及婚姻家庭关系的纠纷,包括婚姻案件、家庭暴力案件、子女抚养权争议案件、未成年人的保护案件、抚养与赡养案件、继承案件等。与普通的民事纠纷相比,家事纠纷更多地涉及亲情、血缘、婚姻以及道德伦理,因为家事纠纷的基础是身份关系,其背后隐藏着复杂的人际关系,从表面上看,家事纠纷可以表现为财产分割、精神安慰费、抚育费等支付金钱的请求,但从本质上看,深层次纠纷是关于夫妻间、亲族间情感上、心理上的纠葛。日本学者高野耕一通过研究发现,家事纠纷与民事纠纷相比有以下几个重要的特征:第一,引起家事纠纷的原因复杂不能轻易地探明;第二,家事纠纷的过程时时刻刻在流动,对它的变化无法预先判断;第三,解决家事纠纷的方法和途径多种多样;第四,家事纠纷的处理结果往往伴随着家事纠纷的拖沓、复杂和呈现出的困难态势,而出现当事人不予执行的情况。②

正因为家事纠纷具有上述特点,所以在普通法院用通常的诉讼程序规则来解决家事纠纷就显得困难重重,因为普通法院的司法活动更强调诉讼的形式性和程序的妥当性,强调当事人的对抗性和自我负责性,强调裁判依据的一元化、法官的专业化、精英化等,因此,解决纠纷的诉讼过程至关重要,至于结果如何则在其次。家事法院并不关注纠纷解决过程或裁判标准,它更注重结果,只要诉讼参与人获得满意的"结果",法官就算尽到了责任。而为了追求当事人"满意"的结果,家事法官在司法活动中对程序和实体的把握可能更加灵活。家事法院法官并不认为对抗式诉讼模式是解决家庭成员间纠纷的良好方式,因为家事法院在解决纷争过程中,不仅要着眼于过去的纠纷事实,而且还要展望未来,使重建的家庭关系和家庭人际关系回归正常。家事法院处理纠纷的目的不是简单地解决诉至法庭的特殊纠纷,更重要的是通过法庭裁决使双方当事人将来解决后续问题时能方便、快捷地找到妥善的非讼解决方式,不再需要司法

---

① 参见邱璿如:《家事事件审理程序之建构(下)》,载《台湾本土法学杂志》2002年第10期。
② 〔日〕高野耕一:《家事调停中裁判官的责任》,《案例》672号。转引自李青:《中日家事调停的比较研究》,载《比较法研究》2003年第1期。

介人。

家事法院具有解决家庭纷争的功能,但这并不意味着,家事法院只能通过诉讼的方式解决纷争,在家事法院内部,解决纠纷的方式是多元化的,替代诉讼的和解、附设法院的调停等早已成为家事法院解决家庭纠纷的重要手段,家事法院还通过设置多种辅助人员或者与社会福利机构、公益机构合作的方式,来实现和落实替代诉讼的解决机制,其结果是很多案件都在正式的诉讼开始前通过替代诉讼的方式解决了。

最后,还需说明的是,家事法院尽管是解决家庭纷争的专门机构,但其解决纠纷功能是有限的,家事法院并不具备承担处理涉及所有人性和人类生活状况的复杂事项的能力。在家事法院领域内,人们必须认识到法官不能解决所有诉至法院的家事问题,尤其是发生在社区、工作场所、教堂、学校或其他社会机构中的事项。家事法院只是帮助发生问题的家庭成员更好地解决纠纷的工具。事实上,缺少教育、心理疾病、滥用毒品、犯罪和糟糕透顶的邻里关系等都超出法院管辖范围,法官无法妥善地解决这些影响诉讼参与人的纠纷。①

(二) 调整、修复和治疗家庭关系

调整、修复和治疗家庭关系应当属于上述提及的家事法院的"社会机能",社会机能也称人际关系调整机能。家事法院所倚重的调整、修复和心理治疗尽管不是万能的,但多数情况下是必不可少的。因为,其一,家事案件的当事人常常认为自己是被害人,对方是加害人,因而产生复杂情绪,模糊真实焦点;其二,当事人间因情感纠结,互动失调,亲职能力欠缺,不仅使原先紧张情势更趋恶化,更因而危及未成年人子女的最佳利益;其三,除法律问题需要解决外,相关日常生活所需或身心健康所系的环节也有待协助,否则即使法律问题得到解决,纷争的根源仍然悬而不决。② 正如我国台湾地区学者邱璿如所言,家事法院所处理的对象,多属亲属间的纷争,夹杂着彼此间复杂的感情上、心理上、非经济上的因素,而需求借助于家事法院透过调解委员、调查官等辅助机构,针对当事人个人特质、心

---

① See Gerald W. Hardcastle, Adversarialism and the Family Court: A Family Court Judge's Perspective, UC. Davis Journal of Juvenile Law & Policy, The Regents of the University of California, Winter, 2005.

② 参见张晓茹:《家事裁判制度研究》,中国政法大学 2004 年博士论文,第 73 页。

理、身体状况、家庭环境与社会背景的不同,查明其不适应社会的原由及所涉问题之症结,进而提供必要的协助与建言。于此,家事法院所发挥的为一种社会机能,其具有的意涵包括:提供具备人际关系上专业知识者以其专业技术,给予相关的心理咨商(心理性调整);于当事人出现不适应社会等类状态时,由专家利用熟知的社会资源进行调整,或请求社会福利机构为必要之援助(社会性调整);由富有社会经验者,提供当事人适当经验,然后由其自我决定,而为经验性调整;如当事人无法自行协调时,则由专家从法律观点提供相关资讯,并进行利害关系的协调,为法律上利害关系之调整。①

当家事法院给予家庭事件当事人以适当的"调整"时,修复和治疗的效果就已经寓于其中。调整、修复和治疗实际上是一个问题的三个侧面,通常而言,调整是修复和治疗的前提,修复是调整的后果或措施,而治疗则是调整失灵、修复困难时的进一步措施。"调整、修复和治疗"要求家事法院应当通过适当的程序和方式努力对紊乱的家庭人际关系进行整合,抚平当事人的心理创伤。家事法官必须始终认识到"离婚不是家庭关系的终结,相反,它是家庭关系的重构。在婚姻关系终止之后,家庭关系以另一种新形式继续存在"②。

对于家事法院来说,调整、修复和治疗家庭关系的功能主要不是依靠家事诉讼活动来实现,因为一旦家事纠纷由家内移至家事法院,当事人之间、当事人与家庭其他成员之间的家庭人际关系已经陷入失衡状态,其调整和治疗的难度明显加大,甚至十分困难,所以,尽管家事诉讼活动也产生一定程度的调整和修复作用,但作用是有限的。大多数调整、修复和治疗是依赖非诉讼程序实现的,尤其是家事法院主持的调停、辅导以及治疗服务能比较完美地承载此项功能。从历史上看,最早在家事纠纷排解领域倡导治疗理念的国家是美国。早在 20 世纪 30 年代,继劳动纠纷之后,美国就开始在家事领域推行调解,并将对当事人采用调解作为代替审判程序的手段。因从事家事调解的调解人多具有心理学方面的素养,"治疗"(therapeutic)理念随之带入了调解之中,具体而言,就是促使当事人

---

① 参见邱璿如:《家事事件审理程序之建构(下)》,载《台湾本土法学杂志》2002 年第 10 期。

② See Gerald W. Hardcastle, Adversarialism and the Family Court: A Family Court Judge's Perspective, UC. Davis Journal of Juvenile Law & Policy, The Regents of the University of California, Winter, 2005.

正面认识到纠纷的根源在于感情上的争点,在调解人认为适当的场合,鼓励当事人继续维持(婚姻)关系。虽然在这方面家事调解人之间的意见并不统一,但一般都认为应更多地考虑人际关系而不是法律方面的争点。① 日本家庭裁判所也十分偏重家事案件当事人之间感情和心理的治疗,为了实现这一功能,日本家事裁判所要求家事调停委员能灵活运用心理学、社会学、行为学、医学等专门知识,对纠纷提出妥当的调停方案。总之,治疗性司法理念认为法院不仅是社会控制机构,法官和家庭成员应当共同努力,为妥善解决家事纠纷提供积极且持久的方法。

近些年来,一些学者更是对调停、辅导和治疗进行细分,进一步划定它们的目标和价值取向,以便家事法院为当事人提供更为精致的家事服务。如学者罗伯逊认为:"在辅导和心理治疗过程中,取向往往是透过了解过去经历来处理现况。在家庭治疗方面,重点通常是着眼于现况以求改用新方法来应付未来,而在调解方面,取向则明显是着眼于未来"。② 另外,调解、辅导的目标与治疗的目标也截然不同,治疗的目标是"帮助个人解决情绪问题,使他们身心更为泰然和更积极生活"。而调解则侧重于所作出的决定,可同时为双方当事人达成最美满的成果。两者的过程也不同:调解员在过程中所作的评估,旨在拟定策略协助有关人士作出决定,治疗师所评估的层面则较为广阔,是促使有关人士省悟,从而改变其行为。③

尽管家事法院治疗性功能在理论和实践中,承受着许多非议和怀疑④,

---

① 范渝:《非诉讼纠纷解决机制研究》,中国人民大学出版社2000年版,第96—97页。
② Robinson, Family Transformation though Divorce and Remarriage(1991), p. 189. 转引自香港法律改革委员会报告书《排解家庭纠纷程序》, http://www.info.gov.hk/hkreform,最后访问日期:2007年7月10日。
③ Brown, Divorce Mediation in a Mental Health Setting, Folberg and Milne, p. 131.
④ 怀疑和非议来自多个学者和法官,如美国有学者认为:"考察治疗性司法的概念,至少存在两个问题:首先,'治疗性'的概念无法解释法院制裁的惩罚性本质;其次,法院对其治疗性作用的强调使自身忽视了争端解决的职能"。"有证据显示,当心理学家或精神保健专家介入诉讼后,双方当事人可能反而更为极端,难以达成一致意见"。帕格法官也指出:"首先,该理论强调法官应当鼓励双方当事人今后和睦相处,等于变相要求法官承担协调双方当事人人际关系的义务,导致大量心理咨询与精神保健机构和社会福利组织介入司法活动。这与法院承担裁判当事人诉讼事项并鼓励他们将来自行解决争议的一般司法认知有很大差异。家事法院应当履行多大的治疗性职能是目前难以解决的问题。其次,司法应当具有及时性,裁决必须及时作出,这与家事法院治疗性处理机构职能相矛盾。法庭的治疗与恢复性活动要想取得良好成效,根本不可能在极短的时间内完成"。See Gerald W. Hardcastle, Adversarialism and the Family Court: A Family Court Judge's Perspective, UC. Davis Journal of Juvenile Law & Policy, The Regents of the University of California, Winter, 2005.

但这一理念在实践中被大量运用,并在调整、修复和治疗家庭关系方面取得不俗的成就却是毋庸置疑的事实。

(三) 保护儿童最大利益

儿童不仅是家庭内父母的子女,他们同时也是国家的财富,承载着国家的希望和民族的未来。然而,儿童由于生理和心智尚未发育完全,他们在以成人为主导的社会中处于明显的弱势地位,因此,父母、家庭在护佑儿童健康成长过程中发挥着重要的作用。然而,如果发生了父母离婚或者其他家庭纠纷,儿童的平静生活往往被无端地打破。当父母因为离婚而在法院相互攻击、因监护权而争论不休时,儿童往往成为最大的受害人,这种伤害是成人难以想象的,正如西方一位学者所言,"离婚对于成人和孩子而言是一种完全不同的体验,因为孩子们在此过程中失去了对他们发展至关重要的东西——家庭结构"。"与成人不同,孩子的痛苦并非在父母关系破裂之时达到顶峰而后慢慢减少。正相反,离婚所造成的伤害对孩子而言是一个累积的过程,它的影响随时间而增加。在孩子成长的各个阶段,这种影响都以不同的方式存在……父母离异一直影响着子女前30年的生活"。[1]

在家事审判实践中,很多法官发现"离婚之后,父母对孩子时间分配的冲突非常激烈,大多数未成年人成为双方争夺的重点"[2]。最让儿童难堪的莫过于,平日都对自己宠爱有加的父母忽然来到他(她)面前要求他(她)立即回答跟谁一起过?这种"选边站"的拷问常令儿童身心崩溃,痛苦至极。再有,平时感情极好的一对兄弟(妹)、姐妹(弟)甚至双胞胎,可能因为父母离婚而因此分开,因为一个跟爸爸,一个跟妈妈,被认为是对父母最为公平,父母也最为满意的方案。然而,符合父母需要的裁决却不一定符合未成年人的最好利益需求,那么,儿童心里的痛苦、儿童的愿望向谁表达?如何表达?儿童的权益如何保护?谁来保护?既然儿童被视为国家的财富,国家是否应当对儿童,尤其是家庭破裂背景下的儿童给予

---

[1] Wallerstein, Judith and Sandra Blakeslee(1989), Second Chance: Men, Women, and Children a Decade after Divorce, Boston: Houghton Miffin. p. 11. 转引自〔美〕安东尼·W. 丹尼斯、罗伯特·罗森编:《结婚与离婚的法经济学分析》,王世贤译,法律出版社2005年版,第118页。

[2] Carol Smart, Papers Celebrating the 25th Anniversary of the Family Court of Australia: From Children's Shoes to Children's Voices, Family Court Review, Sage Publications, Inc., July, 2002.

特别的关怀?

其实这个问题早就引起了人们的重视。从某种意义上说,很多国家设置家事法院的重要理由就是保护儿童利益,使儿童免受损害,保障其健康成长。正如美国一位家事法官所言:"未成年人是需要法庭突出保护的珍贵而脆弱的一群"。① 澳大利亚法律改革委员会(Australian Law Reform Commission)在论述家事法院的"指导性原则"时,就列举了设立家事法院的重要理由:(1)基于保护未成年人权益与福利的需要;(2)维持现在的婚姻(结婚和离婚)机构的需要;(3)给予家庭保护和帮助的需要;(4)消除家庭暴力的需要;(4)帮助双方当事人了解重新协调与改善双方关系对彼此和孩子的重要性。② 这些理由中至少有两点与儿童利益直接相关,其他理由尽管与儿童利益不是直接相关,但也是有着重要联系,如"给予家庭保护和帮助"、"消除家庭暴力",显然会给儿童带来实惠,有利于其身心健康。美国一些州也早已认识到这一点,在南卡罗来纳州,尽管家事法庭的审理活动被要求在司法氛围之下进行,但对于未成年人参与的案件,诉讼程序可以是非正式的,因为人们普遍认为未成年人的本质是"善良的",为更好地处理与未成年人有关的问题,创设"非对抗性"家事法庭体系至关重要。③

与普通法院相比,家事法院从产生以来,在保护子女最佳利益(the best interests of the child)方面就发挥着不可替代的巨大作用,并在实践中不断走向深入。

在家事案件中,未成年子女可能不一定是案件的当事人,而只是与案件相关的人,如父母离婚,审理对象当然是父母之间的婚姻关系,未成年子女显然不是案件的主角。但家事法院对未成年儿童的保护,是无条件的,而不管未成年儿童在案件中是否具有某种身份或地位。过去,家事法院特别强调维持家庭的存在,以此体现对未成年人的保护和关怀。后来

---

① Bobbe J. Bridge, Solving the Family Court Puzzle: Integrating Research, Policy and Practice: Opening Remarks to the 42nd Annual Conference of the Association of Family and Conciliation Courts, Family Court Review, Blackwell Publishing, April, 2006.

② See Gerald W. Hardcastle, Adversarialism and the Family Court: A Family Court Judge's Perspective, UC. Davis Journal of Juvenile Law & Policy, The Regents of the University of California, Winter, 2005.

③ Warren Moise, Beyond the Bar: the Corpus Evidentia in Family Court, South Carolina Lawyer, South Carolina Bar, May, 2004.

逐步发现,维持家庭存在并不一定符合儿童的最佳利益,这就引发了家事法院本位观的转变,即无论何种家事案件,只要涉及未成年子女,都应当以符合儿童最佳利益为方针和指导原则。

在美国,为了减少父母离婚可能给未成年儿童带来负面影响,同时也为了教导父母在离婚期间或者离婚后能够更好地承担起教养子女的责任,从20世纪80年代起,自愿参加或者由家事法院强令参加的父母教育计划开始在美国发展起来①,并日渐受到法官的支持。由于参加这些计划的父母人数甚多,至1996年,当时美国40个州共开办了560项计划。②父母教育计划不仅使父母了解和掌握教养子女的技巧,而且使他们更了解离婚对儿童的影响,对其妥善处理与子女的关系、合理规划以后生活将带来潜移默化的好处。尽管有不少人反对法院作出强制参加的命令,但仍有一些州果敢地规定了这一制度。如犹他州就规定,有关人员除非已参加上述计划,否则不能办理离婚。③ 家事法院强制离婚父母参加教育计划,尽管没有使儿童直接受益,但父母学习到的教养子女和沟通的技巧却可以引发父母的变化,进而惠及儿童的福利。

在英国,凡是涉及儿童的诉讼,都会有专门的人员协助。在私法和公法的儿童案件中,法院的福利官员和诉讼监护人都会提供相关的社会福利专家的支持,他们的作用就是调查儿童的生活环境,向法庭提交报告和提出建议。④ 在日本,家事法院为了保证作出的裁决结果最有利于儿童的最大利益,调查官有专门针对儿童的调查活动。从调查方法上看,调查官往往根据儿童特定的年龄、生理状况和精神状况等灵活采用不同的调查方法,展开切实有效的调查。⑤ 调查结果有助于弄清儿童的真实思想和心理状况,为亲权指定、抚养费的确定等事关儿童重大利益事项的审判

---

① Salem et al, Parent Education as a Distinct Field of Practice——the Agenda for the Future, Family and Conciliation Courts Review, Vol. 34 No. 1, January 1996, p. 9.

② Brave et al, The Content of Divorce Education Programs, Family and Conciliation Courts Review, Vol. 34 No. 1, January 1996, p. 41.

③ 犹他州在1994年将父母教育培训计划列为强制性参加项目。Loveridge 1995, Reported in Blaisure and Geasler, Results of a Survey of Court-connected Parent Education Programs in US Counties, Family and Conciliation Courts Review, Vol. 34 No. 1, January 1996, p. 23.

④ 参见〔英〕凯特·斯丹德利:《家庭法》,屈广清译,中国政法大学出版社2004年版,第15页。

⑤ 具体调查方法,参见〔日〕高桥宏志、高田裕成编:《新人事诉讼法与家庭裁判所实务》,日本有斐阁2003年版,第139—140页。

第二章　家事法院制度的法理分析

和裁决打下基础。在澳洲,家事法院在家事案件审理中引入了很多支持性社会援助模式,如亲子培训、精神保健服务和针对子女的教育援助服务等。法官在离婚案件的审理中,早就从关注未成年人的生活状况转变为听取未成年人的意见。①

澳大利亚家事法院、英国家事法庭在处理涉及父母离异的案件中还有权发布事关儿童的命令,如澳州家事法院可以根据《1995年家庭法改革法令》发布养育令、同住令、联系令、指定事项令、禁止行动令等;英国家事法庭在离婚诉讼中可能涉及到的命令有:居住令、共有居住令、探视令、一次性支付抚养费和解指令、财产转让指令等。家事法院作出上述命令或指令具有较大的自由裁量权,但是有关法令要求法院在作出决定时必须考虑儿童的最大利益,如英国就要求法庭行使权力作出居住令的依据是"子女幸福清单","是否授予探视令的决定应该以子女为中心来考虑","父母的利益仅当影响子女幸福时才有关系"。在绝大多数案件中,几乎总是为了儿童的最大利益与父母的联系才应维持。②

此外,家事法院不仅关注着正常儿童的利益保护,对那些涉及残疾儿童或者患有自闭症儿童的家事案件,更是极尽所能,为其提供帮助。众所周知,残疾儿童需要精心照料,但在那些离异家庭或双方对子女病症意见分歧的家庭中,他们难以得到精心照料。在美国的司法实践中,对于残疾儿童父母的离婚案件,法庭将任命临床医学专家负责评估孩子的病情并列出基本需要明细目录,由法官强令双方当事人服从,以保护残疾儿童的最大利益。③

总之,尽管家事法院不是离异家庭儿童的监护人或者保护伞,但它在多年的实践中,为保护儿童免受损害、维护儿童的最佳利益作出若干卓有成效的尝试和努力,其实益有目共睹。如果没有家事法院,众多涉及儿童的家事案件在普通法院将被当做普通案件,然后在以当事人为主导的诉讼架构下流水线般地展开对抗和争论,最后以诉争胜利者满意的方式强

---

① See Carol Smart, Papers Celebrating the 25th Anniversary of the Family Court of Australia: From Children's Shoes to Children's Voices, Family Court Review, Sage Publications, Inc., July, 2002.

② 参见〔英〕凯特·斯丹德利:《家庭法》,屈广清译,中国政法大学出版社2004年版,第296—300页。

③ Heidi P. Perryman, Parental Reaction to the Disabled Child: Implications for Family Courts, Family Court Review, October, 2005.

制解决纠纷。然而,这种强制性的传统纠纷解决模式尽管表面上解决了纠纷,但是子女和整个家族在诉讼中感情损失却是非金钱可以衡量的,如夫妻憎恨、家族失和、子女痛苦、身心扭曲,哪一样不是一个可怕的定时炸弹?更何况在普通法院的形式性诉讼中,子女因不是直接的主体,他(她)不能表达意见,没有人会主动关注他(她)的身心需要和未来发展,子女在这样的诉讼中早已沦为客体,遑论保护儿童最大利益。从这个意义上说,家事法院作为处理家事纠争的综合法院,是维护儿童权益的重要组织,是保护家庭关系中弱势群体的最后屏障。

(四) 社会服务

谈及家事法院社会服务功能,可能很多人会感到万分惊讶,因为与法院相关的所有概念和术语中都没有要求其必须提供社会服务,然而,不可否认的是,目前各国的家事法院正积极地参与提供社会服务的活动,不仅依赖社会机构协助,而且还积极制定帮助参诉家庭的计划并制定法庭附属方案。尽管,对于家事法院应当提供多少社会服务没有定论,但为涉讼家庭提供越来越多的社会服务却是不争的事实。在国外,有一种理论认为家事法院提供社会服务的义务必须依赖对其职责的界定。例如,如果认为家事法院的职能是通过短暂的离婚诉讼帮助涉诉家庭,法院服务性自然偏小。相反,家事法院与社会服务机构合作,意图寻找改变家庭整体功能失调的综合性解决方式,这就要求法院更多地从事社会服务工作。

在美国学者埃尔罗德教授看来,理想的家事法院大楼应当设有信息中心、法院服务中心、调解室、未成年人寄养机构和担保组织。① 实践中,家事法院的社会服务有多种表现形式。

其一,有关婚姻家庭事项的咨询服务。此种咨询服务可以是针对尚未发生诉讼的人们提供,也可以是对已经打算提起诉讼或者已经进入法院大门的人们提供。如澳大利亚1975年的《家庭法条例》就规定了三种咨询服务:(1) 在诉讼程序启动之前或者启动之后的咨询服务;(2) 诉讼程序启动后法院发出第一张传票之前法院规定的咨询服务;(3) 诉讼程

---

① See Gerald W. Hardcastle, Adversarialism and the Family Court: A Family Court Judge's Perspective, UC. Davis Journal of Juvenile Law & Policy, The Regents of the University of California, Winter, 2005.

第二章　家事法院制度的法理分析　51

序启动后法院发出第一张传票后法院规定的咨询服务。再如美国的调解法庭,不仅以调解方式处理家事纠纷,也为有严重家庭问题的夫妇提供免费专业咨询等其他服务,使有矛盾的双方在未作出有关离婚关系的最后决定前有机会和解。其他服务内容包括:未达法定婚龄而需要法庭批准结婚的婚前咨询;法庭裁决的监护和探望权方面的咨询;解除婚姻关系后探望权的咨询等。① 我国台湾地区的台北地方法院家事法庭近年来也实施了心理咨询服务项目,具体由法官视个案需要,在征得当事人同意后,通过心理咨询员提供心理咨询服务,取得了极好的社会效果。②

其二,劝导和辅导服务,这是家庭法院提供的福利服务。在很多国家,家事法院的福利服务是家事法院制度的一部分,典型代表是新西兰,在其 1980 年制定的《家庭程序法》中,明确规定了家事法院处理家事案件的三个阶段:第一阶段是在法院或私下进行辅导;如未能解决问题,则进入第二阶段,参加调解讨论会,该讨论会的目的是"向夫妇阐明,解决纠纷是他们的责任"。③ 如仍不能解决纠纷,则进入第三阶段——交付法官进行裁决。这里的第一种服务就是劝导和辅导服务,该种服务应当事人或者其律师要求而提供。在新西兰,向家事法院提出的很多申请都必须经过劝告或者辅导。

其三,家事调停服务。曾任我国香港地区律政司司长的梁爱诗女士在一篇文章中直言,调停服务是"真正家事法庭必备的服务"④。实践中,很过国家都针对家事事件而在家事法院设置了调停服务,该种调停服务在日本演变为"调停前置主义",日本《家事审判法》第 18 条规定:"提起诉讼的当事人,在诉讼开始前,必须经过家庭裁判所的调停"。如果当事人在提起诉讼时没有申请调停,家事裁判所可以依职权将该诉讼转付调停。前面述及的新西兰家事法院,也同样存在着调停服务,与调停服务相关,新西兰还设有调停辅导,这个阶段的工作是"把调解工作和纯辅导的工作结合起来的"。实践中,有很多纠纷在调停辅导中已获解决,如在

---

① 参见薛波主编:《元照英美法词典》,法律出版社 2003 年版,第 275 页。
② 具体内容参见彭南元:《论家事案件采心理咨询服务之可行性》,载《司法周刊》2002 年 10 月 2 日。
③ Wilson, Alternative Dispute Resolution, Auckland University Law Review, Volume 7(2), 1993, pp. 362—363。
④ 梁爱诗:《divorce, what next?》,载《香港律师》1990 年 1 月号。

1987年个案样本中,有77%的夫妇是在调停辅导阶段达成完全或部分和解协议。①美国的一些州,也在家事法院或家事法庭中设立了强制调停服务项目,有些州还进行了创造性制度创新,如夏威夷州家事法庭不仅成功地实施了强制调解服务,而且还创造了"自愿庭外和解主事官"机制,该机制系2004年中期,由该州第一巡回法院家事分庭和州律师协会家事法分会联合创立,35个家事法分会的认证律师统一担任自愿庭外和解主事官,这些主事官在当事人和解会议之前会见他们(如果当事人聘请律师的话,他们会同时会见律师),花费数个小时,利用自身作为家事律师的经验,尽力帮助当事人达成双方可接受的协议。会议结束之后,自愿庭外和解主事官仅向法官汇报是否召开会议、哪些人参加会议以及是否达成协议即可。双方当事人不必为该会议支付任何费用。到2005年10月中旬为止,自愿庭外和解主事官收到156件待处理案件,其中114件获得圆满解决,30件尚在处理中,仅10余件进入开庭审理程序。这一成功经验使得第二巡回法院家事法庭也开始建立自愿庭外和解主事官机制。②

其四,培训服务。为了防患于未然,一些家事法院对社会常年提供如何为人父母的培训服务,具体方式包括放映影视片、组织专家讲座等。对于已经进入家事法院大门的离婚当事人,只要有可能涉及未成年子女(年龄范围是6—18岁),提出离婚的父母将被家事法院要求接受"孩子第一位"的强制教育。③

其五,其他服务。家事法院的其他社会服务不一而足,具体可概括如下:(1)为社会公众以及当事人提供免费资料。如日本等国的家事法院都备有很多关于如何排解家庭纠纷的小册子,免费发放给需要了解此类程序的市民、将要打官司的潜在当事人或者已经进入法院大门的现实当事人。(2)协助社区组织进行宣传教育,如澳大利亚的家事法院在其管辖的社区内积极辅助社区组织 CBOs(Community Based Organizations 的简

---

① See Davidson, Family Court Counselling and Mediation: the Vexed Question of Standards and Personnel in New Zealand(1986), 1FLB73. 转引自香港法律改革委员会报告书《排解家庭纠纷程序》第四章.

② See Mark Browning, Jim Hoening, Hawaii's Family Court Promotes Innovative Divorce Resolutions, Hawaii Bar Journal, Hawaii State Association, July, 2006.

③ 同上注.

第二章 家事法院制度的法理分析 53

称)进行家事调解的宣传教育①,新加坡家事法院则为市民举办免费资讯简介会,解释法院所提供的服务和家事法院的目标②。(3)提供专门的家事纠纷资料数据库供市民查询和检索。(4)对于诉讼中需要临时托管的婴幼儿提供托管服务。美国大纽约市的许多区如布朗克斯区(Bronx)、昆斯区(Kings)、曼哈顿区(Manhattan)和皇后区(Queens)的家事法院大楼内都设有儿童监管中心,当父母必须上庭的时候,可以将年幼的孩子放此免费托管。日本的家事裁判所内通常也会设置一间儿童室,内有婴儿的小推车、幼儿和儿童的各类玩具,房间布置温馨而亲切。它既是儿童会见室,又是儿童心理观察室,还是儿童临时托管的场地。下图提供的是日本札幌家庭裁判所内设置的一间儿童室,可以给我们提供一些感性的认识。③

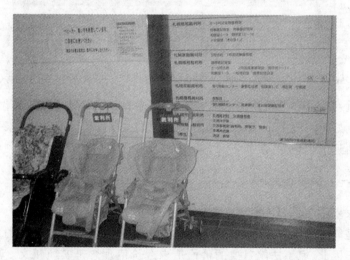

---

① 澳州家事法院常常自行制作家事调解知识宣传手册,将其分发于各社区组织或刊登在新闻媒体上。宣传手册的主要内容包括:告知纠纷双方的权利、义务;提醒双方随时可以和解或接受调解,并告诫当事人如果不接受,将会付出更大的经济和感情方面的代价。家事法院还大力协助社区组织开展调解内容的授课和学习,指导社区组织熟悉和掌握家庭法,对家事纠纷的调解技巧进行指导和培训。参见黄荣康、路志新:《澳大利亚家事法院的调解》,载《广州审判》2005年第6期。

② 香港法律改革委员会监护权和管养权小组委员会《咨询文件》,第288页。http://www.info.gov.hk,最后访问日期:2008年12月20日。

③ 此图为南京师范大学法学院李浩教授、刘俊教授、赵莉老师等于2007年11月到日本进行学术交流,随友人安排破例进入札幌家事裁判所参观时,拍下的照片。此照片甚为珍贵,因为日本家事法院是不对外开放的,也不允许市民进去旁听,所以,能进去参观并进行拍照实为难得。

三、家事法院的价值追求

家事法院处理案件的价值追求并不仅仅是诉讼公正和一般公平,它更注重对家庭和谐秩序的追求和修复,讲求富有人情味的解决家事纷争,维持良好的家庭关系和亲族间关系;换言之,与普通法院相比,家事法院的价值追求表现为:实质正义、高效快捷、和谐秩序。

(一) 实质正义

家事法院是解决家事纷争的专门法院,与其他法庭争议比较,家事争议不是简单的非黑即白、非此即彼的简单事件,而是有多个棱面的复杂问题。正因此,家事法院首要的价值追求或价值理念是实质正义。所谓实质正义,是指家事法院处理家事纠纷应当深入到纠纷的内部,探寻纠纷的起因、原委,努力发现案件之客观真实,进而作出既具有具体的妥当性、又具有合目的性的裁决结果。家事法院之所以追求实质正义,重要原因在于家事法院的裁决结果会影响社会秩序,一旦出现偏差,其负面效果要比普通法院的错误结果严重得多,其"直接效果就是导致身份关系的混乱,损害案外第三人的合法权益,间接效果是危害社会秩序,给国家的稳定带来潜在的危机"[①]。

---

① 郭美松:《人事诉讼程序研究》,西南政法大学 2005 年博士论文,第 34 页。

为了在家庭人际关系整合和财产分配中实现实质正义,家事法院有多种制度性资源和实践模式可资利用和发扬光大。首先,家事法院不具有现代法院所推崇的严格程序性,相反它不受严格程序的限制,具有较大的自由裁量权。如家事法院普遍不受辩论主义的约束,而是积极活用职权探知主义。辩论主义的三项内容①在此全部不适用,因为,家事法院为了保障未成年子女利益等家庭领域的社会公益,对当事人未主张的事实可以代为主张;对当事人自认的事实,可以不受拘束,仍能进行调查;认定争议事实所需要的证据,既可以由当事人提出,也可以由家事法院主动调查取得,法院可以依职权自行收集证据。

其次,家事法院普遍设立有调查官等专门调查机构,对案件事实进行广泛的调查。为了妥善处理家事纠纷,家事法院事实调查的范围常常涵盖要件事实的周边事实,即不仅仅要调查"法律上的事实"或者说"法律事实",还应关注"生活上事实"或者"社会事实",不仅要调查"要件事实",还要调查"心理上的事实",并在此基础上透视案件的全貌。主要事实及间接事实的审理通常为法官力所能及,相反,心理上的事实则需要由掌握心理学等专门知识的调查官或拥有专门知识的调停委员来调查更为合适。② 在日本的家事法院,不仅专门设置了调查官,而且家事调查官具有广泛的职权。

再次,家事法院通过家事案件的个别解决来实现实质正义。身份关系是"具体的"身份人个人之间的关系,而不是"抽象的"人与人之间的财产价值关系,所以其纠纷的处理"应按照该个人个性,作具体的、个别的处理,才能符合亲属的身份关系之实质"③,不能像财产问题那样,将纠纷之处理方式予以定型化、划一化。家事案件尤其是身份关系案件的个别解决折射出家事法院追求个别正义、实质正义的属性。

最后,家事法院还通过非形式性的程序运作,消除当事人的顾虑和紧

---

① 辩论主义的三项内容主要包括:第一,只有当事人主张的事实,法院才能作出裁判,当事人未在辩论中主张的事实,法院不得作为裁判的依据,法院不能随意变更、增加当事人的主张;第二,当事人自认的事实,法院应当直接予以认定并作为裁判的依据;第三,认定争议事实所需要的证据,由当事人提出,原则上法院只能就当事人提出的证据进行调查,不允许法院依职权自行收集证据。

② 〔日〕小岛武司:《家事法院的诉讼法意义》,陈刚等译,载陈刚主编:《自律型社会与正义的综合体系——小岛武司先生七十华诞纪念文集》,中国法制出版社2006年版,第232—233页。

③ 陈棋炎:《亲属、继承法基本问题》,台湾三民书局1980年版,第557页。

张心理,鼓励和促使当事人在宽松的环境中说出真相或者吐露心声。与一般法院相比,家事法院在运作家事审判程序时,特别注重营造宽松的环境,在形式上舍弃程序的严格性。因为人们早已发现,家事法院如果像普通法院一样遵循严格的形式,则当事人将"对家庭裁判所怀有紧张感或警戒心,以致家庭裁判所难于发现真实,随而误作审判"①。

总之,家事法院通过多种方式的综合运用使得其在处理家庭纠纷、整合家事人际关系以及分配家庭财产关系方面真正体现着实质正义的价值理念。

(二) 高效快捷

从本质上讲,家事法院作为针对家事纠纷的专门法院,本身就体现了一种对高效的追求,因为对司法机构进行专门化的分工,其目的就在于根据纠纷的类别,按照合目的性、妥当性的思路全面解决家事纠纷、恢复家庭良好秩序,这种分工的结果肯定比由综合性法院处理所有纠纷在效果上更为经济和富有实效。与一般法院的价值追求一样,家事法院处理家事案件也追求高效快捷,但这里的高效率是指综合性效率,而不是简单的低成本、高产出或者单纯时间上的快捷。家事法院处理的家事案件通常分为三种类型:一是涉及身份关系的人事诉讼案件,如婚姻事件、亲子事件、收养事件;二是涉及家庭财产关系的诉讼案件,如继承案件;三是家庭非讼事件,如亲权人的选任或变更、监护人的选任等。家事法院通过多种裁判方法的整合实现家事纷争解决的综合性效率。

首先,通过鼓励和运用家事事件的统合、集中审理来使数个相关联的家事案件一次解决,避免和减少当事人讼累,达到诉讼经济之目的。具体而言,上述案件整合和合并又分以下两种类型:(1) 人事诉讼事件自体的合并。如几乎各国的人事诉讼程序法或者家事审判法都对婚姻事件诉之合并、变更、追加或者提起反诉规定了极为宽松的条件,并对婚姻事件别诉提起作出限制。(2) 家事非讼事件、财产事件与家事诉讼事件的合并审理。如各国家事法院皆鼓励婚姻事件与婚姻附带事件于同一个程序解决,包括酌定亲权事项、夫妻财产之分配或分割、抚养费的分担和给付等。德国将这一做法称之为"结合审判(Entscheidungsverbund)"制度,它是家

---

① 陈棋炎:《亲属、继承法基本问题》,台湾三民书局1980年版,第574页。

事法院在程序上的最为重要的特征。①

其次,通过法院行使裁量权来提高效率。对于讼争性不强的家事非讼案件或者讼争性低职权性高的事件,家事法院常采用以法院行使裁量权为核心的非讼程序处理,非讼程序因讲求法院的职权介入而使得它更符合诉讼经济之原则。

再次,通过诉讼事件非讼化的方式达致快速解决纷争目标。诉讼事件具有较强的对审性,传统程序机理是按照处分权主义、辩论主义来进行运营,法官裁量权空间受到限缩,法院难依职权介入事实调查,常造成诉讼程序拖延。第二次世界大战以后,若干国家为应运新的社会课题,而将以传统诉讼处理之纷争类型改依非讼程序,日本《家事审判法》就将原属于人事诉讼手续法中的大部分内容纳入其中,如禁治产事件、婚姻费用分担、遗产分割等原属诉讼事件,移入《家事审判法》改按非讼程序处理。②家事诉讼事件非讼化,目的正是为了快速解决具有公益性之私权争议,这对于未成年子女亲权酌定或者父母与未成年子女之间会面交往权的实施意义尤为重大,因为这类案件具有"与时间赛跑的压力,一旦涉讼的时间过长,不止当事人的舟车劳顿,尤其是对未成年子女长期处于父母权利角逐的客体,对于其身心亦会造成重大影响,甚至会左右最后判决的结果,使一方原本开始占有优势的局面,却随着子女的成长,因无法持续建立与该子女在生活或情感上的连系,而到最后注定全盘皆输的结果"③。美国家事法庭的法官也发现:"长达两个月的诉讼对于未成年人多么残忍,举

---

① 在一些学者看来,"结合审判"具有概括地清算婚姻全体法律关系之含义,其与一般的"诉之合并"并不相同,因此用语上使用"结合"而非"诉之合并"。且民事诉讼法之诉讼合并并未承认诉讼事件得以非讼程序裁判之效果事件相合并。另外,在裁判结合的情形下,一般原则不允许将离婚事件与其效果事件分别处理,仅在极严格的要件下始可能分案审理。结合审判可达成多重目标,日本学者佐上善和译对此归纳为三个方面:首先,身份法上的离婚与财产法上的离婚的效果能一并顺利地处理;其次,可防止意气用事的离婚,并使夫妻能预测离婚后可能发生的结果;最后,"结合审判"系站在不同意离婚的立场,在不得不离婚的情形下,保护居于社会弱势地位的配偶,纵然无法充分对抗离婚,至少亦确保其于离婚后所应享有的正当法律地位。参见蔡孟珊:《家事审判制度之研究——以日本家事审判制度为借镜》,台湾大学法律学研究所1997年硕士论文,第39—41页。

② 参见魏大晓:《家事诉讼与非讼之集中交错——以对审权与裁量权为为中心》,载《月旦法学杂志》2003年第3期。

③ 戴瑀如:《国家应否及如何介入子女亲权与会面交往权之酌定——欧洲人权法院相关裁判之评析》,载《月旦法学杂志》2007年第12期。

例来说,对于一个两岁的幼儿来说,60天等于人生的十分之一"。① 如果采用非讼化的审理方式,法院通过行使裁量权积极介入案件,将会使案件尽快得到确定和解决。

最后,通过强化调解来节约成本,提高效率。家事调解具有时间和费用上的比较优势,能够实现较高的效率。传统的诉讼模式让双方当事人通过"争讼战斗"的方式解决子女与财产纠纷,时间拉锯长,感情伤害大,对抗程度烈,诉讼费用高,令人望而生畏。而调解使得双方当事人在不经过对抗式审理的情况下解决纠纷,对当事人而言,可以有效节约时间,减少诉讼成本支出。尽管从国家的有形成本和效益上说,家事法院的调解是不经济的,其效率是低下的,因为家事法院为了利用调解顺利解决家庭纠纷,专门设定了家事调解官、家事调查官、家事咨询员等职位和机构,这些机构和人员需要耗费大量的国家资源,从个案而言,调解动用的人力、物力、财力是巨大的,时间耗费更是难以计算。实践中,调解成功往往蕴含着调解员不懈的努力和执着的追求,如果稍有放松则可能功亏一篑。然而,从综合效益来看,家事法院运用调解的效率又是比较高的,因为只要调解成功,不仅当事人之间"案结事了",不存在"错误的成本耗费",不会有后续的纠纷再涌向法院或涌向社会,而且对于社会秩序、家庭秩序以及当事人的生活秩序等也不会带来破坏,对当事人自身及其未成年子女以及其他家庭成员所带来的震荡也是最小的。

(三) 和谐秩序

与一般法院仅仅着眼于解决纠纷不同,家事法院在解决家庭纷争的同时,更加注重纠纷解决的综合效果,注重治疗、修复和重塑家庭关系,消除当事人不切实际的幻想或者敌对情绪,努力使家庭关系当事人恢复正常的人际关系交往能力,实现家庭关系乃至家族关系的和谐化或者理性化。因为家事纠纷常常涉及较多的情感因素,传统法院解决家事纠纷往往让双方当事人通过"争讼战斗"的方式解决子女与财产纠纷。虽然从表面上看,家事案件有"胜利者"和"失败者",但事实上双方当事人、他们

---

① Bobbe J. Bridge, Solving the Family Court Puzzle: Integrating Research, Policy and Practice: Opening Remarks to the 42nd Annual Conference of the Association of Family and Conciliation Courts, Family Court Review, Blackwell Publishing, April, 2006.

第二章 家事法院制度的法理分析

的子女及整个家族在诉讼中的感情与经济损失远远大过收益。正如有学者所言:"离婚对于一方当事人来说,可能意味着失去爱人、朋友或家庭,常常甚至是失去工作或改变已习惯的生活方式。除了结束长期雇佣关系的争议外,没有任何民事诉讼象离婚诉讼一样,涉及如此多的情感因素"。①

家事法院正是认识到上述问题,才特别注重追求家事案件之和谐解决,使家事案件当事人之间的关系不因进入法院而变得敌对和仇视。理想的家事法院往往能使混乱的家庭秩序重回有序状态,它包含几个层面的努力:一是对于家庭核心关系的夫妻关系,法院经过调查和了解,认为能够修复的,会尽力进行修复。不能修复或者难以修复的,则着眼和平地解除双方之间的配偶关系,为当事人提供公正且有尊严地结束婚姻关系的方法,帮助当事人完成"感情上的离婚"。多国实践均表明,如果当事人已在法律上和经济上离婚,但在"感情上"仍未能离婚,则可能"继续纠缠不休,所造成的恶果,不但影响自己,而且祸及子女"②。家事法院不仅致力于使具有毁灭性的离婚战争更为和平,而且还努力提供潜在的改善未来关系的工具和机会,这使婚姻关系的双方当事人即便是各奔东西,也能保持连贯的理性而不是情绪激动的相互指责。二是对于家庭最重要关系的亲子关系,家事法院将会始终以"维护儿童最大利益"为本位和出发点来处理涉及儿童的事宜,小心翼翼地呵护儿童的稚嫩身体和心灵。其实,家事法院努力修复离婚配偶之间关系的目的之一,就是使未成年子女能够始终生活在"原生态"的家庭关系中,这通常是最有利于未成年子女的健康成长的环境。对那些无法修复的婚姻关系,家事法院则尽力鼓励夫妻制定未成年子女的未来规划,帮助他们协商出适合的抚养方案,保持双亲与未成年子女的良好关系,把离异可能对未成年子女造成的伤害降到最低点,使未成年子女能够在次优的环境中健康成长。对于涉及父母虐待或者疏于照管未成年人的案件,家事法院将会委托社会工作者或者其他机构或人员调查未成年人的生活状况,"提交虐待未成年人或疏于照管未成年人的调查报告,估计家庭状况及对子女的危害程度",必要时将

---

① Mark Browning, Jim Hoening, Hawaii's Family Court Promotes Innovative Divorce Resolutions, Hawaii Bar Journal, Hawaii State Association, July, 2006.
② Parker and Parkinson, Solicitors and Family Conciliation Services—a Basis for Professional Co-operation, Family Law, 1985, Volume 13, pp. 270—272.

促成收养、寄养或未成年人独自生活。① 三是对于家庭其他成员间的关系。家事法院也是努力维持家族间的良好关系,使家族成员间纠纷能够圆满解决。

家事法院处理家事案件的理想效果是:不仅当事人之间的身份关系纠纷解决了,而且与当事人相关的未成年子女、财产分割等附带事项也一并合理解决了;不仅解决了当事人之间现有的纠纷,而且对将来可能涉及的纠纷也一并解决了;不仅让当事人表面上接受诉讼结果,而且在其内心也获得了充分的认同。

家事法院实现上述价值追求的基本方式是大量采用调解方式解决家事纷争。因为调解具有显著的温和性,调解员在整个调解过程中强调对争端的合作探讨,而不是对抗性攻击对方,重在鼓励双方表达己方要求而不是一味地互相指责。调解"使双方当事人认识到虽然夫妻关系已经终结,但是亲子关系、家族关系乃至商业合作关系仍然在继续中,必须考虑营建新的相互关系的方式"②。概言之,调解不仅解决问题较快,可以比诉讼花费更少金钱,节约更多时间并能减少结果的不确定性,而且对双方当事人和其他家庭成员、他们的朋友及商业伙伴等的感情伤害较小,比较容易在当事人及其亲属之间建立起正常的、良好的新型关系,达到家庭人际关系之和谐效果。

家事法院还通过最大限度地保障当事人本人参加审理来间接地实现和谐秩序之价值。当事人本人亲自参加诉讼,不仅可以创造调解的契机,还可以促使其转换视角,认真思考案件所涉未成年子女的未来,认真思考对方的处境,反思自己的问题,进而放弃仇恨和对立,尝试建立、形成和接受新的人际关系。

四、家事法院的特色和优势

家事法院设立的原因之一就是它在解决家庭纷争方面具有不同于普

---

① Paul Adams, Susan M. Chandler, Family Court Reform: Building Partnerships to Protect Children: A Blended Model of Family Group Conferencing, Family Court Review, Sage Publications, Inc., October, 2002.

② Mark Browning, Jim Hoening, Hawaii's Family Court Promotes Innovative Divorce Resolutions, Hawaii Bar Journal, Hawaii State Association, July, 2006.

通法院处理同类纠纷的特色,并且有着显著的比较优势。我国台湾地区家事法、亲属法学者林菊枝、陈棋炎等都在其著作中对家事法院的特色和优势作出了比较详尽的解读,他们认为,家事法院,不仅其所处理的事件或案件,与普通的地方法院处理者不同,而且处理业务之观念与方法等也与之不同。具体而言,家事法院与普通法院相比有七大特色:个别性;科学性;社会性;事后注意性或者前瞻性;大众性;非形式性;非公开性。[①]美国俄勒冈州家事顾问委员会研究分会在21世纪初的一次研讨会上提出了2020年该州理想的家事法院的体系模型,并勾勒出家事法院的特征,包括:"易接近性、适当性、及时性、综合性、预防性、变通性、保护性、合作性、文化敏感性、一体化、促进性、分类性、独立性、可说明性、费用低廉、富有同情心且事实依据充分。"[②]在笔者看来,家事法院的特色主要包括以下几个方面:

(一)综合性与个别性

家事法院的综合性,是指家事法院处理的事件或案件具有综合性,适用的程序具有综合性,法院组成人员具有综合性。首先,从家事法院的管辖范围看,家事法院常常对所有与家庭有关的案件都具有管辖权,包括家事案件和少年案件。家事法院就是为谋求家庭的和平与少年的健全育成为目的而设立的,它是处理对于离婚和遗产等相关的家庭内纷争(家事部)及犯有非行的少年事件(少年部)之专门法院。[③] 家事法院最早发端于美国,早期是少年法院,后来,人们逐步认识到少年事件多发的真正背景却在于家庭的分崩离析,其中双亲的离婚是导致少年事件激增的最重要原因。为了解决少年问题,就必须将离婚后双方的人际关系的调整、对子女的抚养以及财产分割等问题一道纳入法院的管辖范围。所以,就有了建立家庭法院来处理与家庭有关的一切问题的构思。之后,很多国家(如日本、韩国、波兰等)沿袭了美国的做法,使得家庭法院的管辖范围涵

[①] 参见陈棋炎:《亲属、继承法基本问题》,台湾三民书局1980年版,第571—574页;另参见林菊枝:《家事裁判制度之比较研究》,载《政大法学评论》1976年第13期。
[②] William Howe, Special Issue: Family Court Reform, Introduction to the Oregon Futures Report, Family Court Review, Sage Publications, Inc., October, 2002.
[③] 参见孙彰良:《日本儿童福利法制概述》,载《扶幼e季刊》第136期,2006年版。

盖了少年事件和家庭事件。①目前,构建综合性家事法院体系成为美国很多州家事司法改革的重点,并在一些地方进行了试点,有的已经开花结果。其次,从家事案件本身而言也存在综合性。因为家事案件既包括家庭身份关系案件,又包括家庭财产关系案件;既包括家事诉讼案件,又包括家事非讼案件,所有这些不同性质、不同类别的案件皆由家事法院统合管辖。再次,家事法院适用的程序具有综合性。针对家事案件和少年案件的不同,家事法院将运用不同的程序,如调停程序(调停前置程序)、家事审判程序、人事诉讼程序、少年司法程序等,不同程序之间常常发生交错适用之情形。最后,法院组成人员具有综合性。家事法院普遍设置了法官、俗人判事、法官辅助人员如家事调查官、家事顾问、社会工作者、法院技官(医生)等,这些辅助人员在普通法院是难觅其踪影的。

家事法院的个别性,是指家事法院针对个性化的家事事件,采用个别化的处理方式,以便达致圆满解决家事纷争之目的。家事法院处理的家庭纷争许多是涉及身份关系的纠纷如夫妻关系、亲子关系,而身份关系是"具体的"身份人个人之间的关系,具有"非合理性",它与"抽象的"人与人之间的财产价值关系显著不同。财产价值关系事件,系以决定一定数额之财产价值归属为其目的,故在财产法事件上,可以舍弃具体的个人与个人之间的关系,而把它当做抽象的"人"与"人"之间一定数额财产价值之归属问题,即权利义务存在与否的问题予以处理。正因此,此类问题的处理方式可以予以定型化、划一化,而且因定型化、划一化,随而才能确保法律的安全。而身份关系,如果不能对身份人个人与个人之间的关系予以把握,则对身份关系纠纷将无法做适当的安排与处置。所以身份关系纠纷的处理"应按照该个人个性,作具体的、个别的处理,才能符合亲属的身份关系之实质"②。

的确,家事法院所处理的家事纠纷,其原因多种多样,有的基于一方或双方当事人的人格缺陷如过分偏执或者自我中心、有的基于当事人的错误意识如重男轻女、有的则可能是生理疾患如患有精神疾病或者其他

---

① 当然也有的国家(如希腊、墨西哥和葡萄牙)坚持认为家庭法院不应管辖少年事件,而应该集中精力处理民事方面的家庭事件,即婚姻、亲子、监护、继承等;甚至还有的国家(如澳大利亚)认为,家庭法院的管辖范围只得离婚案件一种。参见〔日〕中村英郎:《民事诉讼理论的法系考察》,日本成文堂1986年版,第112页。

② 陈棋炎:《亲属、继承法基本问题》,台湾三民书局1980年版,第557页。

慢性病,还有的可能是当事人之间性格差距大,难以磨合,如此等等不一而足。家事法院面对起因如此复杂、个性特点如此鲜明的家事纠纷,很难用一个标准方法来统一解决。更何况家事法院还常常管辖少年案件,少年案件也具有起因的复杂性、多样性的特征,对少年案件也必须具体情况具体分析,正如有学者所言:"少年案件之审理,旨在发掘少年之社会不适应性结症所在,体察少年之所需以决定处遇之内容,进而重塑少年之健全人格"。而且,对少年之"保护处分之实施,注重处遇个别化(personalized and individualized justice)之原则。根据判前调查之结果,视少年将来之所需,因人而异其处遇内容"[1]。美国丹佛市少年法庭的本·林赛法官就曾首先推广对青少年采取个性化的审理方法,他说:"我们应当将调查和查清每个具体的案件作为自己的职责,因为任何案件的处理都有不同。(a)该少年仅仅是淘气还是具有犯罪倾向?(b)该案是否仅仅因为一个确实非常好的男孩或女孩因为经不住诱惑而初次犯错?(c)该少年是否是不负责任的父母的受害者?家庭或者父母是否需要矫正或者帮助?(d)什么样的环境和联系囊括了所有研究的要点?如何改善环境使该少年脱离恶劣的环境?(e)该少年是否有多动症?……也就是说,他是否逃学、游荡、出走,完全没有兴趣学习、工作和保持良好的习惯?"[2]在林赛看来,法官就像一名理想的监督官,也是治疗学家。由于针对少年的社会调查综合反映了少年被告人的基本情况,为少年法庭审理和裁判提供了依据。

因此,家事法院处理家事事件或少年案件时,特别注重家事纠纷或少年案件当事人之间个别的人的关系,且为避免纠纷或少年违法行为再度发生,家事法院应考虑采取防范措施。为了达致此目的,家事法院应就各该问题,作个别的、具体的、科学调查与诊断,并视各该事件之需要,作各种指导与援助,以使当事人或问题少年,能克服眼前因纠纷所发生之困难,以利其能尽快恢复社会适应性,真正解决问题。

(二)科学性与前瞻性

家事法院,为对家事纠纷或少年问题,能采适宜措施或作妥善处理,

---

[1] 朱胜群编著:《少年事件处理法新论》,台湾三民书局1976年版,第37、40页。
[2] 《对美国少年法庭的考察和借鉴思考》,载《重庆审判》,http://www.xblaw.com/news.asp?nid=5181,最后访问日期:2008年10月20日。

则无论如何应针对事件关系人或问题少年,就其性格、出身、环境等作出详细调查,始能正确把握纠纷或违法行为发生的真正原因。至于这些调查,应当运用各种科学如医学、心理学、社会学、教育学等,以便调查结果能为家事法院处理案件提供科学参考,这就是家事法院的"科学性"。

在澳大利亚,家事法院可根据《1975年法令》第62 G(1)条命令有关方面提交福利报告。为了拟备报告,法院甚至可以命令双方当事人与福利工作人员会晤,而报告是可获接纳为证据的。在日本,其《少年法》第8条、第9条明确规定:"家事法院,依通知或报告,认为有应交审判的少年时,应就事件先为调查或让少年保护司询问少年、保护人或参考人,并为其他必要的调查"。"调查时,务须就少年、保护人或关系人的行为、经历、素质、环境等运用医学、心理学、教育学、社会学及其他专门知识,努力为之"。我国台湾学者也发现,家事法院(少年法庭)对少年事件之审理,特别注重判前调查(pre-sentence investigation),即"由专业之观护人为身心鉴别及社会调查,以明少年社会不适应性之结症所在,研拟处遇方案,供少年法庭参考"。必要时,家事法院(少年法院)还可以"请求警察机关、学校、医院或其他机关团体为必要之协助。……受嘱托之机关,亦得就受托事项而为调查"①。家事法院还通过内设调查室及医务室等机构,支援家事法院科学处理家事事件。

家事法院的前瞻性,又称事后注意性(after cara)。由于家事法院处理的事件特殊,所以在家事案件的调解或少年案件的审判后,仍需作事后各种考虑,并讲究各种适当又妥善的措施。譬如,由于家事法院审理的案件包括虐待、疏忽照管未成年人、遗弃及使未成年人处于危险状态等,所以,当家事法院对这类案件的监护人作出选任时,对方当事人或者其他家族成员、社会成员可能满心怀有疑虑,此时就需要法官采取一定的事后注意措施——如受监督监护——来消除有关当事人的疑虑,同时也可以督促被选任的监护人更好地履行为人父母的职责。对于有过家庭暴力或者有家庭暴力倾向的父母,法院也应当对离婚后的该方探视权进行监督。美国律师协会家暴委员会就鼓励家事法官"多多采用受监督探视形式",因为"监督探视方案,将使被告与子女能在相对安全的环境中交往

---

① 朱胜群编著:《少年事件处理法新论》,台湾三民书局1976年版,第39、113页。

互动"①。

对于因审判或调解所定义务的结论终结后,还会涉及履行问题,为此,家事法院可以实施三项事后注意行为:一是履行劝告。所谓履行劝告,就是由法院对不履行义务者进行劝导,催促其履行义务。如日本《人事诉讼法》第38条规定:依据第32条第1款或第2款(包含同条第3款准用的场合)的规定②,对于家事法院在裁判中规定的义务,作出该裁判的家事法院(上诉法院做出该裁判的情况下,第一审法院就是家事法院)在权利人提出申请时,可以对义务的履行状况进行调查,劝告义务者履行义务。家事法院可以委托其他家事法院进行调查及劝告。二是履行命令。所谓履行命令,就是家事法院根据权利人的申请,命令怠于履行义务的义务人在一定的时间内履行义务,如不履行将承担一定的法律责任的一种裁决。如日本《人事诉讼法》第39条规定:依据第32条第2款的规定,由裁判确定的以支付金钱及其他财产上的给付为目的的义务履行出现怠慢情形时,作出该裁判的家事法院在认为属实的情况下,可以依据权利人的申请,命令义务人在适当的期限内履行义务。该命令适合于到作出命令时为止,义务人仍怠于履行全部或部分义务的情形;被命令应履行义务的人如无正当理由,不服从该命令,则作出命令的家事法院可以通过决定,给予其十万日元以下的罚款。三是金钱寄托。所谓金钱寄托,是指家事法院在一定的情况下,如寄托金钱的裁判生效或家事法院的法官认为适当的时候,依据义务人的申请,可以为权利者接受金钱的寄存。之后,依权利者的申请,法院再将金钱交付权利者本人。金钱寄托只适用于以金钱为支付目的的履行中。

在少年案件,则于保护处分决定后,应视察非行少年而后行为成绩如何。如我国台湾地区有关少年保护处分的法律规定明确指出:"对于少年

---

① Nat Stern, Karen Oehme, Defending Neutrality in Supervised Visitation to Preserve a Crucial Family Court Service, Southwestern University Law Review, Southwestern University School of Law, 2005.

② 日本《人事诉讼法》第32条规定:法院依据申请,在夫妻一方对另一方提起的婚姻撤销或离婚诉讼相关请求的判决中,必须附带作出为子女指定监护者或其他与子女监护问题以及财产的分配问题(统称"附带处分")等相关内容的裁判;在前一项的情况下,法院在该项判决中,可以要求当事者进行子女的交还和金钱的支付以及其他财产上的给付、其他方面的给付等工作;前两项规定准用于法院在许可婚姻撤销或离婚诉讼相关的请求的判决中,对亲权者的指定进行裁判的情况。

之保护管束,由观护人掌理之;观护人应告少年以应遵守之条件,与之常保接触,注意其行动。随时加以指示,并就少年之教养,治疗疾病,谋求职业及改善环境,予以相当辅导"。"俾使受处分人籍此积极之援助以达复归社会之目的"。① 此外,家事法院对少年处分案件还得请求执行机关报告或得向之作必要劝告等。这些都是家事法院为发挥其事后注意性所采之措施。

(三) 社会性与大众性

前已述及,家事法院是具有社会机能的特殊机构,正是从这个意义上说,家事法院具有显著的社会性。

家事法院除了具有社会性的特质之外,还具有大众性的色彩。因为家事纠纷或少年的违法行为问题,都是关系人不想外扬的问题,又因大众多不谙法律,以致常会失去解决问题的机会,甚至还会因而产生无从挽救之危险局面。于是,家事法院为使一般国民能轻易向他们提出问题,以利于问题之解决,而采取了许多举措,例如,备妥一定形式的申请书,记载申请要旨,或者即使不用书面,也得口头作申请之申述。澳大利亚曾在一份文件(即《1993 至 1994 年度关于律政司职务的服务承诺》)中明确将家事法院的目标定位为"透过为所有属于法院司法管辖权范围的事宜提供公正及公平的司法服务来为澳大利亚社区谋福利"。为了实现这个目标,"某些法律程序阶段所需的轮候时间已有订明,而家事法院亦有简化其所用表格,以令使用者称便"。② 此外,家事法院常设有"家事相谈"部门及夜间调解的制度,以方便国民,这些均是家事法院大众性的表现。前述的参与员或调解委员的设置,保护司列席少年审判等也是发挥家事法院大众性的措施,此不赘述。

(四) 非形式性与非公开性

家事法院为能有效而且适当发挥社会福利监护机能,对个别的事件或案件就不应仅作形式的审理,反而应作具体的、妥当的、合乎目的的处理。所以,家事法院所遵循的程序不应有形式的严格限制(如辩论主

---

① 朱胜群编著:《少年事件处理法新论》,台湾三民书局 1976 年版,第 171 页。
② 香港法律改革委员会报告书《排解家庭纠纷程序》,http://www.info.gov.hk/hkreform.

义),而应准许其作非形式的处理(如采职权主义,强化其自由裁量权)始能合乎审理要求。

此外,为避免家事案件关系人的隐私或问题少年之名誉和利益受到侵害,家事法院所处理之事件或案件,均遵守非公开性原则。

公开审判在很多国家早已成为一个重要的宪法原则。这一原则之所以重要是因为公开审判使社会公众能对司法过程进行监督,实现了"阳光审判",它不仅可以有效地防止法官恣意妄为和司法腐败,实现司法公正,而且还使得社会公众通过旁听案件亲眼目睹司法正义的实现过程,进而牢固树立法律至上的法观念、法意识。[①] 但这一原则对于家事法院却并不具有普适性,因为家事法院审理之对象主要是与自然人的身份关系紧密相连的家事案件或者少年案件,故多涉及当事人的名誉、隐私等人身权利,如果公开审理则可能弊多利少,违背家事法院的目标和宗旨。其一,人事诉讼无须通过公开促公正。人事诉讼中的公正并不是简单的社会正义,它往往和情感的恢复、对立情绪的消除等有关,而这些并不能通过公开而获得。其二,离婚、解除收养关系、亲子关系等家事案件,系以当事人间私生活上的重大秘密事项为审理对象,如果在公开的法庭上进行审判,当事人、证人或者其他第三者在被强制陈述时,可能因伴随着心理痛苦而难以作出真实的陈述,强行要求当事人等在公开的法庭上进行陈述,可能割断当事人通过诉讼维护权利的念头,使权利受侵害的状况难以通过诉讼予以排除。[②] 其三,家事案件涉及当事人的隐私以及未成年人的敏感自尊心,客观上不宜公开,如果公开,则可能使当事人和旁听群众都感到难堪,其结果可能进一步强化当事人之间的心理对抗,加大纠纷圆满解决的难度。其四,少年案件之不公开审理可以保全少年的廉耻之心,减少其恐惧心理,促使其珍惜、爱护自己名誉。

正因此,许多国家在家事审判法、人事诉讼法、少年事件处理法以及

---

① 参见陈爱武:《人事诉讼程序研究》,法律出版社 2008 年版,第 14 页。
② 参见〔日〕梶村太市、德田和幸编:《家事事件手续法》,日本有斐阁 2005 年版,第 164 页。

有关亲属法中都规定了公开主义的限制①,对少年事件的保密性尤其关注,"禁止报纸、杂志等出版品及电视广播等大众传播工具,登载其内容及足以推知其人之姓名年龄容貌等"。②

(五) 温情性

作为一种特殊性质的法院,家事法院在治疗、整合人际关系的过程中,在处理家事案件的程序中,乃至在咨询和辅导的面谈中,处处洋溢着一种"温情",充分展示出它不同于普通法院的魅力和特色。国外有学者曾指出,任何民事诉讼体系都毫无二致地认为适当、公平、迅速和经济乃民事诉讼的理想。只有协调并实现上述理想,裁判制度才能达到最佳状态,才能发挥国民期待的作用。对于一般法院而言,实现上述四个理想已经绰绰有余,但对于家事法院,考虑到它的具体状况,似乎有必要创设一个崭新的理想,这第五个理想就是"人间的温情"。③ 这一理想道出了家事法院的独特之处,即家事法院应当是市民容易亲近的地方,与传统法院不同,家事法院不再是戒备森严、拒人于千里之外的法院,法官也不是高高在上、令人敬畏有余、亲和不足的裁判者,法院和法官已经完全融入了社区,就像一个长者或朋友为居民们排忧解难,它的宗旨是为当事人服务,而不是使他们难堪。④

理想的家事法院是一个温馨的法院,它彻底消除了当事人对官僚主义和权威主义的疑虑。在法庭上,法官和律师都十分尊重当事人的主体地位,使他们受到应有的尊敬和对待。家事法院谋求的最大目标就是积极地为出现问题的家庭关系当事人提供一个公平、高效且友善的司法机

---

① 如日本《人事诉讼法》第 22 条就特别规定:人事诉讼中的当事人本人或者法定代理人或者证人(简称"当事人等"),在法院对作为该人事诉讼标的的身份关系的形成或存在与否的基础事实的确认中被询问,如果该询问与当事人等的私生活上的重大秘密相关联,法院以及全体法官一致认为公开陈述将会对社会生活的有序运营产生显著障碍,当事人等因此不可能对上述事项进行充分陈述;而且大家都认为由于缺乏陈述,而仅靠其他证据对该身份关系的形成或存在与否进行确认是不可能作出公正裁判时,法院可以作出决定,对该事项的询问不公开进行,并命公众退出法庭,待该事项询问结束后,再使公众重新入庭。

② 朱胜群编著:《少年事件处理法新论》,台湾三民书局 1976 年版,第 41—42 页。

③ 参见〔日〕小岛武司:《家事法院的诉讼法意义》,陈刚等译,载陈刚主编:《自律型社会与正义的综合体系——小岛武司先生七十华诞纪念文集》,中国法制出版社 2006 年版,第 243 页。

④ James W. Bozzomo, Gregory Scolieri, A Survey of Unified Family Courts: An Assessment of Different Jurisdictional Models, Family Court Review, Sage Publications, Inc., January, 2004.

制。为了消除家事案件当事人或者少年案件之少年的紧张和不安,许多家事法院采取"圆桌审判"的方式来营造宽松的氛围,使家事案件之调解和审判在良好的环境中展开。

家事法院是人性化的法院。它充分地利用了家庭所在社区里的各种信息和资源,更加深入、立体地了解每一个案件的实情,为家事案件当事人和少年案件当事人度身定做适合的解决方案。家事法院通过适当的程序和方式努力对紊乱的家庭人际关系进行整合,使家庭关系在整合后得以重构和再生。

家事法院是慈爱的法院,它注重保护儿童利益,遵循"儿童利益"本位原则。在美国纽约州,家事法院"尽力帮助那些被控虐待或疏于照管未成年人的父母变成更好的双亲"。"通过为未成年滥用毒品者的治疗使其摆脱自我毁灭的生活方式"。[①] 家事法院使成千上万个少年接受慈爱的矫治,挽救了难以计数的失足少年,使他们幡然悔悟,重新恢复正常的生活。在家事法院,法官对于未成年人,与其说是法官,不如说他(他)更像母亲或者老师,在他们理性的目光下透出慈爱的光芒。与此相类的是,"律师的角色也从'守卫'转变为'导师',不再是积极的辩护人,而是委托人的顾问"。[②]

五、本章小结

家事法院作为一种特殊的法院之所以有成立之必要,家事法院作为一项制度之所以有构建之必要,皆因为其合乎家事法院之制度法理。首先,家事法院性质不同于普通法院。普通法院主要是司法性质的机构,而家事法院不仅具有司法之性质,还具有行政之特性,与行政机关行使行政权在某些方面类似;家事法院还体现着一定的社会性,它不是与社会隔离或者远离民众、高高在上的消极裁判机构,而是积极地介入家庭事件的社

[①] Anthony J. Sciolino, Advocating for Change: the Status & Future of America's Child Welfare System 30 Years After Capta: the Changing Role of the Family Court Judge, Cardozo Public Law, Policy & Ethics Journal, April, 2005.

[②] Gerald W. hardcastle, Adversarialism and the Family Court: A Family Court Judge's Perspective, UC. Davis Journal of Juvenile Law & Policy, The Regents of the University of California, Winter, 2005.

会性机构,它通过提供各项涉及司法的社会服务使家事事件之当事人获得应对家庭事件的能力和健康心态。

其次,家事法院的功能具有特殊性。与普通法院主要是司法机构这一性质相一致,普通法院的功能主要是解决纠纷,而家事法院在其发挥的功能上却具有复杂性和多样性。家事法院不仅具有解决家庭纷争的功能,还具有调整、修复和治疗家庭关系的功能,保护儿童最大利益功能以及社会服务功能。家事法院通过多元化功能的发挥使紊乱失衡的家庭关系被梳理和整合,重新回归理性状态;使处于心理恐惧、生活无着的儿童得到特别的关怀和照顾;使家庭关系当事人之间的敌对情绪和紧张气氛得以缓和。

再次,家事法院的价值追求也具有多元性和特殊性。与普通法院相比较,家事法院在发挥其多种功能的同时,更加注重对实质正义、高效快捷以及和谐秩序的价值追求。因为家事案件尤其是身份关系案件一旦出现偏差,其负面效果要比普通法院的错误结果严重得多,因此,家事案件往往要求法院深入到纠纷的内部,探寻纠纷的起因、原委,努力发现案件之客观真实,进而作出既具有具体的妥当性,又具有合目的性的裁决结果。而妥当性,合目的性的裁决不仅有助于实现高效快捷的价值追求,还同时有利于和谐秩序之实现。

最后,通过上述分析,家事法院的特色和优势比较清晰地浮现出来。具体而言,家事法院具有综合性与个别性、科学性与前瞻性、社会性与大众性、非形式性与非公开性、温情性等优势和特色。

第三章
家事法院之主体构造

从世界各国及地区家事法院的实践看,家事法院的主体构造显然异于普通法院。对于普通法院而言,其主要工作群体由法官、助理法官、书记官、速记官、法院行政人员等构成,其中,职业裁判法官是整个法院工作群体的本体和核心。而在家事法院的主体构造中,则不仅有法院内部的工作群体,还有法院外部的协力机关和人员。其内部主体往往包括职业家事法官、来自民间的非职业法官以及法官的特别辅佐机构,如家事调查员、家事顾问、家事调解员、医务官等;在家事法院的外部,还有相关的协力机关,如有关公益组织以及有关人员。上述主体共同协作保障家事法院的独特功能和价值得以顺利实现。

一、家事法院之法官

(一)家事法院之职业法官

家事法院作为一种司法机构,当然需要专门的职业法官,该类法官取得职业资格的条件与一般法院法官大致相同。但是,作为专门处理牵涉人与人之间微妙关系的家事案件的法官,仅仅拥有法律上的知识是远远不够的,他们还必须拥有丰富的人生经验、擅长调整人与人之间的关系,并最好拥有社会学、心理学等多方面的知识。正如日本学者所言,"家事法官除应具备一般法律实务家之分析、整理、判断等基本能力外,因审理之对象为家事事件,就事件本身及家族法构造之特殊性必须有相当程度之了解"。① 因此,这一重任一般很难由年轻的法官来担任。这样,负责家事案件的法官就需要与处理普通案件的法官分开,另外规定特别的资格条件,如知识构成、人生阅历、任职期限、年龄甚至对家庭的态度、爱心程度等都需要考量。对此,有些国家及地区通过立法作出明确规定,有些则在实践中形成共识。

1. 家事职业法官之任命或资质要求

(1) 澳大利亚。在澳大利亚,家事法院的法官由专门的律师团体来任命,所有的候选人在就任之前均已拥有从事法官或者律师5年以上的经验。只有在这种情况下,候选人才有可能被任命为家事法院的法官。这样的法官往往到了65岁仍然继续工作。但是,考虑到年龄过大有可能导致思想意识与社会的发展相脱节,所以澳大利亚规定家事法院的法官之退休年龄是65岁,而其他上级法院的法官的退休年龄通常是70岁。

(2) 英国。在过去的很长时间里,英国的离婚案件被称为是专家事务,"自1857年婚姻案件法认可裁判离婚后的半个多世纪内,唯有高水平的专家法官才有离婚案件的自由裁量权。如果将自由裁量权赋予高等法院或地方法院的法官,将造成无法弥补的严重后果"。② 后来,由于两次世界大战中突然出现诸多离婚纠纷,只得由巡回审判庭的法官、伦敦和其他郡的离婚委员会的普通法官处理,最终至少有400名郡法院法官被认可在有辩护的离婚案件中进行裁决。再后来,英国在高等法院(High Court)中成立了专门的家事法庭(Family Division),该法庭法官的任用资格和其他两部一样,均要求拥有十年以上律师(Barrister)经验。虽然从表面上看,英国家事法官不再有特别的专家资格要求,但实际上专家型素质还是任命离婚案件法官的重要因素。

(3) 墨西哥。在墨西哥,法律要求家事法院法官的平均年龄在30—65岁之间,同时拥有从事法律工作5年以上的经验。符合这些条件的人将先获得6年的家事法院法官的任期,但是通常情况下,该任期会被再延续一次。③

---

① 〔日〕沼边爱一、佐藤隆夫、野田爱子、人见康子编:《新家事调停读本》,日本一粒社1991年版,第56—57页。

② Stephen Cretney, Family Law in the Twentieth Century: A History, Oxford University Press, 2003, p.742.

③ 参见〔日〕中村英郎:《民事诉讼理论的法系考察》,日本成文堂1986年版,第103页。

（4）日本。在日本，家事法院的法官首先必须是对处理家庭和少年案件怀有满腔热情、具备充分能力和足够理解力的人。家事法官还必须是担任过、且有10年以上从事助理法官、检察官或者律师经历的人。家事法院法官的选拔方式与地方法院、高等法院的法官的选拔方式相同。法官一旦经内阁从最高法院提供的候选人名单中选中，一般必须接受10年的委任期。①

需要特别说明的是，日本从2004年1月1日开始实施一项新制度，即聘请律师担任"非专职法官制度"。该项制度的实质是律师在民事调停案件及家事调停案件中，可以以非专职的方式，从与专职裁判官（法官）同等的立场来主宰调停程序。业务内容即为主宰在法院为了解决纠纷而进行的，作为双方当事人协商场合的调解程序。非专职裁判官制度的目的在于使司法制度能够成为更为方便、更为易懂、更为可用及更为可依的制度。

非专职裁判官由最高裁判所从拥有5年以上业务经验的律师当中任命。律师接受任命的，每星期1次，办理民事调解案件的在地方裁判所或简易裁判所，办理家庭调解案件的在家庭裁判所，工作1整天。其他时间则在自己的律师事务所作为律师办理业务。②

日本的"非专职裁判官制度"既不同于其他国家的"俗人法官"制度（如英国的治安法官），因为非专职裁判官由律师组成，它不是"俗人"，而是与法官有着同质背景的法曹共同体成员；它不同于陪审员制度，因为非专职裁判官不是陪审或参审，而是独立进行工作；它也不同于调解员制度，因为非职业法官的身份不是调解员，而是"法官"，尽管他们也从事调解工作，但与专门的调解员仍有区别。可以说"非专职法官制度"是一项非常有特色的制度，但它的具体效用到底如何，还需进一步观察。

（5）德国。在德国，其《法官法》第10条、第14条对家事法官的资格作了明确规定。根据该规定，试用法官不能担任家事法官一职，担任家事法官原则上要求具有3年或者3年以上审判经验。

（6）美国。在美国，家事法院（家事法庭）的法官通常由具有专业兴趣和特殊能力的法官、社会工作者和专家担任，审理更加灵活，更少对抗

---

① 参见《日本法院制度》，http://chinalawlib.com/200670807.html，最后访问日期：2008年8月30日。

② 参见《走进司法》，http://www.nichibenren.or.jp/cn/law-in-life.html#FIVE，最后访问日期：2008年8月30日。

性。一些从事过家事审判的法官更是主张,"审理复杂的商业纠纷的法官与审理包括未成年人的未来在内的监护权纠纷的法官应当区分开。……家事法官应当是掌握案件处理与法庭管理技术的家事专家。……必须接受过包括未成年人的需要、离婚对未成年子女的影响、家庭暴力和保护未成年人事项的专业知识和培训"。① 在家事法院,除了极少的案件,诉讼参与人和律师们都知道家事诉讼中没有成功与失败之分,最好的解决不过是没有任何家庭成员被严重伤害。因此,"拥有普遍管辖权的法官不应当在第一天审理谋杀案、第二天审理经济纠纷而第三天却审理离婚案件"。② 家事法官应当专门化已经成为理论和实务界的共识。

美国一些心理学家对家事法官提出了更高的要求,他们认为家事法官应当有体察个案当事人处境、心境和复杂情感的能力,没有这种能力将难以真正解决家庭内复杂纠纷。比如,实践中,涉及残疾儿童的父母离婚案件往往异常复杂,一方面,残疾儿童需要精心照料,但在那些离异家庭或双方对子女病症意见分歧的家庭中,他们难以得到精心照料;另一方面,离婚中、离婚后的残疾儿童的父母认为他们常常面临"双重危险":不与子女共同生活的一方对孩子深感内疚;与孩子共同生活的一方又觉得压力过重。不少当事人可能对残疾子女颇有怨言,甚至有些夫妻离婚的主要原因就是为了忘记孩子的病症带来的各种生理和心理伤害。在此类案件中,双方当事人常经历如下心理过程:否定、焦虑、愤怒、内疚与矛盾、沮丧及释然等,法官对此的成功干预必须建立在关注子女和父母双方利益的基础之上。为了更好地解决那些可能发生的冲突,首先必须弄清父母正处于哪个心理阶段,对症下药才是良好的处理方式。例如,处在否定子女病情阶段的父母可能更易于接受含混的指导;而心情正万分沮丧的父母可能从会面时间短、周期长的探视中获益良多。在这样的案件背景中,不能正确认识悲痛与伤心在涉及残疾儿童的监护权纠纷中的重要影响的家事法官,是无法处理好这些复杂案件的。③

---

① Arline S. Rotman, Commentary to Wittmann: Commentary on Empirical and Ethical Problems with Custody Recommendations: A Call for New Family Court Priorities, Family Court Review, Blackwell Publishing, April, 2005.
② 同上注。
③ See Heidi P. Perryman, Parental Reaction to the Disabled Child: Implications for Family Courts, Family Court Review, October, 2005, Blackwell Publishing.

(7) 我国台湾地区。我国台湾地区 2006 年专门颁布了《家事事件处理办法》,根据该办法第 4 条的规定,家事法庭,置法官若干,担任事件之调解和裁判。法官 3 人以上者,置庭长一人,由法官兼任,综理全庭行政事务。前项庭长或法官,应遴选对家事事件具有研究并资深者充任之。候补法官及未曾结婚之法官,原则上不得承办。

(8) 其他。除了上述国家及地区之外,很多国家及地区没有对处理家庭事件的法官任职资格提出特别的要求。所以,民事或者刑事的担当法官往往可以转职成为家庭事件的法官。

此外,目前还没有一个国家及地区建立起一个专门的家庭事件法官的职业教育机构,家庭事件法官们一般都是通过本专业的法官会议或者特别研修而互相学习,提高自身的业务水平。

2. 简要评论

对家事法官提出更高的要求,使那些有着丰富人生经验的法官主持审理家事事件,这自然是最好不过的事情,然而实践情况却显示,这只是一厢情愿而已,在没有规定法定资格的国家很难找到像这样的法官。

在一次国际会议的讨论席上,来自美国的报告就指出,家庭事件的裁判对于法官来说没有什么吸引力。其他与会者的讨论也表明了相同的观点:一方面那些年龄较大,具有丰富的人生经验以及社会学和心理学知识的法官最适合担任家事事件的审理,但另一方面,在现实中很难找到这样的人。以前联邦德国为例,离婚事件中,扶养费的确定实在是一件令人头痛的事,所以年长的法官们都不愿意担纲家事审判庭的审理,他们往往将这些事情全部推给那些新进的、缺乏经验的年轻法官来处理,这就导致了家事审判庭中即使是最年长的法官也不过才 35 岁左右这样的怪现象。在波兰,家事法院同时管辖家庭事件和少年事件,由于要求家事法院的法官同时掌握家族法、刑法、民事诉讼法以及刑事诉讼法等各种法律使得法官们普遍不愿意在该处任职。①

近年来,法官构成多样化成为美国司法改革的重心之一。家事法官的构成也慢慢发生着变化。以前,美国家事法庭与其他法院一样存在着一项弊端就是,法官的构成基本为男性白人。在法官多样化的司法改革

---

① 参见〔日〕中村英郎:《民事诉讼理论的法系考察》,日本成文堂 1986 年版,第 104 页注释部分。

精神鼓舞下,人们更清楚地认识到,由于家事法院处理的案件具有社会学、心理学、伦理学和法律学等学科的交叉性质且最为贴近社会个体日常生活,因而,由出身于社会各阶层的数位法官共同处理最为恰当。由此,家事法院逐渐成为法官构成多样化改革的中心部门。2007年2月8日,底波拉·里斯(Deborah Neese)被选为第十一巡回法院家事法官,她是该辖区首位女性家事法官。当时55岁的里斯法官在接受采访时激动地表示:"我感到非常荣幸且深觉作为更具多样性的法庭的一分子责任重大"。州议会联席会议还任命另外两位女法官,其中一位是上诉法院法官,另一位则是第十五巡回法院家事法官。①

尽管,家事法官是否应当有特别的资格要求,各国规定并不一致,但具有特别资质的法官能够更好地处理家事案件却是不争的事实。或许我们应当像美国一样采取渐进改革的方法,不断改进家事法官的任职条件,为其创造良好的职业环境,以此来吸引更多业务优秀、阅历丰富、热爱家事审判,并拥有家事法知识的法官。

(二)家事法院之非职业法官

非职业法官又称"俗人法官"。家事法院导入非职业法官,目的是为了实现下列两个目的:一是实现公民参与司法,打破司法的官僚性、垄断性和神秘性;二是使家事案件的调停、审理和裁判能够更好地反映公民的良识,体现公民朴素的正义感和公平公正的感觉。非职业法官主要有两种方式介入家事案件:一是以陪审员或者参与员的身份参加审判;二是直接赋予没有司法官资格的人员行使法官之裁判权,如英美法系国家的治安法官。各国立法对是否在家事法院中设置非职业法官做法并不统一,但多数国家都有独具自身特色的非职业法官参与机制。

1. 非职业法官的设置及其职责

(1)日本的参与员制度。日本家事法院专门设置了参与员这一角色。参与员制度是日本战后根据《家事审判法》第3条第1款的规定而设立的。

参与员可以参与家事法院法官审理的案件,在充分了解案情的基础

---

① Rick Brundrett, Three Women Judges Add Diversity to Bench:11th Circuit Gets First Female Family Court Chief; General Assembly Elects Two, McClatchy-Tribune Business News, Feb 9,2007.

上阐述自己对案件的处理意见。过去,参与员制度只能参与部分家事案件的审理,不能参与人事诉讼案件的审判,但 2003 年日本新《人事诉讼法》改变了这一状况,将参与员制度扩充到了人事诉讼领域,根据该法第 9 条第 1 款的规定,家事裁判所认为必要时,可以视情况要求参与员尝试和解,并听取其对相关事件的意见,但该意见不拘束家事法院。在日本学者看来,参与员参与人事诉讼的趣旨就是反映健全的国民精神,因为人事诉讼事件多数是离婚事件,诸多场合需要反映公众的一般认知,需要在裁量的同时考虑良识,这样才能做出妥当性的判断。①

日本在 1943 年取消陪审制度以后,尽管实践中,要求导入参审制的呼声愈来愈大,但最高法院却不太赞同恢复陪审制,也没有发表导入的意见,司法改革审议会于 2001 年 6 月向日本国会提出的《司法改革审议会最终报告》中,也只是对陪审制和参审制作了轻描淡写的设计。因此,至今为止,日本仍然没有建立陪审制度。② 与此形成鲜明对照的却是家事法院的审理和调停中早就实行参与员制度,新《人事诉讼法》中更是旗帜鲜明地导入了这一制度,这从一个侧面说明日本家事法院对家事案件的裁判更注重其社会性。

日本的参与员与大陆法系国家一般意义上的参审员并不完全相同,因为参审员在参与审判时,除了不能担任审判长组织和指挥庭审活动外,其他方面的权利和义务与职业法官完全相同,即不仅决定事实问题也决定法律问题,合议庭通常实行少数服从多数原则,因此,两个陪审员的一致意见可以合法的颠覆一名职业法官的少数不同意见。而日本的参与员,则没有这样的权利,尽管参与员可以参与案件审理、尝试和解、向主审法官陈述意见;甚至当审判长认为必要时,还可以经允许向证人、当事人以及鉴定人进行直接发问,但是参与员在案件审理中没有判决的评议权。

在日本,参与员一律来自民间,由家庭法院予以选任,并由其指定参与案件的审理。现行参与员制度扩充的趣旨,就是要求参与员人选来源于多样化的人才,确保人事诉讼案件的灵活解决。参与员不需要特别的法律知识背景,因此大多从社会公众中选举产生。根据《家事审判法》第

---

① 参见〔日〕梶村太市、德田和幸编:《家事事件手续法》,日本有斐阁 2005 年版,第 143 页。
② 参见冷罗生:《日本现代审判制度》,中国政法大学出版社 2003 年版,第 316—317 页。

10条的规定,每年各家庭法院应预先选任20名以上参与员,全日本大约有6000名参与员。① 在参与员的具体运用上,根据《人事诉讼法》的相关规定,针对各个不同的事件,参与员的人数设定为一人以上,但对于离婚案件,通常由男女各一名参与员参与诉讼。② 关于参与员的年龄,立法没有特别的要求,在日本一些家庭裁判所的讨论会上,有人陈述说:经验丰富则更有智慧,这样的人作为参与员更有用。但也有人持不同观点:"当事人会认为太年轻的参与员不具有参考作用,但同年代者则有参考作用。在年轻人中,有的人不愿意听取与自己年龄差距较大者的意见,所以我们认为参与员与当事人之间的年龄差距不要太大"。③

日本家庭法院针对人事诉讼事件指定参与员时,特别注意指定那些没有参与依《家事审判法》第18条第1项(调停前置)的规定所组成家事调停委员会的成员,这主要是为了避免家事审判中的调停委员在同一事件中兼任参与员,导致裁判阶段出现不公平。

参与员虽然是家事法院不可缺少的组成部分,但他们不是法院的工作人员,也不是长期的合同工职员,而是一种临时的职员,即在法官审理某一件案件需要参与员时,他才能成为法院的临时职员,具体案件审理结束后,法院临时职员的身份就不复存在。实践中,参与员每年参与的案件并不多,一般1—2件左右。以日本仙台家庭裁判所为例,该所有参与员40人(其辖区内其他裁判分所的参与员为61人,合计101人),2006年,该家事裁判所有22件人事诉讼中有参与员的参与,每1件有男女1人参与员参与,总计44人参与,平均每个参与员1年参与1次。④

参与员原则上没有获取报酬的权利,但根据《家事审判法》第10条第2款、《人事诉讼法》第9条以及《参与员规则》第6条至第8条的规定,作为实际的补偿,应由家事法院向参与员支付其为审判所花的差旅费、日工资以及住宿费等。

---

① 参见〔日〕高日伟知郎:《审判焦点》,日本有斐阁2000年版,第54页;转引自冷罗生:《日本现代审判制度》,中国政法大学出版社2003年版,第305页。
② 参见〔日〕高桥宏志、高田裕成编著:《新人事诉讼法与家庭裁判所实务》,载《实用法律杂志》临时增刊2003年12月25日。
③ 参见仙台家庭裁判所"家庭裁判所委员会"议事概要、议题"人事诉讼中的参与员活用",http://www.courts.go.jp/sendai/about/iinkai/pdf/h191206_kasai.pdf,最后访问日期:2008年10月20日。
④ 同上注。

日本《民事诉讼法》第23条至25条关于法官的解除及回避规定,都准用于参与员。如果出现针对于参与员的解除和回避的申请时,参与员在对于该申请的决定确定之前不能参与该相关事件的审理和裁判。参与员对其在执行职务中获知的案件情况有保密义务,如果没有正当的理由,泄漏了其职务上所知道的当事人的秘密,则根据《人事诉讼法》第10条的规定,将对参与员处以1年以下的徒刑或者50万日元以下的罚金。

(2) 英国、美国的治安法官制度。前已述及,英国的家事法院主要表现为设在高等法院的专门家事庭,然而它处理的家事案件往往是那些重要的或者重大的案件,并不是将所有家事案件都归入其管辖范围。实践中,很多涉及婚姻、监护的案件常常由为数众多的治安法院审理。治安法院原先属于仅处理轻微刑事案件的法院,由那些无报酬的、兼职的非法律专业人士构成。该法院一般可以对部分家庭事件,如夫妇间每周或者每月扶养费的支付等简易案件拥有管辖权,不能对离婚等重要案件进行审判。处理家庭事件的治安法官必须经过特别的选任,并应受过某种程度的专门教育。①

治安法院的法官是典型的俗人法官。从广义上说,这也算一种公民参与家事审判的形式。只不过这种参与是在非正式的治安法院,是在没有职业法官参与下的独立行事。

美国在民事案件,尤其是重大复杂的民事案件中,常频繁使用陪审团参与审判,陪审团成员全部是从选民中随机选出的,体现了极强的民众参与和司法民主特色。然而,在家事法院的家事案件中,陪审制度很少被运用。"虽然有少数当事人要求由陪审团审理其案件,但离婚案件通常由法官单独审理而不需要陪审团"。② 在大纽约市家事法院的公开网站上,资料明确显示家事法院不设陪审团。③ 但美国与英国一样,授权治安法院的治安法官处理部分细小的家事案件。

(3) 意大利、芬兰、匈牙利等国的家事陪审员制度。意大利没有家事法院,但有少年法院,少年法院审理部分家事案件。少年法院在审理家事案件时,往往有参与性质的陪审人员,通常是"从那些对社会福利事业有

---

① 参见〔日〕中村英郎:《民事诉讼理论的法系考察》,日本成文堂1986年版,第106—107页。
② 夏吟兰:《美国现代婚姻家庭制度》,中国政法大学出版社1999年版,第168页。
③ 参见 http://www.nycourts.gov/courts/nyc/family/index.shtml,最后访问日期:2008年10月12日。

贡献同时又具有生物学、精神医学、心理学等学识的30岁以上的人士中挑选男女各一人参加家事事件的审判"①。

芬兰的新都市地区法院通常是由一名职业法官再加上5—7名俗人判事构成的,俗人判事当中必须有一名是女性(而1995年之前的旧都市地区法院通常是由三名职业法官组成的)。②

在匈牙利,其合议法院是由职业法官一人和参审员两人构成的;在挪威,其第一审法院通常是由一名、而控诉审法院则是三名职业法官构成的,但是当事人可以要求在此结构的基础上再添加两名俗人法官。③

2. 简要评论

家事法院是否必须设立专门的家事参与员、陪审员、俗人法官或者陪审团,各国态度并不相同。日本对此规定得最为详细,也最有特色;美国在多数情况下对家事案件不采用陪审团;美国、英国通过专门的治安法官处理部分家事案件;其他一些国家则多采用参审的方式让陪审员参与家事案件的审判。当然,也有国家对平民参与家事法庭的审理持否定态度,如德国婚姻法委员会就认为,如果采用平民法官参与审理的程序模式,将违反家事程序之基本原理,亦即婚姻及亲子事件中,涉及个人私密的领域应尽量加以保护。④

笔者认为,家事案件审判中引入非职业法官介入审判,有利于反映健全的国民精神,使得家事案件获得圆满、妥当的解决,其意义极为重大。但非职业法官参与审判的形式究竟是采取陪审方式为好,还是采取参审方式或者治安法官制的方式为好,并无定论,可以说各有千秋,事实上,非职业法官参与审判的不同样式正好反映了各国各具特色的历史或文化背景。

在日本,俗人参与审判的参与员制度独具特色,但这和该国长期缺乏陪审制度密切相关。日本早在1943年就取消了陪审制度,在民事、刑事案件领域形成法官裁判一元化的格局。而在家事审判中,因为家事案件的特殊性,迫切需要反映公民的社会意识和家庭观念,故在这一领域率先

---

① 〔日〕中村英郎:《民事诉讼理论的法系考察》,日本成文堂1986年版,第106页。
② 同上书,第106—107页。
③ 同上书,第106页。
④ 参见蔡孟珊:《家事审判制度之研究——以日本家事审判制度为借镜》,台湾大学法律学研究所1997年硕士论文,第38页。

规定了参与员制度,以后扩展到人事诉讼程序之中,而在其他民事案件中则没有这种参与员制度。①

在美国,家事审判中不设陪审团制度,也是有其原因的。因为美国的陪审团制度的主要功效就是认定事实。人们普遍认同的司法分工是:陪审团主管事实,而法官专司法律。然而在家事案件中,这一特点恰恰受到挑战,因为家事诉讼中一些涉及身份关系的案件需要查明案件客观真实,仅靠陪审团的集体决策未必真正反映真实,还有,将具有一定私密性的家事案件频繁暴露在由众多民众组成的陪审团面前,着实不利于替代诉讼机制以及非讼化的纠纷处理机制的运用,也不利于家庭关系纠纷的顺利解决。可见,在家事案件的审理中陪审团实际上难以发挥其功效,因此弃用或者减少适用是意料中的事。但该国通过授权治安法院的治安法官处理部分家庭事件,一定程度上也体现了国民良识对家事案件的影响。

在英国,也没有为家事审判特别设立陪审团或者陪审员制度,因为处理大量家事案件的治安法官本身就是非职业法官,用不着再去物色民众陪审员。

在其他一些实行参审制的国家,因为存在着普遍的参审人员,因此,不需要为家事案件设立特别的家事参与员。

二、家事法院之特别辅佐机构

家事法院的特别辅佐机构是其独具特色的制度,普通法院通常没有这样的机构,家事法院设立特别辅佐机构是为了实现家事案件合情、合理、合法地解决的需要。如前所述,家事案件的审理和裁判不仅涉及个人之私益,更关乎国家和社会之公益,因此,妥当化解纷争、维护婚姻家庭之良好秩序、保护未成年子女之最佳利益等就成了家事法院当然的追求。而为了实现上述目的,法官有时候需要透过案件之现象,深入到纷争的背后探寻矛盾的真正结症所在,这样才能对症审理,作出合乎正义的公正裁

---

① 根据日本《民事诉讼法》第279条的规定,简易法院的一些民事审判和民事和解中也允许司法委员参与审理。在法院认为必要时,他们可以参与案件的审理,在听取案件的证据调查和弄清案件的事实真相后,可以自由发表自己的意见和见解。同时还可以试着帮法官做案件当事人的和解工作。这实际也是国民司法参与的形式,只不过仅集中在简易法院而已。参见冷罗生:《日本现代审判制度》,中国政法大学出版社2003年版,第303—305页。

决。然法官在审判中并没有时间和精力去从事案件事实的调查,同时法官介入广泛的事实调查也缺乏正当性,因此,设置家事案件之调查官便成为必要。此外,家事案件并不是以裁判解决为最佳路径,如果法院能在裁判外通过调解的方式解决纷争或者能够促成当事人和解,则其综合效果将远远高过审判。因此,家事法院常常把鼓励调解作为一项重要的司法政策,在制度层面上,则通过设置兼职调解员的方式来具体实施,兼职调解员常常是与家事法官共同组成调解委员会实施调解事务,这使家事调解具有司法参与的性质。而为了提高调解的成功率和实效,调解委员会必须了解当事人之间纷争的来龙去脉,此时,家事调查官的调查在调解过程中也成为必要的事项。综合而言,家事法院的特别辅佐机构主要包括家事调查官和家事调解员,除此之外,还有些国家设立了顾问、医务室技官等辅助人员。

(一)家事法院之调查官

就家事事件中的诉讼资料收集问题而言,多数国家实行以当事人为主导的辩论主义模式,但是对于自然人的身份的确定以及涉及公共利益的案件,由于必需得出客观真实地判断,法院可以依职权收集诉讼资料。[①] 对于家事案件中的非讼案件以及少年案件,也因涉及国家之公益和少年之特别保护而需要进行事实调查。然法院如何进行事实调查,这是一个值得追问的问题:是由具体案件法官亲自去调查还是由专门的人员去调查?是设在法院内部的机构或人员去调查还是法院外专门的机构或人员去调查?对此,很多国家在家事法院内设置专门的家事调查官掌管事实调查事宜,必要时也会请求社会福利机关、公益组织或者相关人员进行协助。家事调查官实际上是家事法院内部的一种辅助机构,它的职能就是辅助家事法官弄清家事案件的实情,圆满解决家庭案件或少年案件。

1. 家事调查官的设置及其职责

(1)日本。日本家事法院设立调查官的依据是《法院法》第61条。原先这一职位有"家庭调查官"和"少年保护司(后改为少年调查官)"之

---

① 〔日〕中村英郎:《民事诉讼理论的法系考察》,日本成文堂1986年版,第126页。

分,现在已经没有分别,统一称之为"家事法院调查官"。① 调查官从社会学、心理学、教育学的大学毕业生中选拔,并通过最高法院举行的考试。1957 年最高法院为家庭法院调查官设立了"研究训练所",对他们进行专门训练。家事调查官有严格的资格要求,担任助理调查官以上的人员都必须是从完成了家事法院调查官培训中心培训课程的人中选出的,这是一项基本的任命原则。② 对调查官的这种充实、全面的专门培训是世界上独一无二的,因此,在日本,家事调查官的职业常常被给予高度评价,同时因为其职务的特殊性,他们有很高的待遇和奖金。

根据日本《法院法》、《家事审判法》、《少年法》、《人事诉讼法》等法律的规定,家事调查官的职责总括如下:其一,对家事审判法中涉及的有关家事审判案件和调停案件进行必要的调查;其二,对人事诉讼法中涉及的部分人事诉讼案件进行调查;其三,对少年保护案件行要的调查;其四,其他调查事项。如根据《家事审判法》和《人事诉讼法》中关于"履行确保"的规定,家事调查官可以依职权对负有义务的人的履行状况进行调查,并对义务者进行主动履行义务的劝告等。家事调查官在实施调查时,必须听从案件主审法官的安排,不得违背主审法官的意志。在日本家事法院,调查官人员的配备大大超过法官的任命,如"大坂家庭裁判所里 1 名裁判官配有家庭调查官 8 人"③。

家事法院设一名首席调查官、两名次席调查官,另有总括调查官、主任调查官、调查官。其中,首席调查官、次席调查官、总括调查官由最高法院在家事调查官中任命;主任调查官由高等法院在家事调查官中任命;家事调查官由各家事法院自行决定。此外,家事法院还设有助理调查官,协

---

① 在日本,地方法院、高等法院和最高法院都设有调查官,但他们与家事法院调查官的性质和职责是不一样的。前者通常是指法律层面上的法官的辅助人员,他们是作为审判事务的辅助职员而设置的,他们的工作是在法官的命令之下审理案件和履行与审判有关的必要的调查工作,他们一般不与当事人直接接触,完全是依职权调查、收集与案件相关的证据。而后者则是指事实层面上的法官的辅助人员。他们是依对法律以外的专业知识的必要需求而设置的。家事法院的调查官几乎天天都在处理案件,他们不可避免地与案件当事人接触,而不是仅仅限于职权调查。参见冷罗生:《日本现代审判制度》,中国政法大学出版社 2003 年版,第 289—292 页。

② 关于日本调查官的具体培训,参见张裕荣:《日本家庭裁判所调查官之人才育成》,http://translate.google.cn/translate? hl = zh-CN&sl = zh-TW&u = http://ksy.judicial.gov.tw/test/,最后访问日期:2008 年 6 月 7 日。

③ 成都法院赴日本、韩国考察组:《日本、韩国少年司法制度掠影》,载《当代法官》2006 年第 2 期。

助调查官处理一些调查事务,他们的任命也由其所在的家事法院决定。①

在日本家事法院,助理调查官和调查官也可能成为法官,但只能是简易法院的法官,而且这种机会十分有限,因为条件非常苛刻,对一般调查官而言,几乎不可能。

此外,值得一提的是,日本家事法院的调查官在内部还分成具体的类别,如一般调查官、科学调查官、心理调查官、医务室技官等,其中一般调查官主要对事实进行调查,对事件的关系人的性格、经历、生活状况、财产状况、家庭环境等进行调查,必要时还可以与社会福利机构取得联系,对不出席的当事人进行规劝,调查审判后的义务履行情况等;科学调查官则依据临床心理学和家庭心理学,针对当事人的心理状态,对当事人的性格和当事人之间的关系进行诊断;心理调查官运用心理调整的技法,对当事人进行心理调整,处理比较困难的案件;医务室技官主要执行审判的命令,如出席调停现场陈述意见、对当事人的心理状况进行诊断等。②

(2)澳大利亚。在澳大利亚的家事法院中,没有调查官这一称谓,调查官的职责主要由家事法院的顾问行使。他们是依据澳大利亚《1975年家庭法》而设置的,顾问一般是那些在某一社会科学领域中有某种专长的人。他们根据家事案件的处理需要,有义务向法庭提交涉及本案家庭成员间关系的"家事报告",以此帮助法官对子女监护和探视问题作出裁决,此项职能类似于日本家事法院调查官的职责。

在澳大利亚,顾问不能转变为法官。因为从人数上来看,澳大利亚家事法院是该国最大的联邦法院,它有56名法官,其中2人还兼为联邦法院法官,7人为司法登记官员。③ 它无须从非法官成员中补充家事法官,也没有这样的传统和惯例。

(3)美国。美国情况比较复杂。美国多数州的家事法院设置的是counselor,通常翻译为顾问。顾问的职责与澳大利亚家事法院相关职务类似,他们可以对家事案件进行一定的调查并出具调查报告,供法官参考,但顾问从事更多的工作是进行替代诉讼的工作。此外,家事法院的大量调查工作主要由法院外的有关儿童保护机构、各种福利机构以及社会

---

① 参见冷罗生:《日本现代审判制度》,中国政法大学出版社2003年版,第292页。
② 参见李青:《中日"家事调停"的比较研究》,载《比较法研究》2003年第1期。
③ 参见李永燕:《家事法院比较研究》,南京师范大学2007年硕士论文。

工作者等来承担,他们将调查结果向法官汇报,法官则根据调查情况作出有效的措施。

(4)英国。英国的家事案件一直分散在郡法院和一些地方法院审理,尽管在1970年才在高等法院创建了家事法庭,但在之前的家事案件审理中,法院早已注意到了家事案件的特殊性,尤其是离婚案件。第二次世界大战结束后,英国本土的离婚案件迅猛增加,地方法院在处理这类家事案件时,迅速认识到福利报告(welfare report)的重要意义,随即以立法的形式规定了福利官(welfare officer)参与离婚诉讼的权力,授权福利机构在离婚诉讼中进行调查并提出建议。"1960年,法院委托其作出大约880份报告,1995年,约有627名福利官被授权参与该任务,共完成34697份报告"。① 福利官的报告不是法院裁判的唯一依据,但其重要作用却是显而易见的。

(5)墨西哥。墨西哥的家庭法院设置的是 social worker,他们根据需要从事家事事件的调查,帮助家事法官弄清案件事实,作出妥当的裁决。②

(6)葡萄牙。在葡萄牙,家事法院活跃着很多女性社会福利员。这些女社会福利员的主要任务就在于对与监护人的决定程序有关的各种问题,以及父子关系、母子关系以及与之相关的各种问题进行调查。此外,社会调查员还负责对家事事件的当事人提出各种建议。③

当然,也有些国家在家事法院中并不设立专门的调查人员辅助法官,而是由家事法官根据需要自己调查或者委托任何有资格的人进行调查。德国、法国就有这样的特性。在德国,家事法庭没有设立家事调查官一职。原因之一可能是德国在理念上认为法院的角色就是一个纯粹的司法机构,是解决法律纠纷的国家机构,因此应专门处理法律问题,而不应过问法律背后的事实问题,家事法庭也是如此。但这并不是说德国家事法院不能进行事实调查,事实上,德国民事诉讼法对家事案件的审理也同样规定了职权调查主义。但这里的调查有两个特点:一是职权调查主义是受限制的,一般而言,只有在确认程序中才适用职权调查,如确认亲子关

---

① Stephen Cretney, Family Law in the Twentieth Century: A History, Oxford University Press, 2003, p.770.
② 参见〔日〕中村英郎:《民事诉讼理论的法系考察》,日本成文堂1986年版,第108页。
③ 同上书,第115页。

系;二是调查不是由专门调查官实施,而是由法官或者法院委托的有关人员进行的。而法国虽然没有家事法院,但家事事项之专门调查是有的,不过它也没有规定专门的家事调查官,而是规定"任何有资格的人"在家事法官委派下进行社会调查。如《法国民法典》第 287-2 条规定:在确定行使亲权与探视方式或将子女交由第三人照管的任何最终或临时决定作出之前,法官得委派"任何有资格的人"进行社会调查。此种调查的目的在于,收集有关家庭的物质与道德状况、子女生活与教养条件、为其利益有必要采取的措施等方面的情况材料。《法国民事诉讼法》第 1078 条、1079 条也规定:如家事法官认为其掌握的材料不充分,得命令进行《民法典》第 287-2 条所规定的社会调查,甚至依职权命令之。进行社会调查之后,应写出报告,报告中应有调查人认定的事项,以及提出的解决问题的建议。

2. 简要评论

家事调查官作为家事法院设立的特别辅助机构,其重要的功能就是对家事案件涉及的部分重要事实进行调查,形成调查报告供法官斟酌和参考,以使家事法院作出的各项裁判更具妥当性、更合目的性,更能维护公益和儿童利益。

然而,从各国的情况看,这种特别辅佐机构的是否存在与家庭法院的任务如何完成之间有着密切的联系。"如果法院仅仅是作为一个法律问题的裁判机关而存在的话,则实在是没有设置这些特别机构的需要。在裁判的过程中,如果需要,完全可以邀请来自医学、社会学和心理学等行业的专门人士来协助裁判。但是,如果法院不仅仅是裁判法律问题同时也介入法律问题背后的人际关系的话,则有必要在法院内部建立这些特别辅助机构"。①

持后一种态度的典型国家在英美法系是美国、澳大利亚,在大陆法系是日本、韩国等。美国在家事法院或家事法庭中设置的是 counselor,commissioner 或者 referee,澳大利亚在家事法院设置 counselor 和 social worker,日本和韩国在家事法院设置专门的调查官。他们的任务都是负责将诸如监护、子女以及夫妻之间的相互扶养等家庭关系事实调查清楚,并可以作出法律上的判断,之后向家事法官作出汇报。

---

① 〔日〕中村英郎:《民事诉讼理论的法系考察》,日本成文堂 1986 年版,第 107 页。

在另一些国家如德国、奥地利等国的家事法庭以及审理家事案件的通常法院,没有设置上述这些特别的内部辅助机构或人员,它们没有调查官、注册官、顾问等辅助性人员。因为德国的传统理念认为,法院的角色只能是一个纯粹的司法机构,因此,它作为解决法律纷争的国家机构应专门处理法律问题,对于法律背后的人际关系等事实问题则主要委托给法院外的社会机构或组织进行调查。

至于上述两种模式孰优孰劣,似乎很难简单断言,因为采用这两种模式的国家都有自己的诉讼传统和文化背景,都能找到支持本国法院这样运作的理论基础。因此,可以说都具有一定的合理性。但从笔者的观点看,更倾向于在家事法院设置家事调查官或起着家事调查官作用的顾问、社会工作者等人员,尤其是对于那些综合性的家事法院,这样做的优势在于:其一,可以实现少年事件和家事事件调查资源的共享,节约成本。其二,有利于保障家事法官尽早获得调查结果和调查报告,及时作出妥当的裁判。因为家事调查官作为家事法院专门设置的辅助机构具有常设性,能够满足法院日常的调查之需。其三,调查官还可以在事实调查的基础上开展进一步的工作,如对当事人提出积极建议,说服教育当事人,缓解当事人之间的紧张关系等,这些附带性的事务有的甚至可以直接解决纠纷,这就能有效地减轻法官负担。即便不能解决纷争,也可为当事人接受裁判打下心理基础,使家事纷争能够得到圆满性的解决。

(二)家事法院之调解员

由于家事事件具有复杂性、情感性以及权利界限模糊性等特点,各国普遍发现诉讼并非此种案件的最佳解决程序,因为诉讼程序的对抗性往往导致当事人在感情上受到"二度伤害",同时也增加了彼此憎恶的情绪,不利于夫妻在离婚后和衷合作,继续履行为人父母的责任,这对未成年儿童的健康成长将带来阴影;同时诉讼程序的费时耗力也成为各国司法实践的通病。鉴于此,各国都通过各种方式尝试对家事事件采用替代诉讼的方式进行解决,如鼓励当事人自我协商、调解、仲裁等。但在实践中,当事人通过合意达成和解通常十分困难,家事事件中引入仲裁的做法,实践中又不具有普遍性。所以,家事调解的作用在这里尤为突出,家事调解制度即是各国最为普遍采用的替代方式,以至于大部分的家事案件都是通过调解程序进行解决的。

至于对家事调解制度的定位,各国有两种立法态度,一种是将之作为司法制度的一部分对待,而另一种则是将之看做一种法外纠纷解决方式。前者将调停置于法院的管辖之下,与法院的判决之间有着密切联系。后者则是将调解作为法院外的一种纠纷解决机制。在前一种法院调解机制下,法院往往需要聘任兼职或专职的专门调解官;在后一种机制下,则将家事案件交由法院外的公益组织、社区人员或商业性的调解机构进行调解。现今世界各国的家事调停两种意义上都有。[①] 本书主要从前一个意义上谈论家事调停制度的,并在此背景下考察家事法院调解员的角色和功能。但作为比较素材,本书也会同时兼及后一种意义上的调解制度及调解人员。

1. 家事调解员的设置及其职责

(1) 日本。在日本,调解也称调停,家事法院的调停非常发达,家事调停是家事法院的一个重要特色。"调停是社会传统的以和为贵的共感和消灭对立抗争的手段。家事调停的目的不仅是解决和缓和家庭纠纷,而且是为了积极地维持美满幸福的家庭。这是日本家事调停制度的出发点和特色"。[②] 为了实现这一目的,日本家事法院专门设置了家事调停委员参与家事案件的纷争解决。通常的参与方式是,在家事法院指定的具体家事案件中,由家事法官一人和两名以上经验和学识俱佳的调停委员共同组成调停委员会进行调停。家事调停委员来自民间,由家事法院选拔任命,任期为两年,连任不受限制。

从职业分布上看,家事调停的委员来自社会各个阶层,年龄大多在 40 岁到 70 岁之间。(参见下面表格)

家事调停员的职业构成(1998 年 10 月至 2003 年)[③]

律师	公认会计师等*	大学教授	医师	无职	公司职员等	其他职业
11.1%	8.2%	2.7%	1.7%	45.0%	12.0%	19.3%

*公认会计师等包括会计师、不动产鉴定师、土地房屋调查士等。

---

① 〔日〕中村英郎:《民事诉讼理论的法系考察》,日本成文堂 1986 年版,第 155—156 页。
② 李青:《中日"家事调停"的比较研究》,载《比较法研究》2003 年第 1 期。
③ 参见冷罗生:《日本现代审判制度》,中国政法大学出版社 2003 年版,第 308 页。

第三章　家事法院之主体构造

家事调停员的年龄构成(1998年10月至2003年)

未满40周岁	40岁以上	50岁以上	60岁以上	70岁以上
0.2%	8.0%	24.8%	63.2%	3.8%

日本家事调停委员制度与精通法律的审判官制度不同,它主要反映的是民间的"良识"和经验,因此,法律对调停委员的要求是"德望良识"。调停委员不但要具备公民的良知学识和对事态温和的处理方法,而且还要能够倾听当事人的意见和分辩,充分理解当事人,判断事实正确,言行谦虚,语言具有说服力,能灵活运用医学、心理学、社会学、经济学等专门知识,对纠纷的解决提出妥善的调停方案。①

为了保障家事调停委员的切身利益,使他们能够倾心投入家事调停事业,日本相关法律规定,家事调停委员是由最高裁判所任命的非常勤的国家公务员,是家事法院的合同职工,他们可以享受法定的补助(即工资)。但在履行职责时,也有保守审判秘密的义务。

(2)澳大利亚。与日本一样,澳大利亚也有附设于家事法院的调解服务。根据其《1975年家庭法》第19A条规定,任何有可能向法院提起诉讼程序的人都有权向家事法院申请委任"家庭及儿童调解员"。第19AA条容许任何人直接向家事法院及儿童调解员提出这个要求。法院如设有这项服务,便有责任提供有关协助。第19B条则明确规定,家事法院在双方当事人同意下有权将有关法律程序转交调解员处理。法院如认为家庭及儿童调解员有助于双方当事人解决纠纷,有责任建议双方当事人寻求调解员协助。而法院则可押后法律程序,让双方当事人接受调解。② 澳大利亚非常重视家事调解,不仅在家事法院设置了专门的调解员,而且鼓励调解的广泛运用。其《1995年家事法改革法令》在提述仲裁、辅导和调解时,采用"主要的排解纠纷程序"一词,目的在于强调这些方式是排解家事法纠纷的主要而非"另类"程序。③

过去,澳大利亚的家事调解事宜主要由注册官或者辅助法官(regis-

---

① 李青:《中日"家事调停"的比较研究》,载《比较法研究》2003年第1期。
② 此处的《1975年家事法》是指已经过修改的家事法,其中该法第ⅢA部是由《1991年法院(调解及仲裁)法令》增补,而该部后来再经《1995年家事法令》修订。第19BA(1)(2)条,由《1995年家事法令》第17条加入。
③ 香港法律改革委员会报告书《排解家庭纠纷程序》,http://www.info.gov.hk/hkreform,第四章。

trar,deputy-registrar)来实施,他们试图通过与夫妻双方进行座谈解决争议问题,即试图采取和平的、秘密的方式解决当事人的纠纷,他们也力图通过商谈的方式解决有关抚养和财产争议。商谈是秘密的,谈话内容不得作为诉讼证据。但进入20世纪90年代以后,家事调解则由专门的调解员主持。调解员既包括法院调解员,也包括社区或私人执业的调解员。但本书仅指法院调解员。

资料显示,澳大利亚家事调解服务始于1992年,迄今已在多个城市开设,如墨尔本市、丹德农市、阿德雷德市、布里斯班市及悉尼市。① 在具体案件中,家事调解可由一名调解员主持,而无需法官介入。从调解员的资格要求上看,澳大利亚家事调解员一职是由具有法律和社会科学背景的人士担任。② 另根据《1975年家事法》的规定,家庭及儿童调解员在履行其职能时所享有的保障和豁免权,跟家事法院的法官履行其职能时所享有的一样。

(3)韩国。韩国家事法院家事调解官的设置与日本类似。

(4)美国。美国尽管有附设法院的调解,且该类调解主要针对家庭案件,但其家事法院并没有设立专门的家事调解员,家事调解的调解人通常由当事人自己指定。实践中,调解人多数由律师担当,也可以由非律师的人士担任。但由于非律师的调解员对当事人达成协议所用的具体法律规定常常缺乏足够的法律知识,因此在有些州,法院在当事人挑选决定调解人后,要对调解员进行培训,包括要求调解员了解孩子的成长情况,可利用的公共资源以及相关的州的法律规定。③

(5)新西兰。新西兰家事法院调停辅导和调停会议非常有特色,在解决家事纠纷中起着十分重要的作用,但家事法院并没有设置专门的调解员,家事调解实际上仍由家事法官兼任。还有些国家也有类似的规定,如巴西、法国、荷兰、墨西哥、葡萄牙以及波兰等国均规定,受诉法院的法官自己就是调停机关,在这些国家,家事法官可以兼任调解员。

---

① 香港法律改革委员会报告书《排解家庭纠纷程序》,http://www.info.gov.hk/hkreform,第四章。

② 参见澳大利亚司法服务咨询委员会所发表的《司法服务——工作计划》报告书(1994年)第11.17段。转引自香港法律改革委员会报告书《排解家庭纠纷程序》,http://www.info.gov.hk/hkveform,第四章。

③ 参见夏吟兰:《美国现代婚姻家庭制度》,中国政法大学出版社1999年版,第172、281页。

（6）德国。在德国，因其在理念上认为法院的角色就是一个纯粹的司法机构，是解决法律纠纷的国家机构，因此应专门处理法律问题，而不应过问法律背后的事实问题，所以，家事法院在处理家事纠纷中需要和解或调解时，往往被委托给民间的像婚姻介绍所这样的机构处理。对于德国的家事法庭而言，"调停的机能无疑是一种重复式运作"①，因此，它没有在家事法庭内部设置调解员这一职位。

除了德国，世界上还有些国家将调停制度作为一种法外制度来看待，他们的家事调停机关全部由非法院人员组成的。如芬兰的调停委员会是由主任牧师和民生委员组成，挪威的则是由非法律专业人士3人组成，瑞士的调停委员会是宗教团体的性质。②

2. 简要评论

家事调解应当是家事法院的一个极具特色的服务，是圆满解决家事纠纷的重要手段，也是替代诉讼的重要方式，各国对此都特别关注，尤其是设立家事法院的国家，更是将其视为解决家事纠纷的当家花旦。但是否需要在法院设立专门家事调解官，各国态度并不一致。有的设立专门调解官，作为法院的非常勤人员，并发放法定的补助，甚至还给予调解员与法官一样的职业特权豁免；有的不设专门的家事调解员，家事调解由法官自己兼任；有的不在法院内部设立家事调解员制度，而将家事调解视为法外制度进行利用，交由民间人士进行调解。孰优孰劣似乎也很难定断。

笔者认为，家事法院设置单独的家事调解员具有较大的优越性。其一，从当事人角度而言，调解员来自民间，具有复杂多样的阅历背景，调解员参与家事法院家事案件之调停，可以使家事纷争的双方当事人感到更亲切、更安全、更能被理解，并能在朴实的调解员面前宣泄情绪、吐露心声，打消其对法院和法官的畏惧感和抵触情绪。

其二，从调解员角度而言，与法官组成调停委员会一起参与家事案件的调停，可增强其自豪感和参与意识。调解员虽然来自社会各界，但有一个共同特点就是他们为人厚道、真诚朴实、热心助人（否则也不可能愿意进入调停员队伍），因此，当他们参与调解的案件令当事人满意时，会有一种成功的愉悦和体验，这是其本职工作中难以获得的。而在成功体验的

---

① 〔日〕中村英郎：《民事诉讼理论的法系考察》，日本成文堂1986年版，第112—113页。
② 同上注，第156页。

激励下,调解员们会进一步开动脑筋,发挥主观能动性,满怀信心地投入下一件案件的调停。

其三,从家事法院角度而言,家事法院承载着解决几乎所有家事纷争的重任,很多案件难度大、影响广、责任重,因此,全部交由家事法官去审理和裁判,不仅压力巨大,而且也不可能做到每件案件都能简便、快速、安全、妥当的解决。吸收民间调解委员参与调停,不仅可以有效地分流大部分家事案件,而且也更好地满足了家事案件当事人的需求。

其四,从国家而言,利用调解员参与家事案件之调停,可以有效地节约司法资源,因为国家无需为调解员支付报酬,调解员的工作大都是无偿的,即便发放补助也是象征性的,"从某种意义上来说只是给调停委员一个心理安慰罢了"。①

其五,相对于法院外的家事调停机制,家事法院内设的调解员制度更具公信力和权威性,也更具效率。因为法院内的调解员在调停案件时是与法官组成调停委员会进行联合运作的,在调停委员会中,通常由家事法官任调停委员会主任,另两名调停员多数由一男一女组成,因此,从本质上看,这样的家事调停具有司法参与的性质,其结果不需要法院再进行确认,而是直接赋予其效力。反之,法院外的调解制度,尽管也具有重要的作用,但它不具有司法参与的性质,其调停结果并不当然具有法定效力,往往还需要法院的确认程序才能获得正规的效力。

其六,相对于家事法官兼任调解员而言,家事法院专设调解员制度,更具合理性、正当性,也更具针对性。家事法官兼任调解员,从身份上来说是不太恰当的,因为它可能使二者角色发生混同。法官的职能是依法裁判,而调解员的职责是解决纷争,前者是刚性的认定事实和适用法律,实现法律正义;后者则是鼓励当事人面向未来,并用柔性的条理、事理、习俗、惯例、道德等进行说服教育,帮助当事人找出适当的解决方案,实现家庭良好秩序的恢复和重建。如果法官兼任调解员,他(她)就会在当事人的述说中勇往直前探究当事人的真实想法和内心感受,敦促当事人说出其在诉讼中不可能说出的实情。这种积极性与法官的处世原则是完全背离的,一旦调解不成功,法官如何保证他(她)不会将其在调解中获得的信息带入判决形成的心证中?再者,法官擅长的是法律判断而不是涉及

---

① 冷罗生:《日本现代审判制度》,中国政法大学出版社 2003 年版,第 302 页。

人情事理的调解,法官的职业本性促使他们不由自主地"厚判轻调",那些尚未结婚的年轻法官更是如此。即使法官情愿进行调解,也往往难以胜任,因为法官多半缺乏调解的专门知识和科学训练,不能对当事人的性格、出身、成长环境等事项作出科学判断,此种状况下怎能进行富有成效的调解?法官主持调解,还可能产生滥用职权的风险,如出现"以判压调"、"以拖压调"等强制调解倾向,既损害了法院的司法权威,也背离了家事调解的宗旨。① 反之,由法院专设的调解员专门负责调解可以有效地解决上述弊端,更具合理性。

三、家事法院与院外合作机构和人员

对于家庭事件的解决,家事法院毫无疑问发挥着中心职能和作用。但通过其他一些机关或者组织参与解决家事纠纷的事例也很多。民间调停机关、社会福利设施、婚姻介绍所等对于家事纠纷的解决都发挥着巨大的作用。

(一)有关公益性组织

家庭问题、未成年人的保护问题在任何一个国家都不是一件小事,所以很多国家都为此设立了专门的社会福利机构,与家事法院有协力关系的社会公益组织主要就是这些福利机构,它们在涉及家庭安全、儿童福利事宜的家事案件中起着非常重要的作用,它们常常为涉及儿童的家事事件提供调查报告、出具意见书,还经常辅助法院作出裁判。

1. 荷兰的少年局

自1956年以来,荷兰在全国所有19个法院管辖区域中都分别设置了一个少年局。该局的前身是监护局,专门负责辅助法院裁判亲权的免除和剥夺事项。少年局的职权范围比其前身要广泛得多,不仅涵盖了监护局的权力范围,还可以就未成年子女的扶养费问题、未成年子女的监护人确定问题以及其他认知诉讼事项辅助法院作出裁判。

---

① 关于家事法官兼任调解员的弊端的论述,具体可参见陈爱武:《家事调解:比较借鉴与制度重构》,载《法学》2007年第6期。

2. 意大利的家庭助言局

它是 1975 年设立的社会福利机关,由地方自治体管理。其任务之一就是就夫妇和家族的问题以及未成年人的问题提供心理学和社会学方面的专业建议。此外,家庭助言局还辅助法院就夫妇离婚后或者分居后子女的监护问题以及特别养子问题等作出裁判。

3. 葡萄牙的社会福利局

它是地方自治体的社会福利机构,在养子的问题方面起着非常重要的职能作用。任何人如欲收养未满 14 周岁的孩子必须首先向社会福利局提出申请,然后由该局安排将要成为养子的孩子和双亲见面,并对所有相关事项作出调查,之后在 1 年之内向法院提出书面报告书,法院再根据该报告书作出是否准许收养的裁判。

4. 澳大利亚和德国的婚姻介绍所

虽然在两国都是法律上预定的机关,但是具体的组织形式却并不明确,据推测它们可能是教会等私设的机构。该机构在离婚事件的调停问题上起着非常重要的作用。其中澳大利亚的婚姻介绍所一旦达到法定的标准就可以从政府得到补助金。①

5. 英国的社会服务部门

为了更好地维护儿童的权利和利益,英国 1989 年《儿童法》规定,地方当局社会服务部门负责儿童保护工作,无论是为患难儿童提供帮助,还是在儿童可能遭受伤害时都可以进行较严厉的干涉。社会服务部门的一个重要任务就是判断一个孩子是"患难的孩子"还是正在遭受或可能遭受伤害的孩子。一旦地方当局对孩子有所警觉,它就会进行初次评估、走访评估,可能考虑申请紧急保护令,作为最后的救济还可以采取在儿童保护登记中对孩子登记入册和提起监护诉讼。② 在诉讼中,社会服务部门根据需要将向法院提供关于儿童的调查报告或者福利报告,供法院参考。

6. 美国的受监督探视项目

在美国,除了有社会福利机关辅助家事法院的常规制度外,还有一些特别的协助机制,如为防止有可能出现危害子女的探视(如无监护权的父

---

① 参见〔日〕中村英郎:《民事诉讼理论的法系考察》,日本成文堂 1986 年版,第 108—110 页。

② 〔英〕凯特·斯丹德利:《家庭法》,屈广清译,中国政法大学出版社 2004 年版,第 371—373 页。

母一方曾对子女实施过虐待行为等),法律机构创设了受监督探视制度,由此产生了中立的少年探视监督员来协助法院执行这项措施。目前,受监督探视日益成为法官处理严重家庭纠纷的重要辅助措施,具体指为丧失监护权的当事人提供在第三人监督之下与未成年子女会面的机会。由于家事法院审理的案件包括虐待、疏忽照管未成年人、遗弃及使未成年人处于危险状态等,法官采纳受监督探视方案,将使被告与子女能在相对安全的环境中交往互动。因而,美国律师协会家暴委员会鼓励家事法官多多采用受监督探视形式。

该方案早在 20 世纪 80 年代就在父母一方或双方涉嫌虐待或疏于照管未成年人的监护权纠纷诉讼中适用。近年来,法官陆续在各类父母失职的案件中适用受监督探视措施,如家庭暴力、毒瘾、(因监护权或探视权争议而导致的)父(或母)实施的绑架子女及其他类型的危险行为案。美国很多地区和机构都设立了受监督探视项目,包括法院、学校、教堂和未成年人照管机构等。这些项目基本都从属于社会公益组织,旨在帮助被控犯有危险行为的被剥夺监护权的父(或母)在第三人监督下与其子女取得联系。[1]

7. 其他

在其他国家也都有类似的机构,如在葡萄牙,有未成年人辅佐官;在瑞士,为了保护未婚母子还专门设立了婚姻外辅佐人制度。

(二) 有关人员——着重介绍我国台湾地区的社工人员

家事法院处理家事案件还往往需要法院外有关个人的协助,这些个人受法官嘱托从事保护儿童、妥善解决家事纷争的相关事务。

在英国,法院对于父母分居或离婚后,如何安排孩子的未来居所及生活照顾,其裁定之过程与依据,有许多的专家介入提供意见,如社工人员、诉讼监护人、法院福利官(court welfare officers)、法院指定的诉讼代理人(official solicitor)、老师、警官、家庭医生、心理学家、精神病医师、小儿科

---

[1] Nat Stern, Karen Oehme, Defending Neutrality in Supervised Visitation to Preserve a Crucial Family Court Service, Southwestern University Law Review, Southwestern University School of Law, 2005.

医生等。①

在美国、澳大利亚等诸多国家,家事法院都能够依据职权或者应依当事人的请求而命令心理专家、注册社工或儿童精神病专家拟备报告。

我国台湾地区也将社工人员导入与家事法庭的合作之中,不仅工作做得有声有色,而且取得了显著的效果。从法律层面看,台湾地区"儿童及少年福利法"等一批法律,明文赋予社会工作者进入法院系统,就监护权与收养认可的案件,以调查访视的方式,提供意见给法院为审定之参考。此外,社会工作者亦从社会工作之角度,协助法院认识个案之问题,满足个案之需求。

从社工人员介入法院的工作内容看,根据有关法律规定,主要包括:(1) 就监护权及收养认可案件,提出访视调查报告(原"儿童福利法"、"非讼事件法"、"儿童及少年福利法"有规定)。(2) 就儿童少年性交易、性侵害、儿童少年的保护、家庭暴力等案件或一般案件之被害人或智能障碍无法完全陈述之被告或犯罪嫌犯人,陪同其出庭并得在场陈述意见("儿童及少年性交易防制条例"、"性侵害犯罪防治法"、"家庭暴力防治法"、"儿童及少年福利法"、"刑事诉讼法"有规定)。(3) 协助家庭暴力受害者,向法院声请保护令("家庭暴力防治法"有规定)。(4) 就保护令事件,提供意见予法院("家庭暴力防治法"有规定)。(5) 就儿童少年保护案件:A. 得向法院声请继续安置;B. 安置期间,执行监护事件,作报告供法院备查;C. 就亲权滥用严重之父母,得向法院声请停止亲权;D. 就儿童少年财产受侵害之虞,得请求法院指定监护人或监护方法;E. 对儿童少年犯罪者,得向法院提起告诉("儿童及少年福利法"有规定)。

由上观之,社会工作者在法院的诉讼程序上,扮演着越来越重要的角色,"一开始被动地接受法院指示,为监护收养的访视调查报告,期待社工人员能透过实地的访视,藉由其会谈技巧与观察之能事,从其家庭及儿童的认识与专业,提出建议供法院为审理之参考。继而,针对特殊案件如性侵害、家暴之被害人,在法庭上之陈述及相关权益保护,借重社工人员与

---

① Emily Yueh-Mi Lai (2003). The Concept of the Best Interests of the Child and Comparing the Application between English and Taiwan's Courts. Presented, in The 30th ICSW Asia-Pacific Regional Conference, The Council of Social Welfare, Taipei: The Grand Hotel.

个案的信任与支持关系,由社工人员陪同出庭,并且也尊重社工人员对案件的看法,给予其在场陈述的权利。目前,社工人员更可以积极地站在个案的立场,为个案的权益,主动向法院提出声请,如继续安置停止亲权、指定财产监护及保护令的声请等"。① 社工人员在家事案件中的重要地位可见一斑,他们对于协助法院共同维护家事司法的公平与正义发挥了积极的作用。目前,法院已经"视社工人员为决策的伙伴,当必须强制执行公权力时,社工人员提供其专业的讯息,协助法院为公正的决定"②。

从实践模式上看,主要有以下几种:(1) 2001 年 8 月起,台北地方法院彭南元法官与台湾师范大学教育心理与辅导学系邬佩丽教授,采建教合作之方式,向当事人提供心理咨询服务。咨询员群共分两组,一组是由师大研究生及校友组成,主要负责家庭暴力及性侵害案件的心理咨询事宜;另一组由财团法人儿童福利联盟基金会的资深社工担任,以离婚、子女监护、会面访视及出收养等为服务重点。由于这些心理咨询员均具有专业背景,且深富工作热忱,加上督导程序严密,咨询的质量得以维持。③ (2) 台中地方法院自 2003 年 2 月开始与彰化师大辅导与谘商学院合作,由郭丽安教授与其研究生组成的专业团队,协助台中地方法院的家事调解,彰化师大与台中地方法院的合作关系仅维持一年半。④ 目前,台中地方法院采取与当地社会工作师公会全联会合作的模式进行家事商谈。(3) 2002 年底,士林地方法院正式与现代妇女基金会合作,该基金会承办"士林地方法院家庭暴力事件联合服务处",由法官转介当事人为调解服务。士林地方法院自 2004 年度起,亦开始与儿童福利联盟为家事调解之合作,目的是加强家事调解之功能,并结合社会资源,协助当事人经由调解程序自主解决家庭成员间之纷争,进而达到以替代性讼争解决方式处理家事纷争。⑤ (4) 新竹地方法院于 2004 年 4—5 月间委托儿童福利

---

① 赖月蜜:《社会工作在法院体系内发展之探讨与省思》,2006 年 6 月在实践大学主办的"台湾社会工作实务与社会工作教育之对话与省思国际研讨会"上发表,http://www.ntpu.edu.tw/sw/temp/O_20080225131735.doc,最后访问日期:2008 年 8 月 20 日。
② 同上注。
③ 参见彭南元:《论家事案件采心理咨询服务之可行性》,载《司法周刊》2002 年第 1102 期。
④ 参见郭丽安、李星谦、王唯馨:《家事调解的实践与反省》,2005 年台南长荣大学主办的"家事商谈实务国际研讨会"论文。
⑤ 参见赖月蜜:《澳洲、香港、日本之家事商谈相关制度比较研究——兼论我国家事商制度之现况与发展》,暨南国际大学社会政策与社会工作学系 2005 博士论文。

联盟的社工人员协助家事事件之处理,将其定位为"民事诉讼法"第 406 条"经两造合意选任其他适当之人者,法官得另行选任或依其合意选任之"的选任人。① (5) 2004 年,台南地方法院开始委托台南市女性权益促进会办理家庭暴力和服务处,其中,部分女权会成员,亦以调解委员身份,参与家事调解,而女权会成员多为高中职退休教师。②

众多的社会工作人员与家事法庭合作,协助其解决家事纷争,不仅节约了司法资源,而且对纠纷的圆满解决也起着不可替代的作用。

四、本章小结

家事法院作为专门处理家事事件的法院,本身顺应了家事事件解决特殊性的要求。为了实现家事法院的目的,法院之主体构造必然具有某种特殊性,这种特殊性在法院内部,表现为家事法官具有特殊的资质或任命要求;家事案件广泛存在非职业法官参与审理或者单独进行审理的制度设计;为了查明家事案件之客观真实,促成家事案件之妥当解决,各国家事法院常常设置法官的辅助机构,如家事调查官、家事调解员等专、兼职人员辅助法官进行审理和裁判。这些都体现出家事法院在人员组成、角色分工等主体构造上皆与普通法院不同。然而,司法资源是有限的,家事法院不可能对所有案件都能穷尽一切手段弄清事实真相,也无法呵护每一个需要关照的家庭个体,对家庭中"脆弱的一群"——儿童少年,更是唯恐在保护措施上挂一漏万,使他们的心灵再遭伤害。因之,从立法和制度层面赋予和鼓励法院外的机构和人员介入家事案件之解决实乃一剂良方。

社会公益组织,它们的性质决定了它们有义务和责任协助家事法院,保护家庭中的儿童少年和其他弱势群体。协助的手段包括:在法院的委托下对有关家庭成员进行调查访视、出具调查报告、必要时陪同受伤害的

---

① 参见许翠玲:《新竹地方法院家事法庭目前调解制度运作情形报告》,2005 年于司法院少年及家事厅主办的"司法院强化地方法院家事调解功能座谈会"上发言。转引自赖月蜜:《社会工作在法院体系内发展之探讨与省思》,http://www.ntpu.edu.tw/sw/temp/O_20080225131735.doc,最后访问日期:2008 年 8 月 20 日。

② 参见郑维瑄、苏金婵:《台南地方法院家事调解服务模式探讨与反思》,2005 年台南长荣大学主办的"家事商谈实务国际研讨会"论文。

儿童少年出庭陈述。根据法院的委托对有虐待、暴力倾向的家长探视儿童提供中立的监督服务。社会公益组织通常有一定的人力、财力支撑,或有国家财政之拨款,或有丰厚之社会捐助,因此,它们对于家事法院的委托事宜能较为圆满地完成。

　　法院外的社工人员在这方面也发挥了极为重要的作用。在提供家庭、法律、心理咨询方面,在受托进行调解方面,在受托进行调查访视方面均有可圈可点的事迹。更为重要的是社工人员参与家事案件的调查、访视、接受咨询、提供专业信息、主持或参与调解、陪同出庭、与对造律师沟通并争取个案权益等方面都表现出极大的热忱和耐心,因为他们(她们)本身就是热爱这项工作的专业人士、心理专家、妇女维权工作者以及心地善良的家庭主妇等,他们(她们)的共同特点是有一颗公益之心。妥为利用这样一支庞大的生力军,可以节约大量的司法资源。①

---

　　① 法院外的社工人员尽管是具有公益心的社会兼职人员,但也需要给予其适当的酬劳,酬金来源视情况而定,如果是受公益组织的委托,则由公益组织给付;如果是法院直接委托,则由法院支付。酬劳尽管是象征性的,但却是必须的,因为这不仅体现了对社工人员劳动的尊重和肯定,而且有利于建立良好的长期合作机制。我国台湾地区法院在与社工合作中就是这样做的。如台北地方法院与台北师范大学教育心理辅导学系暨研究所合作,由法官根据个案需要,在征得当事人同意后,委托该所研究生为当事人提供心理咨询。心理咨询员比照调解委员给付酬劳。参见彭南元:《论家事案件采心理咨询服务之可行性》,载《司法周刊》2002 年 10 月 2 日,第 1102 期。

第四章
家事法院的设置及其管辖

一、设置家事法院的因素分析

家庭案件的司法是否需要专门化的家庭审判机构,取决于多种因素。在这一问题上,各国的具体情况不尽相同,但总体而言,主要涉及下列因素:

(一)少年犯罪、少年违法行为的数量剧增

少年犯罪和少年违法行为在社会中急剧增多,必然导致人们对这一现象进行思考,进而产生治理需求,在众多的治理方法中,改变传统司法理念,对少年犯罪采用特殊的司法程序,设置特殊的司法机构——少年法院便成为一种必然。尽管少年案件增多并不是产生家事法院的必然因素,但却是具有紧密联系的因素。因为如果不是出现大量的家庭问题,少年事件也不可能成为突出的问题。因此,当人们因为少年事件而设立少年法院之后,少年法院管辖对象必然慢慢扩展到与少年的生活环境——家庭——相关的事件上,随之而出现由少年法院而变更形成的家事法院或者在少年法院之外另设家事法院或家事法庭,这种变化具有某种必然性。美国的一些州以及泰国的家事法院就是由此发展而来。

(二)以离婚为核心的家庭事件不断增多,且日益复杂化

离婚事件是家庭纠纷中的核心事件,由离婚事件可以引发诸多附带的家庭事件,因此,一国家庭事件的多寡与离婚事件的数量有着直接的关系。

在欧洲中世纪,离婚事件极少发生,离婚几乎是一种例外的社会现象,因为欧洲多数国家信奉天主教或基督教,而宗教教义往往告诫人们:婚姻是神合之作,不能用任何世俗力量解除婚姻关系,因此,法院是不能介入婚姻生活的。但随着离婚事件的世俗化以及离婚法改革不断推进,禁止离婚主义逐步走向有责离婚主义,有责离婚主义又逐渐让位于婚姻破绽主义,使得离婚变得越来越容易,离婚率上升乃具有某种必然性。而离婚率的上升又必然导致子女监护、抚养等家庭问题进一步增多,严重影响着家庭和社会的良好秩序。有资料显示,在美国所有州立法院审理的案件中,家事纠纷的增长速度居于首位,目前已占全部案件的25%。[①]

在这一背景下,如何妥当地解决离婚事件带来的诸多儿童监护以及其他家庭问题,成为人们议论的焦点,法院在离婚诉讼中的角色也受到质疑,因为在不同法院和法官处理家事纠纷时,没有理性的普遍原则可予适用,而是针对具体案件进行特殊处理。因此,许多人主张家庭案件应有不同于商事或刑事案件的程序,为了实现这一目标,必须创建专门的家事法院或家事审判庭,由专门的法官利用社会科学的各项专门技术来妥当解决家庭内部的纷争或事件。

美国一些州的家事法院以及英国高等法院家事法庭的设立就是在这一基础上产生的。可以设想的是,如果没有离婚案件的迅猛增长,处理家庭事件的专门法院或专门审判法庭是不可能大规模创建的。

(三)历史上类似机构或组织的影响

从历史角度需要考察的是,该国历史上是否曾经存在过专门处理或者变相处理家事案件的机构或者组织,如果存在过这样的组织或机构,那么以此为基础组建家事审判专门机构可能相对较为容易,引起的震动也会最小。比如英国1971年在高等法院成立家事法庭就有这样的基础,之前,英国已经存在遗嘱、离婚和海事法庭,条件成熟时,只要将海事案件转入其他法院(王座法院),就可以在此基础上改组新设家事法庭。

[①] Andrew Schepard, Law Schools and Family Court Reform, Family Court Review, Sage Publications, Inc., October, 2002.

(四）既有的审判程序不适合处理家事案件

家庭案件具有一定的特殊性,既有家事诉讼事件,又有家事非讼事件。对于前者,它不仅具有不同于普通财产关系案件的特点,也不同于普通的非讼案件。家庭案件中既可能是利益冲突与非利益冲突交错,也可能是公益和私益重叠。与普通的财产契约诉讼相比,它更青睐于用非讼方式处理,但与典型的非讼案件相比,它又更为复杂。①

在传统的程序背景下,家庭诉讼事件由普通法官在通常的法院依据民事诉讼普通程序进行审理,家事非讼案件则适用非讼事件法。如果现有程序资源能使普通法院的法官圆满解决家庭纠纷,则没有必要设计异于现有民事诉讼程序(非讼事件程序)的家事诉讼法或家事审判法。反之,如果现有的程序资源不能使家事纠纷得到有效的解决,则可能另辟蹊径,在现有的民事诉讼程序法之外,制定独立或相对独立的家庭诉讼程序法。

那么,既有的情况又是怎么样的呢？在很长时间里,无论是大陆法系国家,还是英美法系国家,多数国家在民事诉讼中都采用以当事人为主导的诉讼模式,当事人在诉讼中具有明显的对抗性。尽管与国家干预的职权主义诉讼相比,对抗式诉讼有诸多优点,如能体现当事人的主体地位、更有利于查明案件真相、成本更低、效益更高。但这一诉讼程序却不利于家事案件的妥当解决。因为对抗模式的前提假设是双方当事人在竞争力与资源掌握程度上基本相等,而家事纠纷当事人之间的实际地位往往极不平等,夫妻之间、亲子之间很难处在同一竞争序列上,大多数情况下,妻子和未成年子女处于弱势地位;对抗模式还使案件的处理结果往往用"输和赢"来衡量,而家事案件恰恰没有明显的输赢,很难用非白即黑的两分制来判定和衡量;对抗式诉讼程序常常使当事人之间充满敌意、彼此憎恨,正如有学者考察发现的:在离婚等家庭事件中实行对抗式诉讼模式使得不少当事人深觉感情上受到"二度伤害"。②

在对抗性的程序中,法官往往与责备、查找过失相连,这使得正在办

---

① 参见陈爱武:《人事诉讼程序的法理与实证》,载《金陵法律评论》2006 年秋季卷。
② Andrew Schepard, Law Schools and Family Court Reform, Family Court Review, Sage Publications, Inc., October, 2002.

理离婚手续的夫妇关系更趋恶劣,而这又会妨碍他们在离婚之后和衷合作,继续履行为人父母的责任。"对抗制模式中充满了耻辱、冲突。莫怪一位女权主义的修辞家将诉讼比作男性,而将非讼方式与非攻击性、举止率直的女性相连。非讼方式'不同于诉讼的强权,它们是廉价的、任意的、私人的、自愿的、调查导向的、有效的解决纠纷的方式'"。①

可见,对抗式诉讼并不适合离婚等家庭纠纷的合理解决,相反,非对抗性程序以及非讼方式却是解决家庭纠纷的良好选择。正因此,在审理家庭案件的程序依据上,一些国家或地区进行了特别立法,如在民事诉讼法中单设"家庭事件程序"作为特别的一章或一编,以区别于财产、契约诉讼程序,德国、法国以及我国台湾地区即是如此;另有些国家采取分别立法的模式,即在民事诉讼程序规则之外,单独制定《家事审判法》、《人事诉讼法》、《家庭关系特别程序法》,以此来使家庭纷争获得圆满妥当的解决,日本、韩国以及美国的一些州采此体例。

当然,对于没有采用严格对抗制诉讼的国家,家庭关系事件的处理似乎不需要特别的程序,如我国在新中国成立后的很长时间里,民事诉讼一直采用较强的职权主义、职权探知主义的模式,而此种模式对于家庭事件而言,本来就不会造成严格对抗制下的那些缺陷,加之我国司法解决程序中大量运用调解,因此,家庭纠纷的解决没有什么特别的障碍,也就不需要单独制定家事诉讼法。

尽管是否存在专门的家庭事件程序,不是建立家事法院的必然前提,但可以肯定的是,没有专门的家庭事件程序法律或规则,一般不可能建立以这一程序的适用为特色的家事法院或家事法庭。德国、日本、韩国、美国的一些州都证明了这个事实。

(五)传统法院在处理家庭事件中的局限

在人们的普遍共识中,法院是解决纠纷、实现正义的场所;是在双方当事人不能自行解决争议时,处理事实争议的手段;是实现正义的最后一道防线。然而,传统法院在处理家庭纷争时明显感到能力不足,其功能和

---

① See Anne Griffiths, Mediation, Conflict, and Social Inequality: Family Dispute Processing among the Bakwena, from Divorce Mediation and the Legal Process, Clarendon Press Oxford, 1988, pp. 129—130.

价值难以得到合理的实现。具体表现如下：

首先，传统法院在本质上是社会控制机构，其最重要的职能是在双方当事人不能自行解决争议时，处理事实争议，主要通过现实的强制性活动或强制威胁控制双方的激烈争端。而家庭事件纠纷则要求法院不仅是社会控制机构，还要有"治疗性"的司法理念，法官必须和家庭成员共同努力，为妥善解决家事纠纷提供积极且持久的方法，也即法官应当妥善处理双方当事人之间的交流困难，不仅处理诉讼当事人的争议，而且**挽救破裂中的当事人与其他家庭成员的关系**。这些要求是传统法院力所不能及，已经超出了传统法院的功能范畴。

其次，传统法院通常通过严格的对抗制来发现案件事实，法官被视为消极的中立人，他们不能主动探知事实和调查证据，而只能在庭审中被动地听取当事人的陈述和辩论，在此基础上形成关于案件事实的心证，进而作出裁决，呈现"对抗·判定"的结构样态。① 而家庭案件尤其是家庭身份关系案件，很难通过对抗制来发现真实，因为当事人在对抗式诉讼中常常不由自主地陷于情绪激动地相互攻击中，此时法官很难发现真实，正所谓"公说公有理，婆说婆有理"，"清官难断家务事"。而且，传统法院的对抗式审判还加剧离婚案件当事人之间的对立，容易激化矛盾。因为查明事实、分清是非的过程往往是再现当事人间纠纷硝烟的过程，而开庭固有的举证、质证的场面则进一步加剧了对抗和竞争，当事人可能情绪激动的相互指责、相互憎恶。②

再次，传统法院在审理活动中即使能够发现案件真实也是形式上的真实，而且该事实仅仅涉及当事人本人之间关系，不涉及当事人之外的第三人，法院通过裁判实现的是抽象意义上的一般正义。而家庭案件的审理则要求法官或者法院透过表面现象发现案件的客观事实，而且，因为家庭关系尤其是家庭身份关系往往具有较强的公益性，其判决结果不仅涉及当事人本人，还常常涉及当事人之外的未成年子女和其他家庭成员，因此，家庭案件没有"一般的、抽象"的正义可供遵循，它所遵循的是"个别的、具体的"正义。而"具体的、个别的"处理要求赋予法官较大的自由裁量权、职权探知权以及证据调查权，还要求法院能够大量运用非讼化手段

---

① 参见王亚新：《对抗与判定》，清华大学出版社2004年版，第57页。
② 参见陈爱武：《家事调解：比较借鉴与制度重构》，载《法学》2007年第6期。

来进行纠纷的化解。这些都是传统法院功能难以承载的内容。

最后,从对外形象来看,传统法院是具有较高独立性的组织,为了保持中立、独立的形象,法院一般不参与社会活动,以免失却其超脱的品格。从内部而言,传统法院主要由法官和书记官以及其他裁判辅助人员构成。而家庭纠纷恰恰要求法院积极与社会公益机构以及其他有关机构联系,取得他们的协助,妥善解决家庭纠纷。从内部看,为了促进家庭纠纷的有效化解,除了需要大量的法官、助理法官以及书记官外,常常还需要专门设立家事事件调查官、调解官、医师或者精神科医生、心理学专家等。唯有如此,才能对家庭关系纠纷按照其个性作具体的、个别的妥当处理。

既然传统法院已经难以承担妥当解决家庭事件纠纷的重任,在普通的传统法院之外设立专门的家事法院或者在法院内部设立具有一定独立地位的家事法庭、家事法官就具有了某种必然性。澳大利亚、日本、韩国、美国、德国、法国等国的实践都体现了这一定律。

二、家事法院的设置模式及定位

(一)家事法院的设置模式及其评价

从国外家事法院的设立情况看,其设置模式大约有四种情形:一是在普通法院之外设置专门的家事法院;二是在普通法院之外设立少年法院或者青少年法院;三是在普通法院内部设立专门的家事法庭;四是在普通法院内部设立专门的家事法官,掌管家事案件之审理和裁判。家事法院的设置模式呈现出多样性和复杂性。

1. 专门的家事法院

在普通的法院之外,设立专门家事法院,最早始于美国的部分州。运作比较成功的是日本、澳大利亚等国。日本家事法院的地位与地方法院并列,澳大利亚家事法院地位相当于联邦法院的专门法院。

设置专门家事法院,有诸多好处:首先,从家事法院角度看,独立的家事法院有利于彰显其独立地位和特殊价值。家事法院既然定位为专门性法院,它在处理家事事件时的理念、程序、方式、手段等必与普通法院有所区别,而区别的正当性就在于,它能使家事事件获得整体性的妥当解决,甚至能预防家事事件的发生或扩大。实践中的家事法院,不仅通过大量的家事法宣传、咨询来间接地消解纠纷、预防纠纷,而且对进入法院的家事事件当事人提供细致的服务以钝化矛盾、化解纠纷,这些服务可能是直接转介进入调解辅导会议,或鼓励当事人进行和解,或告知其依法需要进入强制调解程序。为了调解的成功,法院派出调查官对当事人的相关情况进行调查,出具调查报告;调解不成进入诉讼,被当做是最后的手段。在诉讼中,法官仍秉承积极的处事原则进行审理和裁判。裁判之后,法院还将作追踪访查,考察当事人对生活费债务是否积极履行,必要时,还会进行履行劝告、接受金钱寄托。通过这样细致的工作,家事纠纷能够最大程度地得到妥当解决。可以说,妥当解决家庭纠纷作用发挥得愈充分,家事法院作为专门法院受到人们的关注愈多,利用者也愈多,相应地,其地位愈高,会被人们认为是法院系统中不可或缺的独立存在。

其次,从家事法官角度而言,设立独立的家事法院有利于提高其从事此项工作的积极性,提升其业务水平和处理复杂家事纷争的能力。家事法官是家事法院的中心角色,他们的资格要求可能比普通法院法官的资格要求还要高,因为家事法官的录用和选拔不仅需要法律专业的资格要求,还要有其他相关专业知识背景的要求;不仅要求其有解决家事纠纷的娴熟技巧,而且要求其对家事审判工作有满腔之热忱,能友善地对待当事人,设身处地为当事人设想。如此严格的资格要求,使得家事法官与普通法院的法官缺少了攀比的平台,他们有自己的评价标准。他们一经任命往往需要专职从事此项工作至少十年(如日本),这对于提高家事法官的专业技能、探寻家事审判规律、提升家事案件的审判质量都具有极为重要的意义,同时也使家事法官有一种成就感和荣誉感。反之,如果在普通法院内设立家事法庭,则家事法官的独特个性可能难以保持。因为在这样的格局下,家事法官和其他庭的法官往往没有太大区别,他们常常互相攀比,要求轮换岗位(主要是家事法官要求轮换到其他法官岗位)。的确,相比于其他民事案件,家事案件复杂而又琐碎,它虽不涉及大奸大恶之徒,但却关乎一个家庭的命运,这常常令家事法官身心俱疲,因此,没有几个法官愿意长期从事家事审判工作,法院也顺势将这一岗位当做锻炼年轻法官的一个流动窗口。① 在这种情况下,家事法官成了最不受欢迎的职位,年轻人以此为跳板,期望很快调入其他业务庭从事审判,年长者则早就利用自身优势地位逃离这个"是非之地"。家事法官没有相对长时间的稳定连续任职经历,这岂能产生优秀的家事领域专家？长此以往,家事审判工作被逐渐挤入边缘化的危险境地也就不足为奇了。

再次,从家事纠纷当事人及社会民众层面而言,家事法院使社会民众能够更容易地接近正义,并产生强烈的信赖感和安全感。家事法院仅从名称上看就具有一定的民众亲和力,家事法院是处理家事纠纷的,"家事"是每个民众都熟悉的名词,因此,一旦出现家事问题,向家事法院寻求解决,总不会无功而返。因为实践中的家事法院不仅具有司法的机能,而且还具有强大的社会机能,如家事法院会主动给当事人提供咨询服务、辅导服务、调停服务,还会为当事人查找资料提供指引,一些实用的小册子一般都是免费提供给当事人和一般民众。家事法院没有高不可攀的门槛,职能各异的法院组成人员会为当事人提供相匹配的司法服务或相关服务。家事法院一般是封闭的,它不对外开放,一般也不允许旁听,不允许新闻报道,来到这里不用担心"家丑外扬"。所以,家事法院有一种令当事人和民众感到安全的氛围。

而在普通法院,情况就不一样了,当民众带着纠纷的烦恼来到法院准备诉讼时,可能因为不具备诉的要素而被告知不予受理,法院回复中涉及的那些晦涩难懂的名词,如诉权、诉的要素、诉讼要件等术语让老百姓一头雾水,不知所云。因为普通法院没有家事法院那样的社会机能,它除了审判,一般不再向社会提供额外的服务。对请不起律师的穷人而言,息讼、远讼、忍气吞声也许是明智而无奈的选择。此外,即便家事案件顺利进入普通法院的家事法庭或者普通民事庭,其保密性也难以保障,因为你无法隔离其他民事案件旁听人群的耳朵和眼睛,当他们在一般法庭旁听民事案件时,隔壁的房间可能正在进行着家事案件的审判或调停,他们不

---

① 美国一位担任了16年家事法官的简·哈蒙(Jane Harper)女士在退休前曾经伤感地说,她的母亲从未教她冒犯别人,但这么多年来,她却令不少诉讼参与人深感不满。她说:"我们总是试图帮助这些犯错的孩子,却很难真正使他们回到正轨。"她常常在夜间惊醒,一遍遍地核查证据,深恐出错。掌握国家权力与社会个体命运使得她多年来承受着巨大的精神压力。See Gary L. Wright, Veteran Family Court Judge Seeking a Change of Venue: Her Approach to Domestic Violence Cases Earned Colleagues Respect, Charlotte Observer, Dec. 4,2006.

经意间看到或者听到了这个家事案件的裁判过程,看到或者听到了相关当事人间非理性的吵闹和争执,看到了未成年子女在法庭现场的无奈和惆怅。这多少会令家事案件当事人感到尴尬和别扭。

设置专门家事法院,尽管有诸多好处,但也有一定的局限性。首先,可能存在宪法和组织法上的障碍。一些国家的宪法或组织法中明确规定不得设立专门法院或特别法院。如《俄罗斯联邦宪法》第118条规定,俄罗斯联邦境内的审判权只由法院行使;俄罗斯联邦的司法体系由俄罗斯联邦宪法和联邦宪法法律确定。不允许建立特别法庭。《德国基本法》第101条规定,不得设置非常法院。任何人不得免除受其合法法官的审判管辖;专门领域的法院只能由立法设置。《西班牙宪法》第117条第6款规定,禁止成立特别法院。《意大利宪法》第102条第2款规定,不得设置特别法官或专门法官。只可在普通司法机关中附设审理特定案件的专门法庭,并应有有资格的非法官公民参加。① 尽管上述限定性条款不是绝对的②,但却可能构成设立家事法院的障碍。

其次,可能存在资金费用上的障碍。司法资源与需要解决的纠纷相比永远是有限的,没有哪一个国家的司法机构能自信地表示其司法资源充裕而不短缺。在这种情况下,设置专门家事法院,培养专门家事法官,并在家事法院内部设置若干调查官、医师、调停委员、参与员等人员,必然要耗费更多的资源,相反,在普通法院设立家事法庭或家事法官,则可能要经济的多。

再次,人员上也存在一定的障碍。家事法院需要许多专门性的人才,比如法官必须是具有一定社会经验、对家事法比较精通、能够细致耐心梳理家事案件、热爱家事审判工作的专门家,然而,前已述及,真正具备这样素质的人才往往不愿意从事家事审判事业,因为这项工作一方面极具挑战性,另一方面却并没有给他们带来更多的成就感和荣誉感,薪水也不比普通法官更丰厚。尽管从事家事审判的法官大都热爱这项事业,但制度

---

① 参见张福森主编:《各国司法体制的宪法性规定》,法律出版社2005年版,第167、214、251、263页。

② 比如《日本宪法》第76条第2款也明确规定,不得设置专门法院。但它依然设立了单独的家事法院。日本学界通过分析和解释,认为这实际上并不违宪。因为,家事裁判所虽然名称上具有一定的特殊性,但它是与地方裁判所地位平行的初审法院,当事人不服其判决时,可以向高等裁判所上诉,所以,它仍然是高等裁判所的下级裁判所,而不是独立的法院系统。

上的优势却并不明显。另外,家事调查官需要各种心理学、行为科学、精神病学等方面的专门人才充任,这样的人才养成也需要较长的周期,不是一朝可得。其他相关人员也有这样那样的问题,如调解员、参与员参与家事案件的调停与审判,承担较大的责任,如泄露调停或审判中获知的当事人的秘密可能被处罚款或监禁,但在报酬层面上却是基本无偿的,能否长效地利用这类人才还是值得思虑的。

最后,可能还存在配套机制上的障碍。家事法院不是孤立的机构,为了家庭纷争的圆满解决,它常常需要与社会福利机关、公益组织以及有关人员进行合作,或者需要社会组织和有关人员的协助,如为了弄清少年出现非行行为的原因,可能嘱托福利机关对少年事件的当事人为调查访视;为了保障有虐待倾向的家长行使探视权不至于损害儿童的身心健康,可能委托公益组织或有关人员对儿童探视项目进行监督;在儿童没有适合的监护人的情况下,还可能委托福利部门对儿童为暂时的收养等。也就是说,家事法院往往需要法院外机构和人员的积极协助,而问题是法院外的相关机构是否健全?它们是否有此项经常性的协助义务?它们是否愿意承担如此繁重的协助任务?这些都需要从立法上进行配套规制,如果没有法律层面的规定,肯定难以发挥长久的效用。而法律欲在这些方面进行规制,则涉及这些组织和机构的财政规划和保障,这在经济并不发达的国家可能还有一定的障碍。

2. 少年法院或者青少年法院

在有些国家,不设家事法院或家事法庭,而只设立少年法院或少年法庭。将少年案件和部分涉及少年的家庭案件统括归少年法院或少年法庭管辖,或者虽设有家事法庭等专门家事审判机构,但仍将部分家事案件划入少年法院。根据我国台湾学者朱胜群的考察,国外少年法庭所处理的事件,范围主要包括:(1)少年违反刑罚法令之犯罪案件;(2)少年习性不良,致有触犯刑罚法令之虞之虞犯事件;(3)失教失养孤贫无依之无人管教少年(neglected child)或须要扶养少年(dependent child)之保护事件;(4)未成年人之收养、认领、监护等亲属事件;(5)危害少年福祉之成年人刑事案件。[①]

当少年法院或少年法庭有权处理部分家事案件时,此时的少年法院,

---

① 参见朱胜群编著:《少年事件处理法新论》,台湾三民书局1976年版,第60页。

其在功能上就替代或部分替代了家事法院。对此种替代,笔者总体观点是持否定态度。

首先,从名称上看,少年法院主要管辖少年事件,对家事事件的管辖,似乎有名不正、言不顺之嫌,人们在观念上也感觉有些陌生,很难得到充分的利用。

其次,从实效性上来看,少年法院管辖部分家事事件,即便在理论上是合理的、可行的,在实践中也具有较大的局限性。因为,少年法院管辖的家事案件通常是与少年直接相关的收养、认领、监护等亲属事件,对于其他家事事件则通常没有管辖权,如离婚、确认婚姻无效等。这样它对家事事件管辖的实效性就将大打折扣。

再次,从资源节约角度而言,少年法院难以涵盖大部分家事事件之处理,它只能包括其中部分涉及儿童事件,那么,对于其他家事案件,为了妥当解决,可能仍需要另设家事法院或者家事法庭,这样就形成双轨制的家事事件解决格局,资源的重复浪费在所难免。

所以,在笔者看来,不设家事法院(法庭),而由少年法院(法庭)管辖部分家事案件,只能是权宜之计,一旦时机成熟,仍应当分别妥为建构并列的家事法院和少年法院,或者建立包含家事部和少年部的统一的家事法院。

3. 专门的家事法庭

不设家事法院,而在普通法院内部设立专门的家事法庭,这是多数国家或地区采用的家事司法机构模式。德国、奥地利、西班牙、英国的高等法院、美国部分州、加拿大多数州以及我国台湾地区等皆采取这一样式。

相比于家事法院,家事法庭模式有着自己独特的优势:其一,家事法庭容易设立,无需复杂的理论准备和物质准备,避免了无谓的争论和辩论,能够实现平稳过渡。家事法庭只需要在普通法院内对其中一个民事庭略加改造即可,这个民事庭可能之前就已经相对集中地处理婚姻家庭案件了,法官们已经积累下一定的经验。改造成家事庭之后,法官们驾轻就熟,很快就能适应新的要求,因此,不会产生什么震动。

其二,设置家事法庭成本较小。家事法庭仅仅是对原先的民事庭进行简单改造而成,因而国家额外投入的构建成本是有限的。因为它不需要建造专门的法院办公大楼,不需要重新购置司法活动需要的设备,也不需要大幅度地重新组建法院内部机构。现有的普通法院的资源可以共享,如法庭、调解室、法院兼职调解员、陪审员等都可以成为共享之资源。只有无法共享的资源才需要投入,如招聘家事调查官、聘请兼职咨询员、辅导员等。

其三,同样可以实现家事事件处理专门化的效果。家事法庭的法官相对专注于家事案件,他们同样可以形成独特的审理模式和理念;此外,家事法庭配备的调查官、调解员等也可以在这个舞台上发挥其积极作用,成为家事法官的得力助手。

当然,与专门的家事法院相比,家事法庭也有一定的缺陷。首先,家事法庭的专业性和专门性在程度上,肯定低于家事法院,因为后者具有完整的理念和形成机理,在内部设置、人员构成上都比前者更能体现家事审判的特色;其次,作为一个独立层次的专门法院,家事法院具有较大的空间容纳多样化的家事审判人才,如家事调查官、家事调解委员、家事陪审员,并可以有针对性地开展相关人才的业务培训,而家事法庭则较难容纳这么多专门化的人才,也没有能力提供专门的业务培训;再次,家事法院往往具有一定的社会机能,家事法庭很少能发挥这一机能,它必然受制于它所在的普通法院的整体环境;最后,家事法庭设在普通法院内,与其他审判庭采用不同的审理模式和审理理念,人员构成也不尽相同,这使它成为普通法院的另类或者非主流,在资源获取、升职机会以及待遇分配等方面很难得到公平的对待,法院通常也不会因为家事法庭的特殊性而给其开小灶,或向其提供额外的费用支持。普通法院不过是给家事法庭提供了一个与其他民事庭一样的处理纠纷的舞台,并不负责为其提供必要的配给,所以,这个舞台的作用和影响肯定是有限的,不能抱太大的期望。

4. 专门的家事法官

将家事案件交由普通法院内的家事法官来处理,而不是设立专门的家事法院或家事法庭,这是法国的典型做法。根据法国《法院组织法》第312-1条的规定,大审法院的一名法官被授权审理家事案件。该家事法官可将案件移送大审法院合议庭进行审理。大审法院合议庭以家事法官之身份作出裁决。[①] 这种模式的好处是简便易行,节约资源。因为这种模式既不需要设立家事法院,也不需要在普通法院内设立专门的家事法庭,

---

① 参见《法国法院组织法典》,施鹏鹏译,金邦贵校,载陈刚主编:《比较民事诉讼法》(2004—2005年卷),中国人民法学出版社2006年版。

而只需在普通民事庭中,抽出一名或几名善于从事家事审判的法官,赋予其家事法官身份并由其专门从事特定家事案件审判即可。它几乎不耗费额外的资源,不过是对原有人才和资源的一次调整或整合。

但这种模式的缺陷也是显而易见的。其一,由几名家事法官负责家事案件的审理,在专业性和专门化程度上显然低于家事法庭,更低于家事法院;其二,家事法官仅仅定位于家事诉讼案件,对大量的家事非讼案件以及调停事件则很难涵盖,因此,他们对家事纠纷的解决,从数量上说是极其有限的;其三,家事法官人数有限、精力有限、时间有限,很难及时与法院外的公益组织或机构、人员进行协作以查明案件事实。因此,他们对家事案件的参与程度上有限的。

(二)家事法院在司法体系中的定位

家事法院应该怎样地融入传统的法院组织之中,它们设在哪一个审级?是否受理上诉案件?它们与普通的一审法院是一一对应的关系还是仅在特定地点设立的例外机构?对这样一系列问题,各国的实践存在着较大的差异。

1. 家事法院的审级定位

关于家事法院的审级定位,分成两种情况:其一,对于独立的家事法院,多数国家将其设定为初审法院,如日本、韩国、美国的部分州。但澳大利亚家事法院既是初审法院,也受理部分上诉案件。通常第一审程序的家事案件由联邦家事法院的 1 名法官独任审判。如果存在上诉,则于同一法院内由 3 名法官组成上诉组对之进行管辖,一般由 3 名法官审理,在某些案件,是 5 名法官。韩国家事法院也有此特征。其二,对家事法庭,因其多数设在普通法院内部,因此大都是初审性质的。

在大陆法系的多数国家都存在以地方法院和区(简易)法院两种法院作为第一审法院的情形,所以究竟根据哪一种来设置家事法院或者说将家庭法庭设置于哪一个层次的初审法院之中各国仍然存在着差异。奥地利、波兰是在区法院,希腊则是在地方法院,而日本、韩国则是根据地方法院设置了家庭法院。在德国,州地方法院和州法院都设有家事法庭,都是家事案件的一审法院,但家事案件主要由地方法院审理,通常由 1 名法官独任审理家事案件中亲子关系事件、扶养事件和婚姻事件。在英格兰和威尔士,家事案件由治安法院的家事诉讼法庭、郡离婚法院、高等法院

第四章 家事法院的设置及其管辖

的家事法庭管辖,它们也都是初审性质的,但高等法院法院家事法庭具有一定的特殊性,它既受理复杂家事案件的一审,也负责家事案件的上诉审。①

2. 家事法院的上诉法院

前已述及,家事法院多数定位为初审法院,因此,对于家事法院的初审裁决一般都允许上诉,上诉法院通常是作为普通法院的上诉法院,即家事案件的二审归普通民事第二审法院管辖。如日本家事法院的地位与地方法院相同,家事法院作出的一审案件与地方法院作出的一审案件一样均上诉到高等法院。澳大利亚的家事法院的一审案件尽管可以直接向本院的上诉组进行上诉,但"经过特别许可或者涉及公众利益的家事案件,可直接上诉于高等法院"②。

在德国,州高等法院家事法庭是家事案件的上诉法院,由3名法官组成,审理不服地方法院和州法院作出的家事裁判所提出的上诉和抗告③;联邦最高法院的家事法庭是审理上告和抗告的上告审法院,通常由5名法官组成家事法庭进行审理。在英国,郡离婚法院的判决,可以上诉到高等法院家事庭。

3. 家事法院的分布

家事法院怎样分布最为合理,目前尚没有权威的观点。从各国情况看,一般而言,凡是设立独立家事法院的,通常是设置在初审法院的序列中,日本和韩国都是设在与地方法院平级的位置上。其中日本的做法是只要有地方法院,就必然设置与之并列的家事法院,所以,家事法院的数量与地方法院一样多。而韩国则不是这样的格局,它仅在特定的城市设立家事法院,如在汉城(现为首尔)设立了独立的家事法院,在其他城市则不层层设置。墨西哥、奥地利、希腊以及匈牙利等国与韩国类似,也只

---

① Stephen M. Cretney, Judith M. Masson, Rebecca Bailey-Harris, Principles of Family Law, 7th edition, London: Sweet & Maxwell, 2003. p. 575. 转引自蒋月:《家事审判制:家事诉讼程序与家事法庭》,载《甘肃政法学院学报》2008年第1期。

② 参见澳大利亚政府网站资料:Family Courts of Australia, http://www.familycourt.gov.au/presence/connect/home/court_lists/adelaide/ 2007-4-6,最后访问日期:2008年7月20日。

③ 在德国,地方法院的民事案件可以向州(地区)法院民事庭提起上诉,但家庭案件只能向州高等法院家事法庭提起上诉;州(地区)法院的家事法庭审理的案件也向州高等法院提起上诉。参见宋冰编:《读本:美国与德国的司法制度及司法程序》,中国政法大学出版社1998年版,第135页。

在特定的城市设立家事法院(家庭裁判部)。澳大利亚是个例外,它只在联邦系统设立家事法院,州法院系统不设。

如果设立的是家事法庭,则可能在所有初审法院都设置,也可能在初审法院和上诉法院都设立家事特别部。如在英国,治安法院、郡法院、高等法院都在自己的内部设立了名称类似的家事诉讼庭、离婚郡法院、家事法庭等。在德国,与其法院组织结构相适应,州法院系统内的家事法院划分为三级:地方初级法院家事法庭、州法院家事法庭、州高级法院家事法庭。联邦法院内也设有家事法庭。地方法院和州(地区)法院的家事法庭是家事案件的第一审法院;州高等法院家事法庭是家事案件的上诉法院,联邦最高法院的家事法庭是审理上告和抗告的上告审法院。

三、家事法院的管辖范围及其职权

(一)家事法院的管辖范围

家事法院究竟管辖哪些家事案件,这是个难以统一回答的问题,因为不同国家对这一问题的规定存在着较大的差异。总体而言,各国家事法院管辖家事案件的模式有三种:一是以家庭为单位,管辖与家庭有关的一切案件;二是只管辖属于民事性质的家事案件,对本质上属于犯罪事件的少年事件不能管辖;三是只管辖家事案件中的离婚案件。其他家事案件分别按照案件性质有普通法院或者少年法院管辖。

1. 管辖与家庭有关的一切案件

此种模式的典型国家是日本、韩国、波兰以及美国的部分州,其中,日本对此规范得最为详细。

(1)日本。日本家事法院内设家事部和少年部。家事部管辖家事案件,少年部管辖少年案件。家事法院管辖的家事案件,其范围包括《家事审判法》规定的甲类案件、乙类案件以及《人事诉讼法》规定的人事诉讼案件。

甲类案件具体包括:宣告或撤销禁治产;宣告或撤销准禁治产及其有关禁治产处分;关于管理无主财产;宣告或撤销失踪;根据民法有关规定选任特别代理人;许可子女姓氏变更;收养或解除收养许可;选任应作为监护人的人;有关惩戒许可及其他处分;根据民法有关规定选任财产管理

人及其他有关财产管理处分;宣告或撤销丧失亲权或管理权;辞去或恢复亲权或管理权的许可;根据民法相关规定选任监护人、保佐人或监护监督人;许可监护人、保佐人或监护监督人的辞任;解任监护人、保佐人或监护监督人;选任临时保佐人;延长调查制作财产清单的期限、延长管理决算期限;许可禁治产人住医院;付给监护人报酬;提出监护事务报告、财产清单,调查监护事务或财产状况,财产管理及其他监护事务有关的处分;有关遗产管理的处分;延长承认或放弃继承的期限;有关继承财产的保存或管理的处分;受理取消承认或放弃限定继承的申述;受理限定承认继承的申述;选任鉴定人;关于分割遗产的处分;关于继承财产管理的处分;选任继承财产管理人及其他有关继承财产的处分;确认遗嘱;审查遗书;选任遗嘱执行人;给付遗嘱执行人报酬;批准解任遗嘱执行人或辞去遗嘱执行人;撤销遗嘱;批准特留分的放弃等大约39项。

乙类案件具体包括:关于夫妻同居及其相互扶助的处分;关于变更财产管理人及分割财产的处分;关于因婚姻而产生的费用分担的处分;指定子女的监护人及其他有关监护的处分;关于财产分配的处分;指定民法所规定的权利和承继人、指定应成为亲权者的人;指定或变更亲权人;关于抚养的处分;废除或者撤销推定的继承人、批准献出份额的处分;分割遗产的处分等10项。

人事诉讼案件的范围主要包括:第一,婚姻关系案件。包括婚姻无效之诉;撤销婚姻之诉;离婚之诉;撤销离婚之诉。第二,收养关系案件。包括收养无效之诉;撤销收养之诉;解除收养之诉以及撤销解除收养之诉。第三,亲子关系案件。包括否认子女之诉;认知子女之诉;认知无效之诉;撤销认知之诉;确认父亲之诉;禁治产人否认嫡出之诉;丈夫死亡后嫡出否认之诉等。

此外,根据新《人事诉讼法》,当地方法院受理了与人事诉讼相关联的损害赔偿请求的诉讼时,如果当事人提出了申请,该法院也认为适当,可以将该诉讼移送至其他家庭法院。在这种情况下,接受移送的家庭法院,可以对该损害赔偿案件,自行审理和裁判;与人事诉讼请求的原因事实相关而产生的损害赔偿请求也可以由家事法院合并管辖。损害赔偿请求原应由地方法院或简易法院审理和裁判,但为了追求家庭案件之实体真实、便利当事人诉讼以及案件之统一解决,立法通过移送管辖、扩大赋予家庭法院对关联案件的管辖权等方式来实现上述目的。

日本《少年法》明确了少年案件①由家庭裁判所专属管辖。家事法院管辖的少年案件,具体而言包括:未满20周岁的非行少年案件,即犯罪的少年和犯罪可能性很高的少年的相关案件。未满14周岁,而有触犯刑罚法令之虞的少年案件。具有下列情形之一,由其性格或者环境观察,将来有触犯刑罚法令之虞的少年:有不服保护人正当监督的行为的;无正当理由而不居住于家庭的;与有犯罪性的人或不道德的人交际或时常出入不良场所的;有危害自己或他人德性行为的性癖者。违反《少年法》第37条第1款例举的应该作为犯罪进行一审裁判的成人刑事案件,比如违反未成年人吸烟禁止法、饮酒禁止法、劳动基准法等损害未成年人身心健康的行为等。

(2)韩国。韩国1991年改革本国的家事诉讼制度,将有关身份关系的家事审判和人事诉讼统合为一,制定了单独的《家事诉讼法》。该法第2条将因身份关系而引发的纠纷案件分为诉讼案件和非讼案件,并限定了其适用范围。其中,诉讼案件包括:A.婚姻无效诉讼;B.离婚无效诉讼;C.认知无效诉讼;D.确认亲子关系诉讼;E.领养无效诉讼;F.终止收养无效诉讼;G.户主继承无效或恢复诉讼。非讼案件包括:A.确认事实上的婚姻关系诉讼;B.取消婚姻诉讼;C.取消离婚诉讼;D.裁判上的离婚诉讼;E.否认亲生;F.取消认知诉讼;G.对认知的异议诉讼;H.认知请求诉讼;I.取消领养诉讼等。上述所有家事案件皆由家事法院管辖和受理。

在韩国,家事法院也管辖少年案件。但现阶段韩国只有首尔设置有家事法院,数量太少。移送到家庭法院少年部的少年刑事案件一般有两个渠道,一是检察官移送。在韩国的司法实践中,如果是警察首先检举发现的少年犯罪,警察可作为成年人犯罪一样的情况处理,先按成年人案件的程序对犯罪者进行调查,根据通告处分制度除了缴纳罚款的案件外,将其余所有案件都送到检察院。检察院在警察移送的案件中发现有属于罚款以下的或是认为有必要保护处分的少年案件,可以移送家庭法院少年部作为少年保护案件处理。二是地方法院移送。检察院对于少年轻微犯罪或初犯,可根据《刑事诉讼法》规定的起诉裁酌权和《少年法》规定的选议权而由训导部对少年适用缓期起诉,这种情况较多。但是如果是重犯

---

① 日本《少年法》规定的少年,是指未满20周岁的自然人。

或者是有前科的情况则向地方法院起诉而移交裁判。地方法院根据检察院的起诉对少年案件审理后认为只能处以罚款以下的刑罚或是有属于保护处分的理由则移送到家庭法院少年部而作为保护案件处理。①

（3）美国部分州。美国大约有 12 个州设立了独立的家庭法院,这些独立的家事法院审理的标的主要包括：结婚的资格、婚姻的效力、宣布婚姻无效、法定分居、非婚生子女地位、推定父亲、婚姻关系存续期间的配偶及子女扶养、亲权、收养、离婚、离婚后的配偶扶养、子女监护、探视、家庭暴力、家庭犯罪（包括婚内强奸、虐待、遗弃配偶、子女）以及青少年犯罪等问题。② 可见,美国很多州家事法院的管辖范围也同样由家事案件和少年案件构成,在有些州少年案件甚至占有非常重要的份额,以至于有学者认为美国的"一些家庭法院只不过是改了名的青少年法庭"③。另外,美国家事法院管辖的家事案件往往还包括了家庭内的成人犯罪。

自 20 世纪 90 年代以来,美国部分州致力于构建统一家事法院体系的运动,试图将所有家事案件（包括家庭民事、刑事案件）统合为家事法院的管辖对象,并且实行"一个法官,一个家庭"的管辖模式。从某种意义上说,这一管辖模式代表了一种新动向,或许是家事法院发展和改革的新的里程碑。具体参见本章第四部分。

2. 管辖民事性质的家事案件

此种模式的典型国家是英国、德国、法国、新西兰、美国的部分州以及我国台湾地区。英国家事诉讼法庭管辖的家事案件以婚姻案件为核心,具体包括离婚、婚姻无效、别居、扶养、同居之请求、婚生宣告等事项。④

德国的家事案件,按照其《民事诉讼法》第 6 编的规定分为婚姻事件和其他家事事件。其中婚姻事件包括离婚及后果事件、婚姻撤销及确认事件；其他家事事件又分为诉讼事件和非讼事件。前者包括抚养事件、财产权事件（财产增值结算）、亲子关系事件等。后者包括涉及子女监护权、子女探视权、交出子女、扶养或抚养补偿、婚姻住所和家用器具等事

---

① 成都法院赴日本、韩国考察组：《日本、韩国少年司法制度掠影》,载《当代法官》2006 年第 2 期。
② 参见夏吟兰：《美国现代婚姻家庭制度》,中国政法大学出版社 1999 年版,第 174 页。
③ 〔美〕哈里·D. 格劳斯：《美国家庭法精要》,陈苇主编,西南政法大学外国家庭法及妇女理论研究中心 2005 年版,第 250 页。
④ 林菊枝：《家事裁判制度比较研究》,载《政大法学评论》1976 年第 13 期。

件。然而,德国立法上的家事事件范围并非等同于家事法庭的管辖范围,据学者考察,德国"虽然将婚姻事件、亲子关系事件、扶养关系事件、禁治产事件纳入家庭事件的范围,但是只有婚姻事件(包括附随事件)才归家庭法院管辖"①。

新西兰的家事法院作为联邦地区法院的下属组织,受理婚姻、遗产、收养、儿童利益、家庭暴力、婚姻财产分割、出生、死亡、亲属关系等类型案件。

法国大审法院的家事法官负责管辖的家事案件主要包括两类:一类是离婚案件、分居案件以及《民法典》规定的有关情况和条件下离婚和分居后果的案件;另一类是与确定赡养义务、婚姻费用分配、抚养义务、亲权行使以及变更儿童姓名相关的案件。

美国部分州与此类似,如加利福尼亚高等法院下辖的奥兰吉(Orange)县法院的家事法庭管辖儿童抚养、监护和探望、婚姻终止、家庭暴力、父母子女关系、别居、婚姻无效、家庭资助等案件。② 洛杉矶县法院的家事法庭、华盛顿州肯恩(King)县高等法院的家事法庭受案范围相同。

我国台湾地区家事法庭管辖的案件也有此特点。"家事事件处理办法"第2条就明确规定:"本办法所称家事诉讼事件如左:(1)民事诉讼法第九编所定人事诉讼事件;(2)非讼事件法第二章第二、五、六节所定财产管理、监护、继承事件;(3)其他因婚姻、亲属关系、继承和遗嘱所发生之民事事件。"可见,家事法庭除审理人事诉讼及非讼事件法中的禁治产、继承呈报等非讼事件外,对因亲属、婚姻、继承或遗嘱所发生的与家庭有密切关系的案件均有管辖权。③

总之,此类家事法院管辖的家事案件只包括家事领域的部分民事案件,不包括青少年案件,也不包括家庭内的犯罪案件。

3. 管辖离婚案件

此种模式的典型国家是澳大利亚。尽管家事案件的范围包括多种家庭关系案件,但在这诸多纠纷中,离婚案件数量最多、影响最大,如果再加

---

① 〔日〕中村英郎:《民事诉讼理论的法系考察》,日本成文堂1986年版,第96页。
② What the Family Court does, http://www.justice.govt.nz/family/what-familycourt-does/default.asp,最后访问日期:2007年4月6日。转引自蒋月:《家事审判制:家事诉讼程序与家事法庭》,载《甘肃政法学院学报》2008年第1期。
③ 参见林菊枝:《家事裁判制度之比较研究》,载《政大法学评论》1976年第13期。

上与离婚相关的事件,则更可达到绝对多数。正是在这一思想支配下,澳大利亚将离婚事件作为家事法院管辖的主要对象。在澳大利亚,除了西澳州以外的所有各州都已经把离婚案件的管辖权授予澳大利亚家事法院的联邦法官,这一法院还有权决定儿童监护以及因离婚引起的财产争议。家事法院通常对下列事项享有管辖权:有关离婚和确认婚姻无效的案件;有关子女监护与探视权纠纷;有关子女抚养费与配偶赡养费争议和夫妻财产分割问题等。

4. 简要评论

从诸国家事法院管辖的案件范围看,各国家事法院管辖的案件范围大小不一,差异较大。从家事案件本身而言,也是一个内涵和外延不甚统一和明了的概念,比如在广义的家事案件中,既包括家庭身份关系案件,又包括家庭财产关系案件;既包括诉讼案件,又包括非讼案件;既有民事案件,又有青少年犯罪、违法或者其他不良行为的案件;既有青少年犯罪案件,又可能有家庭成人犯罪案件。究竟将那些家事案件划归家事法院管辖,的确是个不容易确定的问题。

在笔者看来,家事法院的管辖范围既取决于各国人事诉讼法、家事审判法或者家事事件法、少年法等法律的明确规定,也取决于各国的历史文化传统,取决于家事法院或者家事法庭的功能以及它与普通法院之间的职权分工,总之因素是多样的。在多种因素综合作用下,某个具体的国家根据本国的国情确定了家事法院的具体管辖范围,并因此形成自己的样式和特色。基本的规律是:其一,对于独立的家事法院,其管辖的范围可能更大一点,因为它有扩展管辖范围的空间,它可以通过设立家事部、少年部等方式将各种类型的家事事件或相关事件纳入其中。如日本最初成立家庭裁判所时,其管辖范围除了包括家事事件、少年案件外,还包括交通案件。① 而设在普通法院内的家事法庭,其管辖的范围则相对受到较大的限制,因为它在地位上仅仅是法院内部的一个法庭,只能受理性质、成分相对单一的家庭民事案件,一般不能兼容性质迥异的其他类型案件如刑事案件、交通案件等。因此,一个普遍的现象是,在普通法院内设家事法庭的,通常也会设立少年法院或青少年法庭与之并列。其二,对于家庭民事案件本身也有诉讼案件和非讼案件、身份关系案件和财产关系案

---

① 参见陈琪炎:《亲属、继承法基本问题》,台湾三民书局1980年版,第552页。

件之分,对此,只要有实体法或者程序法的规定,家事法院一般都可以受理。其三,澳大利亚尽管声称家事法院只受理以离婚案件为核心的家事案件,但实际上,与离婚相关的事件也包括在其中,并不仅仅是单纯的离婚案件。

（二）家事法院的职权

家事法院对其管辖的案件,将通过行使哪些职权进行专门化处理,这在各国是不一样的,这是由家事法院的管辖范围差异以及法院的职能定位等决定的。

在日本,家事法院对家事案件拥有调停、审判、诉讼三项权能,为了实现上述权能,还被赋予广泛调查权。其中,对那些非讼性质比较明显的禁治产及失踪的宣告、监护人的指定、遗嘱的确认等"甲类案件",因其并不带有争讼性质,且与公益有关,所以应借助国家公权力加以干涉,以便于国家对国民个人生活,发挥监护权能,是故,对此类事件法律禁止调解,只能以审判程序①予以处理;对那些有关离婚或解除养父子关系后财产分配、遗产分割、亲权监护等争议性稍强或涉及较多财产关系的"乙类案件",因更多地涉及当事人间的争议,且有因当事人协议就可以自主解决的性质,故这类事件既可依审判加以处理,又可以通过调解程序予以解决;对于婚姻、亲子、收养等人事诉讼案件,因其主要是涉及家庭身份关系的案件,因此,为了此类关系的妥当解决,往往实行调解前置处理程序,调解不成才进入诉讼。此时,家事法院将按照具有浓厚职权因素的人事诉讼程序进行审理和裁判。这三项权能的法律依据是不一样的,家事调停和家事审判主要依据《家事审判法》,必要时准用《非讼事件法》,而人事诉讼则主要依据《人事诉讼法》。家事法院在调解、审判和人事诉讼中,都可以依据职权进行事实调查。

日本家事法院对少年案件拥有审判、保护处分等职权,其中处分职权最为突出。家事法院的少年法官基于调查和审判的结果,可对少年作出多种保护处分,包括:由保护兼观察官和保护司对少年进行指导、监督、辅导的保护观察;将少年一定期间收容在少年院或者儿童智力支援设施的

---

① 这里所说的"审判程序",主要指法院以非讼程序进行的具有更多职权因素的审理活动,一般通过决定程序处理案件。——笔者注

保护处分;保护处分被认为是不必要的情况下,要求少年反省其非行,不准再犯;对 14 岁以上犯了特定罪的少年,根据他的罪行和身心的成熟度、性格等,如果认为进行刑事审判的处罚是必要的,将案件移送检察官,检察官将少年移送到地方裁判所或者简易裁判所进行起诉。但这类案件占的比例很少。在东京,每年受理 3 万余件少年案件,其中有 5000 多人被送到保护设施中,送到少年院的实际上只有 10%,另有 300 人送交检察官起诉。①

韩国家事法院拥有的职权与日本类似,但对家事事件并未区分调停事件、审判事件和诉讼事件,但韩国家事法院对家事案件也拥有职权调查、调解和审判的职权,对少年事件也拥有审判和保护处分的职权。

澳大利亚、新西兰等国家家事法院的职权也明显不同于普通法院,它包括职权调查、强制或建议调解、职权审理等。法院不仅介入到案件的法律事实之中,还积极介入到生活事实、乃至其他生活背景事实之中。

德国比较特殊,其家事法庭的主要职权就是家事审判和部分职权调查,一般不进行调解(如果需要调解,则委以民间机构进行)。因为在德国人的观念中,法院就是裁决法律问题的,如果能够调解就无需法院作出判断,这一理念无论是普通法院还是家事法院都是相同的,因为在设立家事法庭的地方法院内部,家事法庭与普通民事诉讼庭的管辖权分配不过属于"法定的业务分工"②,并无本质的区别。所以,就裁判家事纠纷这个层面看,家事法庭与普通民事庭的职权基本相同。唯一有不同的是,家事法庭在审判中拥有一定的职权调查权。如在婚姻事件中,为了维护公共利益,法院可以依职权调查事实和提供证据,有权或有义务考虑配偶双方没有提出的事实和证据。再如,在亲子关系事件中,由于子女身份确认涉及公共利益,原则上实行职权调查原则。

在美国多数州、英国等国家的家事法院中,法院的职权也都包含了事实调查权、调解权、发布禁令权和诉讼裁决权。美国家事法院对涉及青少年的案件还有权进行审判和给予保护处分,甚至可以裁决将触犯刑法的孩子送到工读学校。

---

① 成都法院赴日本、韩国考察组:《日本、韩国少年司法制度掠影》,载《当代法官》2006 年第 2 期。

② 兰冰:《德国家事法院管辖制度若干问题考察》,载陈刚主编:《比较民事诉讼法》,中国人民大学出版社 2004 年版,第 247 页。

总之,家事法院应当具有不同于普通法院的职权,否则就没有必要成立独立或相对独立的家事法院。但家事法院究竟拥有何种职权,各国并不完全相同。总体而言,家事法院应当拥有下列职权:较大的职权调查权,这无论对家事案件还是少年案件都是必须的;调解权,这也是顺应这种特殊纷争类型而必须的,可以强制实施,也可以建议实施;诉讼或裁决权,这是法院之所以成为法院而必然具有的权利。

四、家事法院管辖范围的全面扩展
——美国构建综合性家事法庭体系的最新实践

(一)综合性家事法庭体系主张的提出及其实践

长期以来,美国的立法者、法官、律师和社会工作者皆对家事法庭对待夫妻双方及其未成年子女的方式颇具微辞。不少报刊杂志刊发的判例表明,很多法庭无力处理复杂的家事纠纷,常常导致难以挽回的悲剧。1980年,美国律师协会(ASA)在采纳少年法庭标准提案之时,首次提出构建综合性家事法庭体系(UFC)的主张。学者们普遍认为,综合性家事法庭是解决当前司法系统面临的种种问题的良方之一。该理论强调所有与家事问题有关的诉讼案件应当由一个综合性法庭统一管辖。

尽管"综合性家事法庭"的基本内涵和外延还没有获得统一的认识,但绝大多数关于"综合性家事法庭"的阐述包含如下基本特征:其一,综合性家事法庭应当对包括结婚、离婚、家庭暴力、虐待引起的企图伤害罪、未成年人违法犯罪案及儿童福利案等在内的所有家事事项享有管辖权。其二,综合性家事法庭通过适用独任法官制提高诉讼效率并缓解当事人压力。综合性家事法庭运动的一大理论分支提出独任法官制,由一名法官独自处理涉及一个家庭的所有诉讼,也就是说,"一名法官:一个家庭"模式。主张者提出了由同一位法官处理涉及某一家庭全部诉讼的若干优势,最重要的是消减重复审理、有利于大幅度提高诉讼效率,其他还包括增加法官处理家事诉讼的经验、减轻夫妻双方与未成年子女在复杂的家事审理中过重的精神负担、减少由不同法官作出的法庭命令间可能存在的冲突并促使法官与家庭成员尽快熟悉。其三,综合性家事法庭应当采用治疗性司法(矫正性司法、恢复性司法)的方式解决纠纷,而非惩罚性手段。其四,综合性家事法庭应当为诉讼参与人提供包括咨询、替代纠纷解决方式及涉案家庭所需生理和心理治疗等综合性帮助。

事实上,美国律师协会一直倡导设立结合传统家事法庭和少年法庭全部基本要素的综合性家事法庭体系,并提出不少基本性和指导性原则。1994年,美国律师协会代表大会正式表示其将致力于推动综合性未成年人与家事法庭体系的完善,并充分认识到这些法庭的运作手段与其他法庭大为不同。

1996年11月,该协会在罗伯特·伍德·约翰逊基金会的资助下,开始在伊利诺伊州(Illinois)的马克姆(Markham)、华盛顿区的西雅图(Seattle)、乔治亚州(Georgia)的亚特兰大(Atlanta)和马里兰州(Maryland)的巴尔的摩(Baltimore)以及波多黎各(Puerto Rico)等地区开展法庭改革项目试点。通过综合性培训、技术协助以及持续的指导和咨询服务,推动法庭改革按照美国律师协会1980年和1994年提出的原则发展,将医疗、卫生、社会和经济状况作为处理案件的参考标准。

1998年,美国律师协会召开综合性家事法庭峰会,来自30个州的法官、律师、社会工作者、政府官员和其他参与本地法庭改革者出席了该会议。美国律师协会在会上不仅向与会者揭示设立综合性家事法庭的理论依据,亦提供了如何构建此类法庭的种种细节措施。会后,协会还选取了10个正处于构建综合性家事法庭不同阶段的州,为其量身订做推动法庭发展的战略性辅助计划。

随着美国律师协会综合性家事法庭1998年度和1999年度峰会的顺利召开,很多地方法院和州法院皆设立了形式各异的综合性家事法庭体系。美国律师协会为了更好地认识综合性家事法庭的结构与运作并确定评估其财政、措施与裁决有效性的评估工具的价值,设立了专门协调委员会。该委员会编制了复杂的调查问卷,由赫福斯特大学(Hofstra University)法律系师生进行详细调查分析。调查结果反映了18个地方家事法庭的结构、运作与服务情况等。评估结果显示,综合性评价模式不仅适应传统的综合性家事法庭的需要,亦可以适应单一法庭体系的要求。正在向综合性家事法庭转变的地区若借助评价工具在早期就可以快速提高效率。①

(二)对综合性家事法庭计划的不同声音

尽管学者们普遍认为,综合性家事法庭是解决当前司法系统面临的种种问题的良方之一,但也有人提出质疑,告诫改革者要"谨慎地放缓发展综合性家事法庭的步伐"。

第一,"综合性家事法庭"概念不明。虽然众多学者使用"综合性家事法庭"这一名词,但至今没有一个统一定义,亦没有判定其与现行制度区别的具体标准。

第二,"一名法官:一个家庭"模式对正当程序构成巨大威胁。"综合性家事法庭"或许可以提高效率,但不管效率多么重要,它都必须建立在正当程序之上,而"一个法官:一个家庭"的诉讼模式是对正当程序的巨大威胁。因为在许多少年法庭,尤其是法官人数较少的偏远地区的法庭,法官对庭上人员个人情况掌握甚多。对于处理混杂多种诉讼案件的综合性家事法庭,立法者应当尽量避免影响事实裁决正确性的措施,而非加大其可能性。法官若与当事人过于熟悉,将是民事诉讼和刑事诉讼审判不公的危险因素。设想一对被指控虐待孩子的夫妻,面临着疏于照顾子女的指控和终止亲权之诉。一方坚持不认而另一方非常合作,法官在处理此案中与双方逐渐熟悉起来并对双方形成心理定势。后来该家庭又涉及家暴案件,在案件审理中,双方互相指责对方是施暴者,又由以前审理终止亲权之诉的同一名法官审理,这时法官此前对双方当事人的认识很可能会影响其裁决。

第三,恢复性司法(治疗性司法)并不能解决一切问题。虽然恢复性司法听似有益,实质上背离了法庭作为解决纠纷平台的基本角色。治疗性司法的出现是"法庭不仅是社会控制机构"的观念发展的结果。治疗性司法的提出者们坚信法官与家庭成员可以通过共同努力找到积极的、能彻底解决家事纠纷的方法。他们认为传统的对抗式体系是彻底摧毁家庭的程序,必须寻找替代性解决方式以维持家庭的和谐。遵从治疗性司法原则的法官在社会工作者、心理学家、临床医生的协助下,与家庭成员

---

① Herbert J. Belgard, The American Bar Association and Unified Family Courts: Introduction to a Survey, Family Court Review, Sage Publications, Inc., January, 2004.

一起,采用咨询、调解及其他非惩罚性手段解决家庭冲突。法官们在裁决时不能单纯地基于事实争端,还必须考虑家庭环境和社会文化传统等因素。然而,这种治疗性司法模式至少有两个缺陷:其一,无论法庭制裁的内容如何,本质上都是强制命令;其二,一味地关注治疗问题可能使法庭忽视其基本的作为纠纷解决平台的职责。大多数家事诉讼当事人并未感到治疗性司法的优越性,因为家事诉讼当事人中很大一部分是贫民,他们由于经济能力有限,无力雇佣律师。在案件审理过程中,一般对个人权利一知半解,坚信若不能很好地服从法官的命令和要求,将导致严重的否定性法律后果。几乎全部贫民都是被迫上庭的,极端抵制和仇视心理医师的帮助。他们因为被控疏于照管子女、犯罪或虐待他人而被迫参与家事诉讼。社会工作者和法官提出的治疗并非当事人自由选择的结果。他们服从的理由是惧怕强制性惩罚。父母们很清楚,如果他们不按照权力机关的要求行为,搞不好会坐牢或者失去子女监护权。他们常常在表面上与心理医师合作以避免刑事处罚或希望将子女接回身边。其实,我们只能帮助那些希望获得帮助的人。调查结果显示,治疗性司法是否有效在很大程度上取决于当事人主观上是否想接受治疗。贫民仅在相信法庭能公正地对待他们时,才愿意接受法庭帮助。然而他们普遍认为其在法庭上没有发言权,不仅因为法庭程序与组织结构,更重要的是司法理论中体现的价值观与他们的价值观有着天壤之别。总而言之,治疗性司法模式可能导致同样的案情因为当事人身份的差异而产生不同后果。

第四,综合性家事法庭并不是新鲜东西。从历史上看,它早就因为损害了那些我们本欲帮助的人们的利益而退出历史舞台。实质上前高尔特(Gault)未成年人法庭就是综合性家事法庭。虽然与今日各学者提出的家事法庭稍有差异,不过它的根本目标与今日所提的综合性家事法庭基本相同,即强调家庭关系的巩固、倡导治疗性司法和个别正义。未成年人法庭的法官应当是青少年问题专家,其被要求履行诸多法外责任,甚至在必要的时候"充当"未成年人的父母。改革者们认为由于法官是具有丰富经验与学识的善于处理未成年人问题与家事纠纷的专家,必然能作出符合个案需要的公正与合理的裁决。

这种乐观的态度是当初未成年人法庭改革与现今主张构建综合性家事法庭的学者的共同点。乐观是任何改革的必要动力,我们亦欣赏改革派的热情与自信,不过当初未成年人法庭改革时,这种过度乐观导致了忽略新设法庭体系致命的结构缺陷。众所周知,前高尔特未成年人法庭变成了全美噩梦。那些本该是提供给当事人的帮助(如咨询、培训及医疗等)变成了强制命令。法官极度缺乏理性,仅按照其个人的喜好和偏向处理问题。法官总是按照自己对"最符合未成年人利益"模式的评估裁决,枉顾正当程序原则。正视历史使我们坚信,盲目乐观有害无益。当改革者断言其已经找到某个法律或社会问题的"神奇疗法",我们必须让其提供足够证据。

第五,对综合性家事法庭的效果没有实证资料佐证。截至今日,除了理论上的探讨之外,没有任何关于现行制度与综合性家事法庭成效的实证比较数据。因此,立法者必须慎而又慎地评估综合性家事法庭是否能长远地促进家庭生活改善。

总之,改革目前的一般管辖权制度、构建综合性家事法庭任重而道远,必须克服种种困难,慎思而缓行。若对其瑕疵与缺陷缺乏深刻认识、盲目构建综合性家事法庭可能会比现行制度更糟糕。[①]

(三)综合性家事法庭的远景和现状

尽管有人对综合性家事法庭体系的建构提出了质疑,但总的来说,多数改革者都认为综合性家事法院的构建将推进家庭、个人安全和未成年人最好利益的维护。俄勒冈州甚至在此基础上勾勒出该州 2020 年理想家庭法院体系模型。

1993 年,俄勒冈州政府、立法机关、司法部门、心理学家和社会公众都认为俄勒冈的离婚诉讼问题甚多,需要及时改进。家事法庭体系内部争议重重,无法适应绝大多数正办理离婚诉讼的当事人的需要。俄勒冈州成立了家事法特别工作组来处理本州家事法庭体系的综合性改革。该小组在立法、执法和司法机关的协作下,经过 4 年工作,提出改革建议并制定法律。改革的内容主要包括设立家事法院、开办强制性父母培训班、对未成年人事项进行强制调解和强制性亲子计划等。该小组也设立了全国范围的家事法顾问委员会并在每个司法管辖区都设立地方家事法顾问委员会。顾问委员会委员由首席大法官任命,目的在于构建最有效与最

---

① See Anne H. Geraghty and Wallace J. Mlyniec, Unified Family Courts: Tempering Enthusiasm with Caution, Family Court Review, Sage Publications, Inc., October, 2002.

具人性化的家事冲突解决机制。在一次专题讨论中,俄勒冈家事法顾问委员会研究分会提出了 2020 年本州理想的家事法院体系模型,强调其重要职能之一是长期坚持帮助发展亲子计划。研究分会还提出不少为达至理想的家事法院体系的原则和方案,鼓励创造性思维和革新,要求律师尽力代表未成年人利益,而非为其发泄怒气。该报告基于对 2020 年家庭生活状况的预想,提出综合性家事法院体系的核心价值要求并指出其具体特征。

研究分会对综合性家事法院改革的新趋势和新方案进行大量分析,探讨问题的建构性解决方式。未来社会中,家事法官与其他社会机构成员的协商合作使得律师们务必改变当前因对抗式诉讼机制而强调委托人与对方的对抗性的做法,转而寻找减少冲突的方法,理解双方当事人的法律权利与情感需求并要求其注重未成年人的需要。未来的家事法院大楼将成为争端解决的神庙,而不再是争议双方的战场。司法体系应当是无害的且强调恢复性司法功能。

从现实的实施状况看,综合性家事法庭在很多州的区县中已经开花结果,如俄勒冈州 36 个县中的 13 个都已设立或正计划设立一体化的禁毒法庭。31 个县已开展家庭推进计划,34 个县已开展亲子教育计划,30 个县已设立家事法庭。[①] 总之,构建综合性家事法院正逐渐变成现实,它们采用各种方式帮助未成年人和家庭成员解决冲突。

五、本 章 小 结

从实践看,家事法院的设置受到多种因素的影响,各国设立家事法院的具体因素也许各不相同,但总体而言,家事法院的设立往往同下列五个因素有一定的联系:少年犯罪、少年违法行为的案件数量是否剧增;以离婚为核心的家事案件的数量是否剧增、案情是否日益复杂;历史上是否有类似的机构或组织存在;既有的审判程序是否适合处理家事案件;传统法院在处理家事案件中局限的等。

家事法院的设置模式在世界范围内也没有统一的样式,一般有四种

[①] See William Howe, Introduction to the Oregon Futures Report, Special Issue: Family Court Reform, Family Court Review, Sage Publications, Inc., October, 2002.

形式:一是专门的家事法院,二是少年法院或少年法庭,三是专门的家事法庭,四是专门的家事法官。诸种形式各有利弊,但相对而言,独立家事法院和专门家事法庭能比较完满地承载家事法院的功能,实现其目的。

对于家事法院在整个司法体系中的定位,也难以用一个模式来进行概括,更不能套用一个原理来进行解读。但仍有几点规律可循:其一,独立家事法院往往作为初审法院而存在,很少有国家在初审性质的家事法院之上,再设置一个专司家事案件上诉审的家事法院;但对于设置在普通法院内的家事法庭,则比较普遍地设置在多层次法院系统中,甚至包括在上诉审法院或者抗告法院设立,在内部形成一个系统。其二,家事法院不是特别法院,它仍是普通司法体系中的一个部分。因为独立的家事法院往往与其他民事初审法院有着相同的上诉审法院,二者统一受到上诉审法院的管辖;普通法院内设的家事法庭则更是普通法院的一个组成部分,与其他审判庭在地位上没有分别。其三,尽管家事法院的分布不一定广泛,但这不构成本质性的问题,因为这需要与各国的家事纠纷的数量多寡、经济发达程度甚至交通便利程度等进行联动考察,如果不需要设置那么多的家事法院,则不必浪费资源,只要能基本满足本国处理家事纷争的需要即可。

家事法院作为专门性的法院,它的管辖范围有多大,它在处理家事案件中拥有何种职权,是一个值得追问的问题。一般而言,家事法院对所有家事案件都具有管辖权,它不仅拥有审理、裁判家事案件的权利,还有调解权、事实调查权等诸项权利。在美国,为了实现家事法院全面管辖家事案件的目的,它们提出了构建"综合性家事法庭"的宏大计划,并在一些州付诸实施,取得了一定的实践效果。"综合性家事法庭"体系,尽管是美国的实践,但它仍具有极其重要的示范意义,它将对各国家事法院制度的构建和完善带来若干新思维以及方法论意义上的启迪。

第五章
家事法院与我国的制度选择

当浩繁的资料展示了国外家事审判机构的各色风采,我们会很自然地将目光回溯到本国相关领域,找寻与之对应的比较因素。然而,现实给予我们的答案是:我国既没有相对独立的家事审判法律,也没有专门的家事审判机构,更没有专门的家事法官以及家事审判中需要的各种辅助人员,比较的基础由此丧失。但我们仍需要追问:设立专门家事审判机构的关键性因素有哪些? 我国是否需要设立这一机构? 笔者认为,从目前我国的总体情况而言,成立家事法院的条件已经具备,在我国构建家事法院不仅具有较为紧迫的需要,而且有着现实的可行性。本章尝试对此进行分析,期望能够纠正一些观念上的偏见,提供一种思维上的启迪,引起立法和实践部门的关注和重视,共同努力推动家事审判法律制度的建构和完善。

一、构建我国家事法院的必要性分析

(一)家事纠纷与家事法院

家事法院是解决家事纷争的专门场所,一定数量的家事案件,是设立家事法院的必要条件。在我国,新中国成立以来的很长时间,婚姻家事类案件一直是法院受理的民事案件的主要类型;有资料显示,新中国成立初期到 1979 年改革开放前,我国民事案件绝大多数是婚姻家庭类案件。①即便到了 20 世纪 90 年代,婚姻家庭案件占民事案件的总数也达到了近一半的比例,如 1996 年审结的婚姻家庭案件占民事案件总数的 45.33%。② 随着社会的发展以及人们权利意识的觉醒,我国婚姻家庭领域的案件数量呈不断增长之势已是不争的事实。从 20 世纪 80 年代末至 90 年代末,婚姻家庭案件的数量几乎每年都以 5%—10% 的速度在递增,仅 1998 年至 2002 年的 5 年间,我国地方各级法院审结的此类案件就达到 678 万件③,平均每年 135.6 万件;2003 年我国地方各级法院审结的婚姻家庭案件数量和其占整个民事案件的比例都有所下降,根据最高人民法院的统计数据,2003 年全国审结的各类民事案件为 4834350 件,婚姻家庭案件的收案数量为 1264037 件,结案数为 1266593 件,审结 1060019 件,在整个民事案件中,合同案件占到 51%,婚姻家庭案件占 29%,权属侵权占 20%。④ 2005 年、2006 年地方各级法院审结的家事案件继续下降,但绝对数依然很大,分别达到了 113.2 万件⑤、115.9 万件。⑥ 平均起来看,2003 至 2007 年的 5 年间,全国共审结一审民事案件 2214.5 万件,其中,因婚姻家庭、继承纠纷诉至法院审理的案件占 26.80%⑦,每年平均数为 118.7 万件。2008 年,法院审结的该类案件达 132 万件,约占民事案件总数的 24.39%。⑧

---

① 据 1963 年的统计,民事案件中占 80% 左右的是婚姻、家庭案件。转引自文敬:《试论建立民商事合一的现代审判制度》,载《人民司法》2000 年第 9 期。在有些省市,婚姻家庭案件在民事案件中所占比例高达 90% 以上,如大连市市志中就有这样的记载:1960 年,全市审结的民事案件 1994 件,其中的离婚案件 1664 件,占审结案件的 83.45%;抚养、收养、赡养案件 189 件,占审结案件的 9.48%;其他各类权益纠纷案件 141 件,占 7.1%。前两项都是家事争议,合计占到 92.93%。参见《大连市志——审判志》,http://szb.dl.gov.cn/dlsz/dlsz.jsp?d_id=16615,最后访问日期:2008 年 8 月 25 日。
② 《最高人民法院工作报告》,载《中华人民共和国最高人民法院公报》1997 年第 2 期。
③ 肖扬:《最高人民法院工作报告》,载《中华人民共和国最高人民法院公报》2003 年第 4 期。
④ 《2003 年全国法院司法统计公报》,载《中华人民共和国最高人民法院公报》2004 年第 3 期。
⑤ 肖扬:《最高人民法院工作报告》,载《中华人民共和国最高人民法院公报》2006 年第 4 期。
⑥ 同上。
⑦ 最高人民法院工作报告(附件二):《从数字看 2003—2007 年度审判和执行工作》,载《人民司法》2008 年第 4 期。
⑧ 参见王胜俊:《最高人民法院工作报告》,载《中华人民共和国最高人民法院公报》2009 年第 3 期。

随着其他类型民事案件数量的增长,家事类案件的大幅度增长可能性不会太大,其在民事案件中所占的比例也不会达到一半以上了。但是绝对数量依然很大,每年大约会维持在110—120万件之间,其在民事案件中的比例大约维持在20%—30%左右。即便如此,家事案件的形势仍是严峻的,因为,尽管家事类案件的总体增长幅度基本停滞,但不排除部分类型的案件增长仍在继续,且案件的复杂程度明显加大,新类型的案件显著增多,案件当事人之间的矛盾更加尖锐,呈现出新形势下的新特点,具体表现为:

(1)离婚率逐年增高。① 新中国成立以来,我国曾经出现过三次离婚高潮,20世纪50年代的离婚高潮中,全国出现了110多万对离婚者;"文革"中出现了第二次离婚高潮,离婚人数高到180多万对;第三次离婚高潮是在20世纪90年代初。从这以后离婚率一直处于攀升的势头。客观地分析,前两次离婚高潮主要是由于特殊的原因导致,如第一次高潮是因为被压迫的妇女在解放后,获得了人身自由,因此通过离婚摆脱自己被奴役的地位。第二次是因为政治原因,一些夫妻走上离婚之路。但除了这种特定的情景之外,我国的婚姻状况在20世纪90年代之前是极端稳定的,离婚率很低。因为那时的婚姻多数还是属于"门当户对"的"同质婚姻"。"门当户对"是中国几千年来最简单最朴素的择偶标准,两个人在一起生活,拥有同样的背景,更容易融合,因此,离婚率低是非常正常的。但随着改革开放和市场经济的形成和发展,我国的人口流动性明显增强,目前,我国正处在一个社会流动、职业流动、社会分化非常频繁的时代。不同职业背景、不同价值观、不同生活方式让男女在相处中产生差异,形成"异质婚姻"。"异质婚姻"的稳定性通常比"同质婚姻"的稳定性差得多,因此,离婚率攀升似乎就是必然的。我国第三次离婚高潮实际就是"异质婚姻"背景下形成的,它不是一时性的,而是具有某种规律性和不可避免性,下列一组数据可以很好地说明这一问题。

1978年,我国的离婚与结婚的比率为3.4%,而20年后,这一比例提

---

① 目前国际上通用的离婚率计算方法有三种。第一种是离婚数和结婚数的比;第二种,有多少对夫妇离婚与社会夫妇总对数的比值,这需要10年一次的人口普查才能得到数据,所以不容易办到;第三种就是现在中国采取的这种年离婚夫妇数与年平均人口(即年初人口数加年末人口数除以2)的比。本书采取第一种方法。

高到 13.18%①,2003 年达 16.4%②,2005 年,离结率更是高得离谱,平均达 21.7%! 当年结婚登记 823.1 万对,比上年减少 44.1 万对,结婚率为 12.6‰,比上年降低 0.7 个千分点。全国办理离婚手续的有 178.5 万对,比上年增加 12 万对。其中:民政部门登记离婚 118.4 万对,比上年增长 13.2%,法院办理离婚 60.1 万对,比上年下降 2.9%。③ 2006 年,离结率与上一年持平,当年结婚登记数为 945 万对,办理离婚手续的有 191.3 万对,比上年增加 12.8 万对。其中:民政部门登记离婚 129.1 万对,比上年增长 9%,法院办理离婚 62.2 万对,比上年上升 3.5%④,离结率平均高达 20.2%。2007 年办理离婚手续的有 209.8 万对,比上年增加 18.5 万对,增长 9.7%。其中:民政部门登记离婚 145.7 万对,比上年增长 12.9%,法院办理离婚 64.1 万对,比上年上升 3.1%。⑤ 在一些大城市,这一比率更是高得离谱,如仅在 2002 年度,北京市的离结率就达到了 36.66%,上海市的离结率达 33.55%,天津市的离结率达 23.30%。⑥ 2005 年东三省的离结率都达到 40% 以上,其中离婚率最高的吉林省达到了 43.45%,与离婚率最低的安徽省(13.18%)相差 3.3 倍。⑦

尽管离婚率升高,并不等于法院离婚案件增高,但这里的统计数据仍具有一定的意义,表现为:其一,登记离婚率和法院判决离婚率都在增长,都构成了总离婚率的增长因素;其二,登记离婚后,往往还有相关纠纷涌向法院,如离婚协议的效力之争、登记离婚本身的效力之争、登记离婚后产生的子女后续问题纠纷等;其三,目前在一些城市,有一个值得关注的现象是向法院申请判决离婚的人数增长迅猛,在有的地方,其增长幅度已

---

① 杨大文等:《婚姻法修订中的热点问题》,http://www.jjyf.com/webpage/news/68/hyfxg.htm,最后访问日期:2008 年 6 月 15 日。

② 据中国民政部公布的《2003 年民政事业发展统计报告》显示,2003 年全国办理结婚登记 811.4 万对,离婚 133.1 万对。参见 http://news.sina.com.cn/c/2004-05-08/03562475113s.shtml,最后访问日期:2008 年 8 月 5 日。

③ 参见民政部:《2005 年民政事业发展统计报告》,http://cws.mca.gov.cn/article/tjbg/200801/20080100009380.shtml,最后访问日期:2008 年 8 月 10 日。

④ 参见民政部:《2006 年民政事业发展统计报告》,http://www.gov.cn/gzdt/2007-05/23/content_623325.htm,最后访问日期:2008 年 8 月 10 日。

⑤ 参见民政部:《2007 年中国民政事业发展统计报告》,http://cws.mca.gov.cn/article/tjbg/200805/20080500015411.shtml,最后访问日期:2008 年 8 月 12 日。

⑥ 参见唐灿:《北京市民的婚姻行为》,http://www.sociology.cass.net.cn/shxw/jtyxbyj/P020050623285438750889.pdf,最后访问日期:2008 年 8 月 12 日。

⑦ 参见《中国统计年鉴》(2000—2005),中国统计出版社 2005 年版。

超过登记离婚增长幅度。有数据显示,我国在20世纪80年代初期,协议离婚的数量比诉讼离婚略高或大体相当。但1983年以来,诉讼离婚案件数量就一直高于协议离婚数量。1999年,全国法院审理并准予离婚的案件比民政部门协议离婚的要多1/3。[①]以后,随着民政部门离婚登记程序的简化和规范化,通过民政部门的登记离婚数又逐步多于法院判决离婚数,但各地具体情况又有着较大的差异,如在2002年,通过对北京等大城市进行的调查显示,广东省通过民政部门离婚的数字明显高于通过法院离婚的数字,而北京市则正好相反,上海、天津两者数字大致持平。

从全国来看,最近几年(如2005年、2006年、2007年),通过民政部门离婚的数字都已经远远高于通过法院离婚的数字,但向法院起诉离婚的绝对数字一直很大,并且呈现增长态势,因此,可以预想,涌向法院的离婚案件在全国范围内还会有一个上升的空间。

(2)离婚案件复杂程度提高。过去,法院处理离婚案件主要是对单纯的身份关系作出判决,而夫妻之间的财产问题一般不是法院审理的重点,因为在过去的公有制经济体制和收入分配体制下,公民所拥有的个人财富十分有限。而今天,由于市场经济和商品交往使得分配体制日益多元化,许多公民通过诚实劳动或其他合法途径获得了大量的个人财产。这些财产形态各异,包括实物资产、无形资产、金融资产、古玩字画、投资收益、股息红利甚至金牌奖牌等。离婚时因家庭财产的构成复杂、确认困难、不易分割,由此争执不下,只能向法院寻求解决。这样,在离婚诉讼中涉及这些较大数额的财产时,法院必然得花费较多时间去认定和处理;过去,未成年子女问题也不是离婚案件的重点,子女通常自动归无过错方抚养,现在的情况则复杂得多,因为现在多半是独生子女,为了种种利益,离婚当事人可能争抢子女的抚养权或者相互推诿都不愿意直接抚养子女,这必然给法院的审判带来更多的挑战;此外,为了体现对家庭关系中其他弱势群体的关注,离婚案件还常常涉及离婚后对生活困难配偶一方的扶助,包括住房、实物以及金钱等的支持和帮助。可见,离婚案件已经不仅仅是单纯身份关系的解除,它更涉及夫妻共同财产的认定、分割,涉及对离婚后子女利益的保护以及离婚后生活困难配偶一方的扶助等棘手问

---

① 参见郭卜乐:《专家述评:二十年全国离婚案件情况简析》,http://www.zgxl.net/sexlore/hljt/lihun/zjspesnq.htm,最后访问日期:2008年8月15日。

题。离婚案件复杂程度提高,一方面使建立在协议基础上的登记离婚因当事人难以达成协议而减少;另一方面,更多的离婚案件将涌向法院,增加法院负担,给法院带来了巨大压力。

(3) 与婚姻有关的纠纷日益增多。如婚外性行为、姘居纠纷、重婚或包二奶引发的纠纷以及买卖婚姻、为逃债假离婚、为获得某种福利假结婚引起的纠纷等。据报道,近年来,我国因通奸、姘居而引发的离婚纠纷有所上升,大约占离婚纠纷的 10%—20%,有的地区高达 30%—40% 左右;另一方面,通奸、姘居行为日益公开化,由此而引起的伤害、凶杀案件,在刑事案件中占有相当的比例。① 上述情形成为影响社会安定的严重隐患。

(4) 非婚同居纠纷增多。非婚同居不同于事实婚姻,在我国,事实婚姻有着极为严格的时间界限和条件要求,只有达到规定要求的非婚同居者才会被当作事实婚姻来看待和处理,如果诉至法院,将按照离婚案件的处理方式进行调解和审判,但若调解和好,法院会责令双方补办结婚登记手续;如果达不到法定的条件或要求,则非婚同居关系就被视为"非法同居关系",一旦发生纠纷诉至法院,法院应当一律判决解除,不能进行调解。在 20 世纪 90 年代,我国法院审理的家事案件中,有很多"解除非法同居关系"的案件,1999 年曾达到 5.5 万件,比 1992 年的 2.7 万件增加一倍,平均每年递增 10.8%,上升幅度较高。②

如何看待非婚同居关系,法院又如何处理这类纠纷是我们必须思考的问题。从世界范围看,对日益增多的非婚同居关系,立法者的态度不外乎两种:一是因势利导,以当事人有可能得到的最佳结果为标准来制定法律。西方许多国家已经或正在制定家庭伴侣关系法来对其进行调整,如1989 年,纽约州通过批准同居者注册家庭伴侣关系(domestic partnership)法律,美国还有一些城市也承认了这种关系,目的是使同居者享有同已婚者相似的权利,例如,在买保险时可以将一对同居者视同于一对夫妻。瑞典和丹麦也承认这种关系。法国也批准了家庭伴侣关系的立法提案。另一种是出于某种道德原因,将非婚同居贬低为"非法同居"加以取缔。③

---

① 巫昌祯主编:《婚姻与继承法学》,中国政法大学出版社 1997 年版,第 56 页。
② 参见郭卜乐:《专家述评:二十年全国离婚案件情况简析》,http://www.zgxl.net/sexlore/hljt/lihun/zjspesnq.htm,最后访问日期:2008 年 8 月 15 日。
③ 《李银河谈"非婚同居"现象》,载《北京娱乐信报》2003 年 7 月 16 日。

我国过去采取后一种态度,所以,法院会受理大量的解除非法同居关系纠纷案件,但目前,非婚同居已经不再使用"非法"二字去修饰了,对于单纯要求解除非婚同居关系的案件,法院不再受理,但要求分割同居期间的财产或者要求解决同居期间所生子女的抚养等问题时,法院仍应受理。因此,尽管"解除非法同居关系"这类案件不再是法院受理的对象,但与此相关的纠纷却日渐增多。最高人民法院 2007 年 10 月通过的《民事案由规定》(2008 年 4 月 1 日施行),特别规定了"同居关系析产、子女抚养纠纷"这个案由,原因即在于此。

(5) 非婚生子女的认领纠纷开始出现。由于婚外性行为、重婚、包二奶以及非婚同居现象的大量增加,非婚生子女也随之大量涌现。非婚生子女的抚养、认领纠纷开始进入法院。从 20 世纪 90 年代开始,就陆续出现要求法院确认非婚生子女与生父关系的纠纷,尽管这些纠纷都是在"要求生父给付抚养费纠纷"中附带提出来的,但不可否认,这种诉一经提出就具有一定的独立性,而且是给付抚养费之诉的前提条件,法院必须对此作出科学认定。最高人民法院制定的《民事案件案由规定(试行)》(2001 年 1 月 1 日开始实施)第 250 条,就有专门涉及亲子身份关系的诉讼,即"生身父母确认纠纷"。①

(6) 婚生否认之诉频繁发生。由于种种原因,夫妻之间往往产生严重的不信任,对婚姻期间所生子女因而产生怀疑。近年来,私下或者通过法院去做亲子鉴定来确证父子关系的案件逐年增多。我国每年大约有 1 万到 1.5 万件左右的亲子鉴定案件,在这些案件中大约有 15% 的结果是否定的。据北京一个权威鉴定机构公布的信息,2005 年,该司法鉴定中心做了约 3000 例的 DNA 亲子鉴定,还有一些特殊的样本鉴定,大概 22.6% 的结果是否定的,即排除了父子关系或者是父母关系。而且,从目前的情况看,全国各家有能力做亲子鉴定的机构的鉴定量都有上升趋势。② 国外研究者也认识到,"现代基因检测技术将人们试图隐藏的有关性秘密和谎言的潘多拉之盒打开了。我们没法确切统计出到底有多少例

---

① 但令人遗憾的是,最高人民法院的《民事案由规定》,将原"试行规定"中的"生身父母确认纠纷"这一案由取消了。以后,此类纠纷只能附随在"同居关系析产、子女抚养纠纷"这个案由中了。

② 参见《实录:DNA 鉴定专家邓亚军谈亲子鉴定》,http://scitech.people.com.cn/GB/1057/4333256.html,最后访问日期:2008 年 10 月 20 日。

'父本差异'(所谓'父本差异'就是指孩子名义上的父亲并非其亲生父亲),但是可以肯定的是,随着无保护性行为和同时拥有多位性伴侣正成为趋势的情况下,'父本差异'的数量将持续增加"。① 亲子鉴定折射出家庭关系中的信任危机、夫妻关系危机、亲子关系危机等非正常状况,这必然引发更多的婚生否认诉讼。

(7)家庭三费案件增多。"三费"是指抚养费、扶养费、赡养费,我国《婚姻法》对抚养、扶养、赡养民事法律关系中的权利、义务作了明确规定:夫妻有互相扶养、抚育子女的义务;父母对子女有抚养教育的义务;子女对父母有赡养扶助的义务;双方均不得虐待和遗弃。通过多年的普法宣传,普通当事人认识到了自己的合法权益可以通过法律手段得到保护,因而诉讼到法院的"三费"案件尤其是抚养费、赡养费案件明显增多。究其原因主要是:其一,随着公民经济收入的提高,人们的生活条件的明显改善,当被抚养人、被赡养人的生活标准没有随着扶养人、赡养人的生活水平同步获得提高或保障时,必然有新的诉讼请求;其二,被扶养人、被赡养人根据住房条件改善或人口变化,要求改变居住、生活环境,由此引发纠纷;其三,由于物价的上涨指数和工资的提高指数变化,被扶养人、被赡养人的日常生活可能受到较大的影响,可能因此引起新的纠纷;其四,因被扶养人和被赡养人对抚养人、赡养人提出过高甚至苛刻的抚养、赡养条件,抚养人、赡养人难以承受而引发纷争。总之,这类纠纷可以因多种情形而发生,带有很大的主观性,数量不可小觑。

(8)收养关系纠纷(甚至跨国收养纠纷)也日益增多。收养纠纷主要包括请求撤销收养关系和解除收养关系等类型。根据民政部的统计资料显示,我国 2007 年共有收养登记 4 万件,其中涉外收养 6430 件,与上年同期基本持平。② 尽管收养登记不等于要出现纠纷,但收养登记数量的增加必然使收养类的纠纷随着增多。

(9)其他类型的家庭事件。如婚姻事件中的婚姻无效之诉、婚姻撤销之诉;家庭非讼事件中的请求认定家庭成员无行为能力或限制行为能力案件、请求宣告家庭成员失踪或死亡案件;家庭财产案件中遗产继承案

---

① 参见《统计数据显示:4%欧美爸爸养的不是亲生子》,http://tech.sina.com.cn/d/2005-08-12/0859691309.shtml,最后访问日期:2008 年 10 月 20 日。

② 参见民政部:《2007 年民政事业发展统计报告》,http://www.ce.cn/xwzx/gnsz/gdxw/200801/24/t20080124_14348497.shtml,最后访问日期:2008 年 10 月 25 日。

件、分家析产案件等。

可见,我国的家事案件不仅数量庞大,而且案件类型日益多样化,案件的复杂程度和处理难度都日益加大。这一情况迫切需要成立一个专门的家事法院来对症审理和裁判。设立家事法院有利于按照专门化的方式来处理家事案件,不仅能使家事案件得到圆满、妥当的解决,而且有利于提高裁判效率。从宏观而言,还可以减少普通民事庭近 1/3 的工作量,使民事庭能够专心审理平等主体之间的民商事纠纷,实现公正和效率的司法目标。

(二)少年案件与家事法院

近些年来,我国少年案件的数量持续增长、居高不下,其情形令人忧心忡忡。首先是少年犯罪状况十分严重。据公安部提供的资料显示,1950—1959 年度 10 年间,青少年犯罪约占整个刑事作案成员的 20% 左右,至 1965 年度 6 年间,青少年犯罪约占整个刑事作案成员总数 30% 左右。1966—1976 年的"文革"期间,因没有确切的统计数字,难以进行比较,但根据一些地区的典型调查看,约占整个刑事犯罪成员总数的 60%。① 改革开放以后,我国青少年犯罪问题更加突出,20 世纪 90 年代初期,我国青少年犯罪数量曾经占到整体犯罪数量的 60%—70%,1990 年青少年罪犯的数量占全部罪犯的 57.31%。但是,这一比例随后开始逐年下滑。"十五"初期,这一趋势仍然延续,2000 年,青少年罪犯占整体罪犯的比例为 34.54%,2001 年为 33.96%,2002 年为 31.05%,但是 2003 年起发展轨迹出现了变化,这一比例回升到 31.22%,2004 年上升到 32.55%。相应地,"十五"期间,全国法院判决的青少年罪犯 2000 年为 220981 人,2001 年为 253465 人,2002 年为 217909 人,2003 年为 231715 人,2004 年为 248834 人,五年间增长 12.6%。② "十一五"期间,青少年犯罪人数以及占整体犯罪的比例在继续走高的基础上又有一定的回落,

---

① 参见康树华:《国外青少年犯罪状况与我国的比较》,载《江苏警官学院学报》2005 年第 5 期。

② 参见中国青少年研究中心于 2007 年 1 月发布的《"十五"期间中国青年发展状况与"十一五"期间中国青年发展趋势研究报告》,http://sunyunxiao.youth.cn/zxzx/200701/t20070113_510682.htm,最后访问日期:2008 年 10 月 25 日。

如2005年青少年犯罪人数达285970人,约占刑事案件犯罪总数的34%。① 2006年,青少年犯罪人数比2005年下降了4.1%,约占刑事案件犯罪总数29.9%。② 2007年,青少年作案比2006年又下降1.3%,占刑事案件犯罪总数28.6%。③

与整个青少年犯罪数量由升到降,再由降到升这一曲线相比,青少年犯罪中的未成年罪犯占整体罪犯的比例自1997年起一直处在增长状态,"十五"期间增长势头更加明显。从被法院判决承担刑事责任的未成年犯罪人数量占整个刑事犯罪人员数量的比率上看,2001年全国法院判处未成年罪犯49883人,占当年全部刑事罪犯总数的6.68%;2002年全国法院判处未成年罪犯50030人,占当年全部刑事罪犯总数的7.13%;2003年全国法院判处未成年罪犯58870人,占当年全部刑事罪犯总数的7.93%;2004年全国法院判处未成年罪犯70086人,占当年全部刑事罪犯总数的9.17%;2005年全国法院判处未成年罪犯82692人,占当年全部刑事罪犯总数的9.81%。④ 每年持续上升,其上升幅度远远超过青少年罪犯及全国罪犯总体的增长速度。而且由于发育年龄提前和频繁接受暴力文化影响等原因,未来几年,不满14周岁的未成年人危害社会的行为还将逐渐增多。

除了青少年犯罪问题之外,还有青少年违法、违纪事件,这在我国也是个十分严重的社会问题,很多违法或违纪行为因为未能得到及时有效的处理而直接演变为青少年犯罪行为。

尽管青少年违法、犯罪的原因多种多样,但不可否认,家庭因素在青少年违法、犯罪中占有十分重要的地位。在国外,有关家庭因素与青少年犯罪关系的研究已有一百多年的历史。学者们从社会控制理论、亲子依恋理论和社会学习理论多个侧面分析了家庭与青少年犯罪的关系;按照社会控制理论所说,父母的监控是儿童青少年与家庭、社会联系的纽带,如果该纽带受到削弱或缺失,青少年犯罪的可能性就会增大;亲子依恋理

---

① 《来自看守所嫌犯的特殊报告》,http://www.chinapeace.org.cn/zhzl/2006-09/11/content_439_2.htm,最后访问日期:2008年10月28日。
② 《综合治理有效遏制青少年犯罪》,http://www.chinapeace.org.cn/qwfb/2007-05/17/content_17916.htm,最后访问日期:2008年10月28日。
③ 《2007年青少年犯罪明显减少》,http://news.xinhuanet.com/legal/2008-01/30/content_7525225.htm,最后访问日期:2008年10月28日。
④ 《未成年人犯罪的全方位治理》,http://news.sohu.com/20070826/n251780499.shtml,最后访问日期:2008年10月28日。

论则认为,亲子依恋对青少年犯罪起保护性作用,儿童与父母关系越密切,越有可能认同和依恋父母,越不可能出现犯罪行为;社会学习理论强调家庭成员的示范和对犯罪的鼓励,父母的攻击行为和言语表情,都会对儿童青少年的犯罪心理和行为产生直接影响。① 美国学者的研究也表明,父母关系破裂子女会受到巨大的感情创伤。子女可能遭受恐惧、愤怒、冷漠或逃避现实、悲伤和犯罪,教育可能会受到损害。他们很可能成为浪子,他们的婚姻和同居关系经常会更容易破裂。②

我国也有心理学者经过调查发现,影响青少年犯罪的最主要危险因素有三个,分别是个性特点、家庭影响和社会影响,在上述三个影响中,家庭影响最为重要,据他们对成都未成年犯管教所 300 名男性服刑人员的调查发现,33% 的犯罪者的父母离异,如果包括了父母亲其中一方或双方死亡所导致的家庭破裂者的比率,则高达 42.7%。③ 另据我国著名少年法庭法官尚秀云介绍,2003 年,北京海淀法院少年法庭受理的未成年刑事案件中,来自单亲家庭的青少年的占少年犯总数的 26.4%,来自继亲家庭的占少年犯总数的 6.3%,来自婚姻动荡家庭的占少年犯总数的 25.2%,三者相加为 57.9%。④ 笔者作为南京市某基层法院的陪审员,曾在少年庭担任过多起少年犯罪案件的陪审工作,在陪审中,笔者吃惊地发现,大多数少年犯来自离异家庭或者父母关系异常的家庭。在与少年庭法官的交流中,法官们也一致认为家庭因素在少年犯罪中具有重要的催化作用,其影响不可小瞧! 国内外的调查研究反复证明,"不良家庭环境会导致青少年的人格缺陷和行为偏差,是造成犯罪的重要因素。在动荡或破碎家庭中成长的青少年,其越轨犯罪率高于健康家庭中的同龄人;罹患精神心理疾病的比例也大大高于健康家庭中的孩子。"⑤

既然青少年违法、犯罪行为的重要影响因素是家庭,那么家庭纷争的处理就显得极为重要,在诸多的家庭变故因素中,父母离异是最重要因

---

① 蒋索、何姗姗、邹泓:《家庭因素与青少年犯罪的关系研究评述》,载《心理科学进展》2006 年第 3 期。
② 〔英〕凯特·斯丹德利:《家庭法》,屈广清译,中国政法大学出版社 2004 年版,第 290 页。
③ 参见杨曦、张旭、章皎洁、李炎、胡泽卿:《家庭因素对青少年犯罪的影响》,载《神经疾病与精神卫生》2007 年第 2 期。
④ 尚秀云:《家庭教育欠妥会毁掉孩子》,载《北京日报》2005 年 1 月 5 日。
⑤ 张克锋:《家庭与青少年犯罪》,载《广东社会科学》2006 年第 3 期。

素,如何处理好离婚案件以及与离婚相关的家庭案件就成为了重中之重。在这里,离婚等家庭事件已经不仅仅是成年人个人之间的事务了,受离婚等家庭事件影响的未成年人也应该受到特别的关注,他们作为家庭和社会中"脆弱的一群",应该在父母离异的纷争中拥有发言权和被保护的权利;他们在父母离异的诉讼中应该是作为主体被关注,而不是客体;他们的生活应该受到保障,心理和精神更应该予以呵护。家事案件中未成年人的上述权利和诉求,需要处理家事案件的法官和相关人员的深度介入才能予以保障,否则是不可能按照家事案件的个性作出妥当处理的。如果我们将涉及少年身心健康的家庭问题统一交由普通法院受理和审判,这些理念和思路肯定无法贯彻和实施,因为普通法院作为专门的裁判机关,它的重要功能就是"就事论事"地解决现有纠纷,它通常以当事人自主负责为基本前提,因此实行当事人主导型的诉讼模式,法院的审判严格限制在过去发生的事实基础上,以当事人主张的事项作为审理对象,由当事人根据证据规则通过证据模拟或还原过去事实状况的全部或一部,然后,法院据此作出相应的裁决。在通常情形下,法院不会主动去调查证据,也不会将判决内容扩及当事人以外的人,更不会对将来的情况为斟酌。这种"就事论事"式的法院行为极易导致家事案件的简单化处理,家庭结构极易出现分裂,作为少年栖息地的家庭可能因此失去诸多良性功能,少年的成长环境可能被家庭外的不良因素所感染和影响,少年由此出现心理问题,行为偏差乃至犯罪行为就不足为奇了。

　　解决这一问题的根本途径是,设立专门的家事法院,认真地对待家事案件,尤其是离婚案件的审理和裁判,按照家事案件的特性进行个别化的处理和解决,并且始终把受家事案件影响的未成年人利益放在重要的位置上去考量。对家事案件的当事人也要采用教育、引导、治疗、心理干预、调停、审判等诸种手段,最终的结果是挽救一切可以挽救的家庭,无法挽救的,则引导和鼓励当事人对子女的未来作出合理规划,并且相互配合完成子女健康成长的历程,将家庭破裂的严重后果降到最低。家事法院之所以能担当此重任,重要的原因在于它有不同于普通法院的功能和特色,有不同于普通法院的审理理念和诉讼程序,有专门的家事法官和相关的辅助人员,有独特的评价标准和考核机制,因此,它能够做到对家事案件的全程参与和个别指导,它比普通法院更具专业性和灵活性,更能适应家事案件的多样化处理要求。家事法院的上述行为,其效果也许不是立竿见影的,但从长远而言,它对于防止变故家庭儿童的心理扭曲、精神障碍、人格缺陷等具有重要意义,对于预防和减少青少年违法、犯罪或者其他偏差行为也具有积极意义。

如果说处理好离婚等家事案件对预防和减少少年案件具有间接的影响和效果的话,那么将少年案件置于家事法院中一并解决,则将具有更为直接的效果,因为少年案件与家事案件本来就是密切相连的,二者统一由家事法院受理和裁判,不仅能资源共享提高效率,更可以形成良性循环、相得益彰的效果。这也是为什么美国、日本、韩国、泰国等国家纷纷设立综合性家事法院的缘由所在。

(三)民事审判制度的困境与家事法院

现有民事审判制度应对家事案件存在两大困境,一是审判困境。即当事人主导型的诉讼模式难以满足家事案件的特别需要,常常导致家事案件案结事不了。二是法院调解困境。与一般民事调解相比,家事调解往往更需要耐心和技巧,而且还需要对当事人背景事实进行特别调查,这与一般民事调解的思路和方法有着较大的差异。由民事法官统一管辖民事调解和家事调解,其结果是因缺乏针对性而常常以失败告终。

1. 审判困境的表现及消解

审判困境源于我国民事审判方式改革、民事司法改革的实践。

我国过去一直是职权主义的审判模式,法官在民事案件中担当着重要的角色,因此,对于需要法官深度介入的家事案件而言,基本能够满足需要,实现纠纷的有效解决。从实践看,新中国成立后的五六十年,我国一直沿用产生于新民主主义革命时期的审判管理体制。新中国成立初期,在计划经济条件下,出于必须保持高度统一的领导体系的特殊需要,当时人民法院的审判管理体制在很大程度上是照搬苏联的行政管理模式。在这种体制下,人民法院办理各类案件立、审、执不分,也就是说,一个案件从立案、审理到宣判执行都由同一合议庭或同一独任审判人员办理。在这种管理体制下,我国地方各级法院在处理民事案件过程中,一直扮演着较为积极的角色,诉讼制度也是建立在国家干预的职权主义模式基础之上的。各类民事案件,一旦进入法院,法官便活跃在查找案件事实的第一线,实践着"一杆子通到底"的案件解决模式。由于我国在新中国成立后很长时间,民事案件主要表现为婚姻家庭类案件,案件的总体数量也不大,所以这种模式能够比较好地平息家事纠纷,因为法官的神圣职权中就包括了查明案件事实、及时解决纠纷、为人民服务的思想或内涵。在家事案件审判实践中,法官往往具有极强的亲和力和人格魅力,在当事人心中具有较高的权威。有时候,为了弄清家庭事件背后的曲折,一些敬业的法官会主动到当事人的住处进行"家访"、"拉家常",到当地村委会或者居民委员会进行调查,到当事人的邻居家进行走访,到当事人单位向领导和同事了解情况。如果发现当事人有着现实的困难,法官还会伸出援助之手,帮助当事人度过难关。通过这些活动,法官总能发现问题,解开结症,最后,或者问题顺利调解解决了,或者作出的裁决令当事人都较满意,或者当事人受到了一次深刻教育,从此洗心革面,重新做人。

然而,随着我国改革开放和市场经济体制的逐步确立,我国的各个领域都发生了深刻的变化,在民事司法领域,出现了几个变化:一是民事案件的数量大幅度增长;二是婚姻家庭类案件以外的民事案件逐年增多,各类民商事合同纠纷的数量增长尤为迅猛;三是婚姻家庭类案件,尽管总量有一定增长,但占整个民事案件的比重逐年下降;四是新类型案件不断涌现,如知识产权纠纷、公司纠纷、证券纠纷、票据纠纷、各类物权纠纷等;五是各种类型民事案件的复杂程度都明显加大。在这种背景下,提交人民法院要求以诉讼方式加以解决的纠纷与前期相比数量十分惊人,大有诉讼爆炸之势,过去那种大包大揽式的审判制度在这样的现实面前,面临着巨大的危机。法院负担着大量的调查取证工作,日渐不堪重负,由此案件大量积压,法院承受到来自方方面面的压力和不满。①

为了解决这一矛盾,20 世纪 80 年代末,法院系统(主要是基层人民法院和部分中级人民法院)陆续进行了以"强调当事人举证责任、减轻法院调查取证负担"为核心的改革尝试,这一尝试拉开了民事审判方式改革的序幕。以后这一改革不断深化,从强调当事人举证责任到"庭审方式"改革,从"庭审方式"改革到"审判方式"改革,从"审判方式"改革到"审判制度"改革,每次改革总是朝着一个总的方向:"淡化职权主义,越过职权主义,迈向当事人主义"。② 如今,在民事审判领域,法律家和法学家们逐步达成了共识,即基于职权主义的结构性缺陷,我国的民事诉讼模式应

---

① 参见江伟、杨荣新:《民事诉讼机制的变革》,人民法院出版社 1998 年版,第 248 页。
② 汤维建主编:《民事诉讼法学》,北京大学出版社 2008 年版,第 68 页。

当从职权主义向以辩论主义为质的规定性的当事人主义转换。① 最高人民法院 2002 年颁布的《关于民事证据的若干规定》,集中体现了当事人主义诉讼模式的若干原则,标志着当事人主导型的诉讼模式在制度层面上初步形成。

客观而言,民事司法改革的伟大实践,确实给我国民事诉讼理论和实践带来许多革命性的变化,其历史作用不可低估。然而,这一改革却给家事案件的审判带来了诸多困境,可以这么说,改革越深入,当事人主导的诉讼原则贯彻得越彻底,家事案件审判的困境就越大。困惑之一:法院对于普通民事案件,在审理程序上严格遵循"私法自治"之市场经济原则,在诉讼中给予当事人尽可能多的自由权和选择权,法院一般不加以干预;而家事案件中的婚姻事件、亲子事件、收养事件等则并不完全遵循"自治"原理,尤其是对违法事实,则更是绝对禁止自治,它恰恰要求法院严格干预。困惑之二:经过多年的改革实践,如今的法官们已经习惯了"当事人主义"的运作机理,变得越来越"消极",然而在身份性质的家事案件中,因其具有较强的公益性质,恰恰要求法官进行职权探知、主动干预和个别对待。困惑之三:普通民事审判更强调当事人在程序中的责任自负原则,当事人在诉讼中负有主张责任、提供证据责任、举证责任等诸多负担,而家事案件中的当事人尤其是弱势当事人在很多情况下难以做到"责任自负",典型的表现就是举证困难重重,或者举证不能,或者因违法取证而致适得其反的后果。如果法官严格按照证据规定进行消极断案,其结果可想而知。

普通法院的法官在新形势下,如若能够妥当解决一般民事纠纷和家事纷争,必须具有变色龙的本领,即在第一天审理契约纠纷时,做"甩手掌柜",消极断案。第二天办理家事案件时,立即改换容颜,变成勤勉的"公务员",主动投入家事案件之事实调查之中。如在"非婚生子女要求确认生父"的案件中,为了未成年子女利益,可能强制地要求父亲提供血液样本进行亲子鉴定,否则就作出对父亲不利的推定。在家庭暴力案件中,则更会态度鲜明地对施暴者进行批评教育。也许,在短时间内,法官变换角色,尚能勉强应付,但长此以往,法官将难以胜任。

---

① 张卫平:《诉讼构架与程式——民事诉讼的法理分析》,清华大学出版社 2000 年版,第 121 页。

如果说,在过去的旧体制下,法院对家事案件尚能够大体妥当的解决的话,那么,随着审判制度改革的不断深入,旧体制已经逐步退出历史舞台,法院应当如何应对如此众多的家事案件呢?也许有人说,我国现在每年处理一百多万件家事案件,大多数都能获得妥当的解决,未见有什么突出的问题。笔者认为这一理由并不充分,这只能说明我国民事审判制度的改革还没有完成,当事人主义的诉讼模式尚没有充分展开,从进程上看,我们应当是正处于"迈向当事人主义"的过程中。因此,家事审判在很多情况下,还能在夹缝中生存。然而,从长远看,上述矛盾和困境只会强化,不会消除,因此,要想从根本上解决问题,重要的举措就是从普通法院中分化出主管家事案件的专门法院——家事法院。这样做至少有三大益处:其一,可以有效地消解上述提及的法院审判困境,因为家事法院按照其机能能够通过专门化的方式来处理家事案件,真正做到对症调解、对症审理、对症裁判,能使家事案件得到圆满、妥当的解决,而且有利于提高裁判效率。其二,家事法官和民事法官可以实行有效的职能分工,有利于其提高业务素质和专业水平。其三,从总体上看,设立家事法院并没有增加太多的额外成本,因为家事法院可以减轻普通法院近 1/3 的民事审判工作量,同时,因为二者都是按照案件的性质进行审理和裁判,因此,不仅能使民事案件和家事案件都能获得妥当解决,而且还能较大幅度地提高效率。

2. 法院调解困境的表现和消解

法院调解困境来源于法院调解对家事案件缺乏针对性。

新中国成立以来,我国的法院调解经历了从"鼎盛繁荣"到"逐步萎缩",再到"二次复兴"的"U"型抛物线的变化历程。"鼎盛繁荣"主要是新中国成立后到 20 世纪 80 年代末这段时期。有数据表明,20 世纪五六十年代,我国 85% 的民事案件都是"通过调解解决"的。① 20 世纪 80 年代一直保持在 70% 左右,如 1988 年民事案件一审调解结案率为 71.7%,1989 年为 69.3%。② "逐步萎缩"主要是 1990 年至 2003 年期间,1990 年民事案件一审调解结案率为 64.5%③,1991 年至 1998 年,

---

① 陆思礼:《毛泽东与调解:共产主义中国的政治和纠纷解决》,载强世功编:《调解、法制与现代性:中国调解制度研究》,第 119 页。
② 《中国法律年鉴》(1987—1998),中国法律年鉴社 1999 年版。
③ 同上。

法院一审民事案件的调解率从 59.1% 下降到 45.8%①;之后继续下降,1999 年至 2003 年,一审民事案件的调解率从 42.6% 下降到 29.94%②,这是历史最低点。"二次复兴"是指 2004 年至今这一期间。实际上,从 2003 年起,法院调解的价值就已经被重新关注,2004 年最高人民法院通过了《关于民事诉讼调解工作的若干规定》,为法院调解的全面复苏打下了法律基础。最高人民法院院长肖扬在 2004 年召开的全国高级法院院长会议上特别提出了"能调则调、当判则判、判调结合"的原则,要求各级人民法院应当尽量通过诉讼调解达到平息纠纷的目的。为了进一步鼓励调解,《诉讼费用交纳办法》明确规定"对调解结案的减半收费",鼓励当事人把调解作为优先选择。现在,"能调则调,当判则判,调判结合,案结事了"已经成为各级法院进行诉讼调解的重要理念与指导方针。在这一形势下,法院调解开始走向新的繁荣,调解率在经过了日渐下降的曲线波动后,又开始了新一轮的上升,据统计,2005 年,全国一审民事案件调解结案率达到了 32.1%,许多基层法院达到 70% 以上。③ 2006 年 1—11 月为 33.1%。④ 2003 年至 2007 年五年间,我国共审结一审民商事案件 2214.5 万件,其中有 50.74% 的案件以调解、撤诉结案。⑤ 2008 年,我国各级法院经调解结案的民事案件占全部民事案件的 58.86%。⑥ 2009 年,这一比例达到了 62%,同比上升 3.1 个百分点。⑦

如此高比例的民事调解率,似乎应当完全能够满足家事案件的解纷需要。然而,我国法院对家事案件的调解仍存在许多显在或者潜在的困境,给法院的家事调解工作带来诸多压力,一定程度上降低了调解的社会效果。具体而言,家事案件调解的困境主要表现在以下几个方面:

---

① 《中国法律年鉴》(1987—1998),中国法律年鉴社 1999 年版。
② 《中国法律年鉴》(1999),中国法律年鉴社 2000 年版;《中国法律年鉴》(2000),中国法律年鉴社 2001 年版;《中国法律年鉴》(2001),中国法律年鉴社 2002 年版;2003 年数据参见吴兆祥:《关于诉讼调解司法解释的几点看法》,载《民事审判指导与参考》总第 19 集,法律出版社 2004 年版,第 157 页。
③ 肖扬:《最高人民法院工作报告》,载《中华人民共和国最高人民法院公报》2006 年第 4 期。
④ 《人民日报》2007 年 1 月 17 日,第 14 版。
⑤ 参见最高人民法院工作报告附件二:《从数字看 2003—2007 年度审判和执行工作》,载《人民司法》2008 年第 4 期。
⑥ 王胜俊:《最高人民法院工作报告》,载《中华人民共和国最高人民法院公报》2009 年第 3 期。
⑦ 王胜俊:《最高人民法院工作报告》,http://cn.chinagate.cn/zhuanti/20101h/2010-03/18/content_19635850_5.htm,最后访问日期:2010 年 3 月 15 日。

（1）家事调解的时机缺乏科学性。我国的家事调解是案件诉讼到法院后才启动的调解，起诉之前不能请求法院调解，这样，家事案件的调解只能是法官在审判过程中的调解，这与国外大多数国家将家事调解设计成"诉前调解"有很大区别。一些研究者发现"在'法律阴影'下的调解，效果可能不及在法律程序提起之前所作出的早期介入"①。的确，当法院提前介入离婚等家事案件的调解时，当事人之间的矛盾尚没有激化，这时，在导入心理辅导、培训等服务项目的基础上进行调解，成功率一般比较高。而如果当事人已经起诉到法院了，这时才启动调解，则不仅难度大，而且当事人之间的矛盾也容易进一步激化。正如我国一些实务部门法官所言，"真正到法院起诉离婚的大部分都是矛盾激化，彼此不能协商达成一致的"，如果能达成一致的，"基本上都直接到民政部门登记离婚了"。② 法院不能对家事案件进行诉前调解，而只能实施诉后调解，这对提高调解成功率和进行有效调解而言，不能不说是一个遗憾。③

（2）对家事调解的前置性或强制性缺乏制度性制约。从立法看，我国对离婚等家事案件也使用了"应当"进行调解的语词，这一规定似乎类似于国外的强制调解或调停前置制度，但二者的实际效果并不类似："应当进行调解"的"应当"二字在此处没有"强制"的意蕴，因为程序法中并没有必要的制度来约束法官必须对家事案件进行调解。从实践看，法官努力尝试调解和不进行调解或敷衍一下当事人不会有什么本质的差异，也不会有什么违法或不利后果之虞。如此一来，与其为了说服当事人尝试调解而耗时费力，倒不如例行公事地询问一下当事人后直奔审判主题来得实惠。所以，我国的家事调解不是强制性的"应当"，而是非强制性的、倡导性的"应当"。这对那些适宜通过调解解决的家事纠纷而言，显然是不利的。

（3）调解主体缺乏专业性。国外法院的家事调解员多数是由具有社会学、医学、教育学、心理学、行为学知识以及经过法律训练的专门人士担

---

① 香港法律改革委员会报告书：《排解家庭纠纷程序》，第四章。
② 中国审判编辑部：《婚姻案件审判的社会责任和审判技巧》（续），载《中国审判》2006年第9期。
③ 实践中，我国也有一些基层法院尝试采用附设法院的调解机制，但这种调解并非法院调解，而是法院委托调解的一种形式，或者是设在法院办公的人民调解窗口。尽管这种调解也具有较强的实用性，但与严格意义上的法院附设调解还是有着较大的差异。

任或兼任,即便有法官参与,该法官也不可能在调解失败后的诉讼程序中担任审理法官。家事调解中的调解人员通常精通调解的方法、策略、技巧,能充分发挥自己的特长帮助当事人找到问题结症,说服或鼓励当事人自己达成合意,妥善解决家庭纷争。而在我国,法院实施家事调解由审理案件的法官兼任,这种格局尽管可以使调解具有一定的权威性,但调解的成效并不高,而且还存在诸多弊端。因为其一,通常情况下法官擅长的是法律判断而不是涉及人情事理的调解,法官的职业本性促使他们不由自主地"厚判轻调",那些尚未结婚的年轻法官更是如此。其二,即使法官情愿进行调解,也往往难以胜任,因为法官多半缺乏调解的专门知识和科学训练,不能对当事人的性格、出身、成长环境等事项作出科学判断,此种状况下怎能进行富有成效的调解?其三,审理法官主持调解,还可能产生滥用职权的风险,如出现"以判压调"、"以拖压调"等强制调解倾向,既损害了法院的司法权威,也背离了家事调解的宗旨。其四,从人才培养角度而言,如果法官在职业生涯中大部分时间从事调解工作,则其审判的业务和水准必然下降。著名法官宋鱼水就有这样的感悟:"就经验而言,判决主要是针对人谈事,这里的事就是案件事实的确认、法律观点的形成。调解主要针对事说人,在事实清楚、责任明确的基础上,怎样让各方当事人达成共识,握手言和。基于此,调解更带有个性化的色彩,而判决侧重于主流观点的主流意识,法官的制约要多一些"。[①] 既然调解与审判有如此多区别,对于那些需要侧重实施调解来解决的家事纠纷,完全可以分离出来,交由专门的调解员来进行调解解决;而那些需要判决的案件则交由专门的裁判法官去审理和裁决,这样既能使调解与审判各得其所,又能使两种主体都能提高业务水平,收到一举两得的效果。

(4) 法院调解所遵循的查明事实、分清是非的调解原则不利于家事案件调解的实施。查明事实、分清是非是我国民事诉讼法规定的一项调解原则,它对包括家事案件在内的所有案件都适用。然而,这一原则对家事案件的调解具有明显的不适应性:其一,它使家事调解的时间严重滞后,使诉前调解在逻辑上难以成立。因为查明事实、分清是非必须经过开庭、甚至开庭结束后才能实现,而在诉前阶段,法官还未能通过有效的手段获知案件的事实,因此,这一阶段的调解面临法律和逻辑上的双重障

---

① 宋鱼水:《我对调解的感悟》,载《中国审判》2007年第3期。

碍。所以,从理论上讲,离婚等家事案件的调解只能在法庭辩论结束后至判决作出前这段时间进行,否则便可能做无用功。其二,可能加剧离婚案件当事人之间的对立,激化矛盾。因为查明事实、分清是非的过程往往是再现当事人纠纷硝烟的过程,而开庭固有的举证、质证的场面则进一步加剧了对抗和竞争,当事人之间的对立情绪可能更激烈。在此情形下的调解,其成效可想而知。

(5)缺乏对家事案件的有效调查机制,法官难以进行有针对性的调解。尽管查明事实、分清是非的调解原则不利于家事调解的实施,但这并不意味着法院对家事案件的调解不需要了解事实、分清是非,问题是如何查明、由谁查明。从国外情况看,一些国家在家事法院设置专门的调查官,在调停程序开始前调查、发现问题,并向调解员提交报告。调解员自己也可以对离婚案件当事人的背景进行调查了解,有时甚至将人生史追溯到其童年时代。目的是帮助当事人获得公正意识、洞察力和理性。①而我国法院对离婚案件实行当事人举证原则,即当事人必须自己调查收集必要的证据来证明某些事实,只有对那些"属于当事人或其代理人因客观原因不能自行收集的证据",才可以申请法院去调查。家事案件的特殊性使得该类案件之事实调查具有较高的难度,法院对家事案件事实调查的消极态度导致法官即使想调解也"心有余而力不足",因为要么法官不了解案情,无法进行有针对性的调解;要么法官通过案件的审理了解了案情,但却丧失了调解的最好契机,调解难见成效。所以,基层法院从事家事案件调解和审判的一线法官由衷地感慨:"婚姻案件调解起来越来越难,涉及的财产种类越来越多,越来越复杂,有的还会涉及物权、财产权的分配等"。②

解决上述问题的良策仍然是建立专门的家事法院。家事法院的职能和权限首先是调解,其次才是审理和裁决,即调解不是法院另类的解纷方式,而是正统的权力运作模式。家事法院的调解通常是全方位的,包括诉前调解、诉中调解和诉后调解;家事法院的调解员通常是具备心理学、行为学等专业知识以及调解技巧的专门人员,他们不是法官,但调解成功,可以以家事法院的名义出具调解书,调解书的效力与法院判决效力等同;

---

① 刘瑞川主编:《民商案件调解实务》,人民法院出版社 2004 年版,第 79 页。
② 《"婚姻案件审判的社会责任和审判技巧"研讨会》,http://cfcjbj.fyfz.cn/blog/cfcjbj/index.aspx?blogid=86302,最后访问日期:2008 年 10 月 28 日。

家事法院通常设有调查官,由他们对当事人性格、出生、品格、生活状况等若干情况进行调查,以便于对症进行调解。调查官的调查结果还可以为家事法官所用,成为判决或者裁定的重要依据;家事法院的法官专司家事审判和诉讼,他们不需要兼任调解员、调查员等多种角色,可以专心进行审理和裁判,不断提高自己的业务素养和审判水平。

当然,家事案件在我国普通法院的调解遭遇困境,并不仅仅是法院自身的问题,还有立法问题,如我国尚没有家事审判法、人事诉讼法或者其他相关的家事程序专门法律,但这并不是绝对的,立法与实践之间往往具有一定的联动性:率先出台上述法律可以促进家事法院的尽早设立,反之,构建家事专门法院,反过来可以促动家事审判类专门法律尽早出台。

(四)法院制度现代化与家事法院

1. 专业化、专门化:法院制度现代化的重要路径

法院作为国家公力救济的专门场所,有着悠久的历史,它的重要功能就是解决纠纷。然而,纠纷的类别是多种多样的,因此,法院制度在其产生和发展历程中经历了不断分化和演变,先是法院从行政机关中分离出来,形成司法机构独立于行政机构的格局;接着法院内部不断地进行分化,从主要掌管刑事审判的大一统法庭中分化出民事法庭,形成刑事庭和民事庭的专门分工;再接着,在民事庭中又分化出行政庭,形成刑事庭、民事庭和行政庭的分工,这样的格局奠定了现代法院内部结构的基本样式。从外部来看,根据纠纷的特殊性,很多国家在普通法院之外设立了军事法院、海事法院等专门法院,还有些国家根据本国实际设立了特殊的专门法院,如法国、德国、瑞士、瑞典、比利时、意大利、芬兰、墨西哥等国都设立了行政法院,其中除法国的行政法院隶属于行政机关系统外,其他国家的行政法院都隶属于司法系统;法国、德国等国家有专门的税务法院;美国部分州、德国、法国等有专门的少年法院;美国部分州、日本、韩国等有专门的家事法院。此外,还有些国家设立农事法院、劳动法院、交通法院、土地法院、社会保障法院等专门法院。面对琳琅满目的专门法院,有学者断言:"接近正义改革的重要任务,是在保障正规法院功能的同时,建立专门法院制度。"[1]

---

[1] 参见〔意〕莫诺·卡佩莱蒂编:《福利国家与接近正义》,刘俊详译,法律出版社 2000 年版,中文版序言。

我国有学者在考察了政治学、社会学视域中的现代化图景后发现,尽管"社会学家与政治学家释读的现代化图景颇有差异,但其一致之处也非常突出:结构的分化与功能的专门化"。功能专门化是任何先进工作系统必备的特点和优点,分工的细化和优化是系统先进化的标志。功能专门化为提高工作效率准备了条件,明确的职责为责任追究确立了依据。而一个机构行使多种职能、一项职能由多个机构承担则是传统体制的共同特点,它在社会关系比较单纯时尚可应付,但其低下的效率远远不能适应市场经济瞬息万变的要求。"结构的分化与功能的专门化"理论范式同样可以用来阐释传统型与现代型法院制度,"审判职能是否分化以及行使这种职能的角色是否分离,同样构成传统型法院制度与现代法院制度的分界点"。①还有学者从法社会学的视角分析了这一现象,认为司法活动专门化实际上是现代社会分工在法律领域中的体现。由于社会生活的日益复杂化、多样化,社会分工日益细密,行业特征日趋明显,受此影响,法律纠纷也呈现多样化的特征。在这样的情形下,单一的司法机构与司法程序已经不能满足现代社会中的人们对司法解决纠纷、协调关系、实现正义的需要,有必要实行司法机构专业化、司法活动专门化、司法人员专业化的现代司法来进行应对。②

有关法院制度的发展历程和理论研究均表明,法院制度现代化的必由之路就是专业化或专门化!

2. 现代化背景下设立家事法院的意义

随着我国司法体制改革的逐步深入,法院制度现代化也成了摆在国人面前的一项重要任务。③ 为此,很多专家学者和实务界人士建议"应当

---

① 左卫民:《司法审判职能之分化:传统型与现代型法院制度的比较研究》,载《学术研究》2001 年第 12 期。
② 参见苏力:《法律活动专门化的法律社会学思考》,载《中国社会科学》1994 年第 6 期。
③ 最高人民法院在 2000 年 8 月 8 日启动的机构改革中,已经按照专业化的思路对审判机构的设置进行了调整。建立了大民事审判格局,将所有的民商事案件分由四个审判庭负责,分别是专门审理婚姻家庭、人身权利和房产合同纠纷的民事审判第一庭;审理平等主体之间的各类合同及侵权纠纷的民事审判第二庭;审理各类知识产权案件的民事审判第三庭;专门审理海事海商案件的民事审判第四庭,并要求地方各级法院也陆续对内部机构进行调整。高级、中级法院机构设置,要与最高人民法院的机构设置相对应,基层法院则可以从符合全面开展审判工作的实际出发设置机构。尽管这一改革在专业化分工的思路上走出了很大的一步,但仍有问题,那就是将婚姻家庭案件与人身权利、房产合同纠纷合并在一起有点不伦不类,因为二者的纠纷性质显然差别很大,这使得专业家事法庭难以建立;另外,基层法院承担了大部分的家事案件审判工作,而该次机构改革却没有为基层法院的庭审机构设置作出具体规定,实在令人遗憾。参见尹绪洲:《家事审判制度研究》,河南大学 2001 年硕士论文。

打破以往法院设置与行政区划完全重合的格局,在普通的'一揽子'法院之外设立特殊的专门人民法院"。① 设立专门法院的重要依据就是:该类法院审理的案件具有高度的专业性或者特殊性,为了这类案件的妥当解决,需要运用特殊的程序、派遣具有相关专业技能和特殊审判技巧的法官主持审理。在这一背景下,我国家事法院的设立就有了特别重要的意义。其一,作为专门审理婚姻家庭类家事案件的专业法院,家事法院能较好地发挥其在化解家事纷争中的重要职能,对维护家庭和谐、社会稳定具有不可替代的功能。我国近年来的家事案件不仅数量大,而且复杂程度高,处理不好将会给社会稳定带来巨大隐患,通过设立专门的家事法院能够较为妥当解决解决这类纷争,防止家庭纠纷扩展到社会。其二,设立家事法院使我国法院系统内部增加了专业化的要素,进一步强化了法院体系的科学化、合理化。从专业化分工角度而言,专门法院比统一的普通法院具有更强的司法能力、更高的工作效率和更优的综合效果。正如波斯纳所言:"用全部时间从事同样工作的人们总比将其时间分开以从事不相关的工作的人们更容易将工作做好",正如"一个用一半时间当医生一半时间当律师的人所产生的医疗和法律服务肯定低于与之能力相当的两个分别专职从业者所产生的服务总量的一半"。② 既然家事法院更有效率,我们有什么理由拒绝这一专门法院的诞生呢? 其三,设置家事法院还会使法院的"为民"本质得到极好的诠释。我国最高人民法院在市场经济的新形势下,提出了"司法为民"的指导思想和行动理念,体现了我国法院的成熟和进步,这和现代法院更加注重民生的关怀、注重保障人权的国际潮流完全一致。家事法院作为家事案件的专门法院,是与百姓个人生活密切相关的法院,它不仅是解决纠纷的场所,更是预防纠纷的所在;不仅具有司法的功能,更具有服务的特性,能够为民众提供更多、更有效的服务。从这个意义上说,家事法院是典型的"为民"法院。

设置家事法院有诸多益处,在当期的新形势下,我国应当果敢地进行法院制度改革,在普通法院之外设立专门的家事法院,为其发挥自身的特殊效用提供法律环境和制度空间。

---

① 管育鹰:《试论我国专门法院设置的改革》,载《人民司法》2004 年第 8 期。
② 〔美〕理查得·A.波斯纳:《法律的经济分析》,蒋兆康译,中国大百科全书出版社 1997 年版,第 182 页。

3. 家事法院与我国专门法院之重构

专门法院在我国不是新鲜事物,我国《宪法》和《法院组织法》中都有关于专门法院的规定。然而,回眸我国专门法院的发展历程,我们深深地感到与发达国家相比,我国的专门法院无论在种类上,还是在专门化程度上,乃至实施的理念和效果上都不可与其同日而语,我们与发达国家还存在着较大的差距,专门法院的发展完善之路还很漫长。

从我国现有立法和实践看,我国已经设立的专门人民法院有军事法院、铁路运输法院、海事法院、林业法院、农垦法院等。与地方各级人民法院不同的是,已有的专门法院的设置不是按照行政区划,而是按照自身业务或地域的特点设置的,如铁路运输法院的设置就是根据铁路运输的线路特点设置,而海事法院主要设置在海事、海商案件发生较多的港口城市等,解放军军事法院主要审理军人犯罪案件,但也逐渐开始审理涉及军人的民事案件。军事法院分三级,分别相当于地方法院中的高级、中级、基层人民法院。铁路运输法院设铁路运输中级法院、铁路运输法院两级,分别相当于地方法院中的中级、基层人民法院。海事法院主要审理海事、海商案件,海事法院只设一级,相当于中级人民法院,其上一级法院为其所在地高级人民法院;林业、农垦法院主要审理发生在林区、农垦区的刑事、民事等各类案件;林业、农垦法院各地情况不一,有的设两级、有的只设一级,主要分布在黑龙江等林业比较发达的地区。① 这样的格局和状况显然不完全符合专门法院的发展要求和未来趋势,问题至少有三:一是上述专门法院中的铁路运输法院、林业、农垦法院,设置初衷并不是因为需要审理的案件具有专业性,而主要是考虑了区域性,这跟世界各国设置专门法院主要依据事务管辖而非地域特征来确定的原则严重相悖;二是上述专门法院中的法官也不是具有专门知识的专业法官,他们跟地方法院的法官没有区别,这就失去了建立专门法院的重要意义;三是上述专门法院中的铁路运输法院设立的法律依据不足。我国《宪法》和《人民法院组织法》中都有关于"军事法院等专门人民法院"的规定,可以说军事法院的建立有明确的宪法和法院组织法依据;对于海事法院和新疆农垦法院等专门法院而言,尽管没有宪法和法院组织法的明确规定,但它们的"产生和成立以及职权是经过全国人大常委会作出相关决议才设置的,……海

---

① 参见管育鹰:《试论我国专门法院设置的改革》,载《人民司法》2004年第8期。

事法院和新疆农垦法院与军事法院一样是具备其法律地位的"①;唯有铁路运输法院的设立师出无名,只能在军事法院"等"字里面思量。然而仔细分析,它似乎不包括在"等"字序列之内。因为铁路运输法院尽管体系庞大,但全国人大常委会对它的产生、组织和职权等却都没有作出规定或决议,1982年5月1日该法院正式办案只是以最高人民法院下发的通知作为依据,其管辖范围也是由最高人民法院加以规定。由此,我们有理由认为铁路运输法院就没有在"等"字序列之内。②

根据我国的上述状况,有学者建议取消以"地域特点"为依据设立的铁路、林业和农垦等专门法院,理由是:(1)这些法院的管辖是一种特殊的以行业区域为主的管辖,与其他法院的地域管辖有一定的重叠,容易发生冲突。(2)从世界范围看,专门法院的管辖主要是以事务管辖(如少年法院、财政法院、劳动法院等)为分工,而不是以地域特点来确定。(3)目前这些法院管辖的案件交由地方法院按地域划分审理不仅完全可行,而且还有利于提高效率,因而不再具有设立铁路、林业和农垦法院的必要。当然,在取消部分专门法院的基础上,我国可以根据实际情况,增设新的专门法院,如宪法法院、行政法院、知识产权法院、少年法院、简易程序法院(社区法院)等。③

笔者总体上赞同上述分析和建议,并进一步认为,在我国目前的实际情况下,同时建立门类齐全的专门法院未免有点操之过急,应该根据某个或某些专门法院设立条件的成熟程度和实际情况,循序渐进地设立,成熟一个设立一个,不能在条件不具备时一哄而上,这样才能使得法院专业化的步伐稳步向前。相对于其他专门法院而言,家事法院和少年法院应当置于率先设立的位次上,因为它们的设立条件已经基本具备,以此为突破口逐步向前推进,可以在可预见的若干年内,建立起具有我国特色的专门法院体系,实现法院制度现代化的目标。

---

① 参见钟平:《试论铁路运输等专门法院的法律地位》,http://www.chinacourt.org/html/article/200508/10/172985.shtml,最后访问日期:2008年8月20日。
② 同上注。
③ 参见管育鹰:《试论我国专门法院设置的改革》,载《人民司法》2004年第8期。

二、构建我国家事法院的可行性分析

在我国设立家事法院,不仅是必要的,也是可行的。因为,我国的立法、实践、理论以及丰富的域外资源等均为其设立提供了依据和参考。

(一)设立家事法院有法律依据可供遵循

设立专门的家事法院必须有法律依据且不能违反《宪法》的规定或精神。我国《宪法》第 124 条规定:"中华人民共和国设立最高人民法院、地方各级人民法院和军事法院等专门人民法院。"我国《人民法院组织法》第 2 条第 1 款规定:"中华人民共和国的审判权由下列人民法院行使:(一)地方各级人民法院;(二)军事法院等专门人民法院;(三)最高人民法院。"根据上述规定,我们可以推知,家事法院作为专门法院,其设立不违反《宪法》规定。因为,尽管《人民法院组织法》对专门人民法院只提及了军事法院,没有一一列举其他专门法院的类别,但其概括式的表述方法,已经为家事法院的设立提供了足够的立法依据和法律空间。

当然,家事法院的设立,除了上述宪法和法律依据外,最好还有直接的法律依据,如《家事审判法》或者《家事法院法》等具有明确针对性的法律。但这一要求在当前法院制度现代化改革进程中,似乎有点苛求,因为改革的进程和时代的紧迫感不允许我们等待一切具体法律都完备了,再来依法筹建家事法院等专门法院,我们完全可以依现有的概括性的法律依据,在部分条件相对成熟的地区先行组建家事法院进行试点,待条件进一步成熟时,再在总结经验教训的基础上制定设立家事法院的具体法律,并在全国更多的范围内层层展开,步步推进。这样,我们的法院现代化的步伐才不至于过分迟缓,才能逐渐缩小与发达国家的差距。

另外,从设立家事法院的审批程序上来看,目前也有相应的政策依据和法律文件支持。比如,中共中央办公厅 2001 年 3 月 24 日印发了《地方各级人民法院机构改革意见》,该《意见》明确指出:"因特殊需要设置人民法院,由高级人民法院经有关部门同意后,报最高人民法院审批"。可见,《意见》将设立特殊法院的审批权赋予了最高人民法院,家事法院作为特殊法院,经最高人民法院批准即可成立。

(二) 设立家事法院有坚实的实践基础

近些年来,我国家事纠纷的数量居高不下,平均每年处理的家事案件量都在120万件左右。面对如此众多而又容易激化矛盾的家事纠纷,很多普通法院在实践中积极探索解决家事案件的特殊措施和手段,在合理的法律限度内施展最大的主观能动性,形成了一定的特殊化审理模式,积累了许多有益的经验。最高人民法院在总结实践经验的基础上,为家事案件的纠纷解决机制出台了若干司法解释,为家事法院的构建提供了必要的实践材料。

首先,家事案件的特殊审判程序逐步形成。尽管我国《民事诉讼法》对家事案件的审判程序未作特别的规定,但实践中,普通法院在处理家事案件中早已尝试专门化的审理模式,最高人民法院针对家事案件的特点,在调研和总结经验的基础上,通过两个"婚姻法司法解释"把家事案件的特殊审判程序进行具体细化;一些省的高级人民法院(如山东省高级人民法院、江苏省高级人民法院)在最高人民法院司法解释基础上,又以会议纪要等文件形式出台相应的规定,对婚姻家庭类案件的审判作出更加细化的规定,指导下级人民法院的家事审判工作。如今,婚姻家庭类案件的审判与普通民商事案件的审判已经具有比较大的分别。

其次,家事案件的类别进一步细化,分化出诸多案件类型。根据最高人民法院公布的《民事案由规定》,婚姻家庭、继承纠纷的案由总计有20项,26个具体分项,其类型之多系新中国成立以来之最。这还不包括从这些具体类别中可能分化出的更小纠纷类型,如具体案由中有一项是同居关系析产、子女抚养纠纷,这里的同居关系子女抚养纠纷,就可以分化出"请求确认生父或生母之诉"。众多的家事案件,经过分门别类的规划,为成立专门管辖这类案件的家事法院打下了伏笔。而且,与婚姻家庭有关的案由还有许多依据非讼程序等特别程序审理的事项,如申请宣告公民无民事行为能力、申请宣告公民限制民事行为能力、申请宣告公民恢复限制民事行为能力、申请宣告公民恢复完全民事行为能力;申请确定监护人、申请撤销监护人资格;申请宣告公民失踪、申请为失踪人财产指定、变更代管人、失踪人债务支付纠纷;申请宣告公民死亡、申请撤销宣告公民死亡、申请撤销死亡宣告人请求返还财产纠纷等,这些案件可以一并统合进家事法院进行专门化处理。

再次,各地法院对于家事审判还有一些各具特色的改革尝试,为家事法院的构建提供了重要的参考。笔者在互联网上搜索发现,各地法院的做法具有很多相同的因素,这进一步证明了婚姻家庭案件的审判具有非常明显的规律性,是可以进行总结和运用的。

实例一: 湖北老河口市人民法院为了家事案件的妥当解决,于1999年专门设立了"维护妇女儿童权益合议庭",把保护家庭内妇女儿童的合法权益作为审判工作的一项重要任务。该庭还邀请妇女参加陪审,充分利用女性陪审员熟悉妇女心理的特点,善于做思想工作的特长,对案件进行调解,取得不错的社会效果。几年来,该合议庭共审理婚姻家庭案件2462件,审结2455件,调解结案占审结数的68%。其中,妇女参与陪审1193件,占49%。[1]

实例二: 婚姻家庭纠纷的逐年攀升,对审判人员的素质提出了严峻的挑战。1997年5月,湖北襄樊市中级人民法院审时度势,及时成立了婚姻家庭合议庭,专门从事婚姻家庭类案件的审理工作。1999年初政协第十届一次全会上,30名女政协委员联名,要求在全市10个基层法院推广市中院的这一做法,得到各基层法院的积极响应,相继设立婚姻家庭合议庭。在人员配备上,坚持以女性为主,注意选拔那些综合素质高、业务能力强、审判经验丰富、事业心强,善于做调解工作,具有较强社会责任感的女法官组成合议庭。婚姻纠纷的特殊性要求审判人员既要有深厚的法律功底,也要有丰富的社会知识和对人性的透彻把握。而选择人民陪审员参与审判,可以集思广益,寻求最佳的处理途径。妇女干部长期从事妇女工作,对妇女的工作、生活、思想动态、思维方式有较深的了解,很适合担任陪审员。在审判中,合议庭还创造了"调解优先"、"情法交融"等审理方式,收到极好的效果。[2]

实例三: 2007年,湖北省五峰妇联和五峰法院联合在县法院的民一庭设立了"妇女儿童维权合议庭",专门审理因家庭暴力引起的婚姻家庭案件、侵犯妇女儿童人身权、财产权案件、剥夺母亲对子女监护权案件、儿童抚养权、教育权等合法权益受侵害案件。在刑庭设立青少年合议庭,专

---

[1] 参见《老河口市维权合议庭为妇女儿童撑起一片蓝天》,http://www.hbwomen.org.cn/2008-07/24/cms650586article.shtml,最后访问日期:2008年8月10日。

[2] 参见王洪、刘爱瑛:《为离婚妇女撑起一片蓝天——襄樊中院为妇女维权纪实》,http://hubeigy.chinacourt.org/public/detail.php?id=4837,最后访问日期:2008年8月10日。

门审理未成年人犯罪案件及开展回访帮教与社区矫正,积极开展"万千花蕾保护行动",着力维护未成年人合法权益。① 湖北省高级人民法院还要求在全省法院全面推行建立维护妇女儿童合法权益合议庭制度,并要求各级人民法院应选派经验丰富、业务能力强、善于做思想工作的法官担任维权合议庭成员,并可邀请具有一定的法律知识、长期从事妇女儿童维权工作的妇联干部担任陪审员参加合议庭。维权合议庭在审理涉及妇女儿童权益案件时,要做到快立案、快审理、快执行。建立绿色诉讼通道,对确有经济困难或其他特殊情况的妇女儿童当事人给予法律援助,酌情缓、减、免交诉讼费用。在维权过程中应加强调解,与妇联组织配合,降低诉讼成本,简化诉讼程序,化解矛盾,维护和构建和谐的家庭关系。②

实例四:四川广安市岳池县法院近年来在民一庭内,成立了由清一色女法官组成、专门审理婚姻家庭纠纷案件的"女子合议庭",以切实维护妇女儿童的权益。该合议庭充分发挥女法官在案件审理中细致、亲和、易于沟通的优势,主要审理辖区范围内的离婚案件、宣告婚姻无效案件、抚养案件、抚育费案件、赡养案件和继承案件。在具体工作中,提出了"五个一"工作措施。即开设一个咨询台,随时接待和接受上述案件有关当事人或相关人员的当面咨询和电话咨询,解答他们的疑难问题,提出建议,供他们参考;建立一个联系网,加强与县妇联、民政局等部门的工作联络和协调,积极吸纳各乡镇妇女主任、辖区内企事业单位的妇女干部参与案件的审判调解活动,充分发挥女陪审员在审理婚姻家庭案件中的作用,营造良好的审判氛围;开好一个示范庭,定期或不定期地选择典型案件,特邀妇女干部为陪审员组成合议庭,通过巡回审理,就地办案的形式,充分运用新闻媒体,扩大宣传教育的作用;确立一个原则,即着重调解的原则,要充分尊重妇女的合法意愿,重视女方对婚姻的态度,立足调解,慎用判决,力争婚姻家庭纠纷案件的调解率达85%,切实尊重和保护妇女、儿童等弱势群体的合法权益;建立一个制度,即回访制度,案件审结后,把"问题家庭"作为重点走访对象,主要是对判决不准离婚的当事人,要有计划地上门走访,引导当事人及时调节夫妻关系;对判决或调解离婚后子女抚养

---

① 参见《五峰县妇联与法院建立联席会议制度保护妇女儿童合法权益》,http://www. women.org.cn/allnews/1302/1904.html,最后访问日期:2008年8月10日。
② 参见《湖北法院推行妇女儿童权益合议庭制度》,http://www.kidsay.cn/viewnews_21311.html,最后访问日期:2008年8月10日。

的情况进行跟踪,确保未成年人的权利得到落实;对赡养案件要延伸服务,及时了解生效判决的落实情况,劝导当事人及时履行义务,让老人老有所养。①

实例五:为了保障妇女儿童合法权益,北京市朝阳区妇联和朝阳区法院在调查研究的基础上,经过沟通协商后,于 2007 年 12 月 20 日,在朝阳区王四营乡成立首个妇女儿童维权合议庭。妇女儿童合议庭由当地法庭(王四营法庭)以及少年审判庭共同组成,设有日常法官 5 名、审判助理员 5 名。合议庭将重点受理以下典型案件:(1) 因家庭暴力引起的婚姻家庭案件;(2) 侵犯妇女人身权利的案件;(3) 侵犯妇女儿童财产权的案件;(4) 剥夺母亲对子女监护的案件;(5) 老年孤寡赡养权受侵害的案件;(6) 侵犯妇女劳动权益的案件;(7) 侵犯妇女承包经营权的案件;(8) 儿童抚养权、教育权等合法权益受侵害案件;(9) 其他明显侵犯妇女儿童合法权益的案件。合议庭还开通一部热线电话,当地妇女儿童遇到维权问题时,均可拨打该部电话向合议庭投诉或者咨询。②

实例六:2000 年 3 月,石家庄正定县妇联与县人民法院联合在城关法庭成立了"婚姻家庭合议庭"和"婚姻家庭教育学校",在此基础上,2005 年,建立了反家庭暴力合议庭(以下简称合议庭),该专业合议庭具有典型的审教结合特色。几年来,该法院共受理家庭暴力民事案件 647 件,已审结 628 件,结案率 97%,为 800 人上教育课,为 130 名妇女、儿童提供了法律援助,做到了无矛盾激化,无上访,无申诉,收到了良好效果。③

实例七:广西贺州中级法院在大立案和审判业务庭职能分工的基础上,按科学、合理、平衡原则着手改革案件分配方式,改变以往绝对化的平均分案方式,进一步规范细化了各业务庭之间的职能分工。其中,八步区法院自 2005 年 10 月份起根据涉案法律关系的不同将庭内审判资源再一次分工细化,设立专门处理某一类或某几类案件的专门合议庭,成立了婚

---

① 参见《我院成立女子合议庭》,http://wssc.newssc.org/system/2008/05/08/010821339.shtml,最后访问日期:2008 年 7 月 30 日。

② 参见《朝阳成立妇女儿童维权合议庭》,http://www.cyw.com.cn/flkx/fngz/4aecfc3216f59c1601170b12f6ab000a.html,最后访问日期:2008 年 8 月 10 日。

③ 参见《石家庄正定县反家庭暴力合议庭三措维护妇女儿童合法权益》,http://www.sjzfe.gov.cn/art/2007/10/15/art_23397_197056.html,最后访问日期:2008 年 8 月 10 日。

姻家庭案件合议庭、合同纠纷案件合议庭、道路交通事故案件合议庭等，以促进法官队伍的专业化建设。①

实例八：为了更好地处理家事纠纷，实现家事纠纷审理的专业化，广东法院在2010年试点组建家事合议庭。2010年3月23日，广东省高级人民法院宣布在7个法院试点组建家事审判合议庭，集中审理因婚姻、亲子关系引发的人身权纠纷，以及与此相关联的财产权纠纷。这七个法院分别是：中山市中级法院、广州市黄埔区法院、珠海市香洲区法院、中山市第一法院、中山市第二法院、佛山市顺德区法院、东莞市第二法院。广东省高级人民法院副院长谭玲表示，鉴于家事案件具有高度的人身属性，当事人在诉讼中不愿意过度公开个人隐私，涉家暴案件的受害人收集证据十分困难，需要合理分配举证责任。设立专门的家事审判合议庭，有利于上述纠纷的顺利解决。家事合议庭将由熟悉婚姻家庭案件和审判经验丰富的法官组成，配备至少一名女法官，必要时邀请妇联干部、心理专家担任人民陪审员。家事合议庭可以委托妇联组织进行调解，调解成功的由法院予以司法确认。②

最后，还需提及的是，我国少年审判中已经出现类似于日本家庭裁判所调查官的调查制度。如最高人民法院《关于审理未成年人刑事案件的若干规定》第21条规定："开庭审理前，控辩双方可以分别就未成年被告人性格特点、家庭情况、社会交往、成长经历以及实施被指控的犯罪前后的表现等情况进行调查，并制作书面材料提交合议庭。必要时，人民法院也可以委托有关社会团体组织就上述情况进行调查或者自行进行调查。"这一规定已经完全打破了少年刑事审判的传统思维定势，为设置专门的家事法院打下了坚实的基础。

通过上述具体实践，我们发现在家事审判中，已经出现一些共通的、规律性的做法，这些做法实际上已经构成了家事法院的要素或者雏形：(1)家事法庭初见雏形。尽管实践中多以"婚姻家庭案件合议庭"、"妇女维权合议庭"、"妇女儿童合议庭"、"婚姻家庭案件合议庭"等名称出现，范围也不尽一致，但其实质都是专门针对家事案件的。(2)家事法官

---

① 参见《广西贺州中级法院五项举措完善审判管理机制》，http://www.pagx.cn/childhtml/2006/7-14/20060714091658561.html，最后访问日期：2008年7月30日。
② 参见《人民法院报》2010年3月24日。

逐步形成专门化趋势。从上述实例看,很多法院都选派专门的、相对固定的法官审理家事案件,这些法官大多是热爱家事审判、善于调解、富有爱心的女法官,这些素质要求已经与处理其他民商事案件的法官的素质要求有所区别。(3)专门的家事陪审员已经出现。聘请熟悉婚姻家庭法律法规、长期从事妇女儿童维权工作以及善于做思想工作的人员做陪审员已成为各个家事合议庭的共同做法。妇联干部和熟悉妇女儿童工作的其他人员往往是首选。为了更有成效地开展家事陪审工作,一些法院还为妇联系统特邀陪审员举办培训班,提升家事陪审员的陪审质量。①(4)调解为主的解纷方式基本形成。几乎所有的家事合议庭都把家事调解放在最重要的位置加以重视,并身体力行,多数调解率达到一半以上,有的高达80%以上。(5)家事案件和少年案件有统一协同处理的趋势。如北京朝阳区妇女儿童合议庭就由当地法庭(王四营法庭)以及少年审判庭共同组成。(6)家事法庭的社会机能开始显现。很多家事合议庭尝试为社会提供与婚姻家庭有关的咨询和服务活动,如石家庄正定县婚姻家庭合议庭实行"审教结合",曾为800人上教育课。北京朝阳区法院合议庭还开通一部热线电话,当地妇女儿童遇到维权问题时,均可拨打该部电话向合议庭投诉或者咨询。这些尝试为家事法院的构建提供了重要的参考素材。

(三)设立家事法院有比较充分的理论准备

在我国设立家事法院,有比较充分的理论准备。这些理论准备可以通过多种方式表现出来。

首先,家事审判程序、人事诉讼程序的学术研究,近几年来方兴未艾,炙手可热,形成了比较成熟的理论体系。最早关注"人事诉讼程序"的学者有李杰、王强义等人,李杰曾在《中国法学》1990年第6期上发表《完善我国身份关系诉讼制度的构想》一文,首次提出了身份关系诉讼这一概念;王强义教授在1993年出版了《民事诉讼特别程序研究》一书,对作为特别程序组成部分的人事诉讼程序进行了比较详尽的阐述和研究,并且首次提出建立人事诉讼的特别审判机构——家事法庭。在他看来,家事

---

① 参见《用法律维护妇女儿童权益,清远培训特邀陪审员》,http://www.southcn.com/news/dishi/qingyuan/shizheng/200404190554.htm,最后访问日期:2008年7月30日。

法庭符合身份关系的特殊性质要求,便于实行程序法上的特殊规则,如调解前置主义、职权审理主义以及不公开主义等,也便于与社会的"干预"相结合,产生最佳的处理效果。但家事法庭受理的案件不限于人事诉讼案件,而是包括人事诉讼案件在内的所有家事案件,家事法庭全面负责的家事案件的调解和审判工作。① 以后,越来越多的学者撰文涉足这一领域,涌现出若干文章。② 此外,以家事审判为题进行的专门研究,也出现了很多论文③,这些论文中大都将所有家事案件,包括家事身份关系案件、家事财产案件以及家事非讼案件统合起来进行研究,并在制度构建中提出建构我国家事法院的设想。随着家事类审判程序研究的不断深入,开始出现专门的家事法院研究④,这些研究在介绍国外家事法院的理论与实践的基础上,已经针对我国现状,对在我国设立家事法院的构想进行具体的可行性论证。

其次,学界和实务界经常举办涉及婚姻家庭案件审判程序的专题研讨会,国内外学者和实务工作者在研讨中都意识到,家事案件审判程序具有明显特殊性。正如有观点认为:"研究婚姻家庭案件中的特有规律,有利于提高案件的办案水平,改善分配正义的质量;它能够为改善司法正义质量提供一种方法、一个模式;它还有助于发挥司法职能在社会正义实现

---

① 参见王强义:《民事诉讼特别程序研究》,中国政法大学出版社 1993 年版,第 301—306 页。

② 如刘田玉:《建立我国身份关系诉讼制度刍议》,载《中央政法管理干部学院学报》1998 年增刊;齐树洁:《家事诉讼:法院任重而道远》,载最高人民法院《人民法院报》2001 年 9 月 22 日;王礼仁:《设立人事诉讼制度之我见》,载《法律适用》2002 年第 10 期;梁宏辉、张德峰:《论我国人事诉讼程序之构建》,载《广西政府管理干部学院学报》2003 年第 5 期;邵俊武:《建立婚姻家庭民事诉讼专门程序之我见》,载《兰州商学院学报》2003 年第 4 期;陈爱武:《略论人事诉讼程序之构建》,载《诉讼法学研究》2003 年第 6 卷。

③ 如许少波:《我国家事审判制度之构建》,载《开封大学学报》2001 年第 2 期;滕威:《关于设立身份关系特别诉讼程序的思考》,载《审判研究》(总第三辑),法律出版社 2004 年版;孟涛:《日本人事诉讼法的改革动向——兼谈家事审判制度的发展规律》,载陈刚主编:《比较民事诉讼法》(2003 年卷),中国人民大学出版社 2004 年版;张晓茹:《发达国家的家事裁判制度》,载《人民法院报》2006 年 3 月 3 日;张晓茹:《家事保全程序探究——对我国民事诉讼立法中一个空白点的诠释》,载《河南社会科学》2006 年第 4 期;张晓茹:《家事事件程序的法理分析》,载《河北法学》2006 年第 6 期。

④ 如蒋月:《家事审判制度:家事诉讼程序与家事法庭》,载《甘肃政法学院学报》2008 年第 1 期;张晓茹:《日本家事法院及其对我国的启示》,载《比较法研究》2008 年第 3 期。

链条中的作用"。①一次次研讨会将家事审判的规律一点点地堆积起来,最终形成完整的体系,成为构建家事法院的理论基础和源泉。

研讨会一:1998年7月15日至16日,广东省法官协会在广东深圳法官培训中心召开了全省法院审理婚姻家庭案件研讨会。会议总结了法院近年来审理婚姻家庭案件的经验,研究探讨了当前审理婚姻家庭案件的新情况和新问题,对审判实践中亟待解决的问题提出了对策和办法。有共计68名法官出席研讨会,最高法院民庭派员到会指导。②

研讨会二:2005年5月,江苏省法院民一庭在徐州市召开了"婚姻家庭案件疑难问题法律适用"研讨会,全省各中院民一庭庭长、部分基层人民法院民一庭庭长以及部分审判骨干、省法院民一庭负责人和审判长参加了本次研讨会。会议主要围绕全省各地法院在审理婚姻家庭案件中所遇到的涉及当事人民事行为能力认定、彩礼、离婚、探望权、夫妻共同财产、夫妻共同债务等几大类问题展开了讨论,对实务中的热点、难点问题进行了充分的交流。③

研讨会三:2006年7月4—5日,《中国审判》新闻月刊主办、青岛市市北区法院协办的"婚姻案件审判的社会责任和审判技巧"研讨会在山东省青岛市召开,来自11个省、市、自治区各级法院的20余名法官代表参加了研讨会。围绕会议主题,与会代表从法学理论和司法实践出发,展开了深入而热烈的探讨。大家一致认为,婚姻是家庭的基础,构建和谐社会离不开构建和谐的婚姻家庭关系。法官审理婚姻案件,应当自觉担负起构建和谐社会、和谐社区、和谐家庭的重任,以高度的社会责任感和精湛的审判艺术审理好每一起婚姻家庭案件,实现法律效果和社会效果的统一。④

研讨会四:由最高人民法院中国应用法学研究所主办,美国律师协会

---

① 参见《"婚姻家庭案件中的性别视角研讨会"在京召开》,http://news.sohu.com/20070805/n251419824.shtml,最后访问日期:2008年7月22日。
② 参见《广东省法官协会民事审判专业学术委员会审理婚姻家庭案件研讨会综述1998》,http://www.iamlawyer.com/flgf/dffg/20080609/205813.aspx,最后访问日期:2008年7月22日。
③ 参见《江苏省法院民一庭婚姻家庭案件疑难问题法律适用研讨会综述分类:婚姻家庭专栏(2005年)》,http://www.iamlawyer.com/flgf/dffg/20080609/205842.aspx,最后访问日期:2008年7月25日。
④ 参见《全国"婚姻案件审判的社会责任和审判技巧"研讨会在市北区法院召开》,http://qdsb.chinacourt.org/public/detail.php?id=571,最后访问日期:2008年7月22日。

协办的"婚姻家庭案件中的性别视角研讨会"于 2007 年 7 月 29 日至 30 日在北京召开。会议不仅邀请包括法院、公安、政法委、妇联、研究机构、媒体等机构的国内代表,也邀请了美国律师协会家庭暴力委员会主任参加,会议共有 40 余人。研讨会围绕着性别意识主流化、涉及家庭暴力案件的法律问题概览、证据及其相关问题、调解机制及其技巧、多机构合作机制以及司法程序中的性别视角等专题进行了研讨。①

研讨会五:2007 年 10 月 27—28 日,中国法学会婚姻家庭法学研究会和汕头大学法学院长江谈判及争议解决中心联合在北京香山卧佛山庄举办"婚姻家庭争议解决机制研讨会",来自内地婚姻家庭法学理论界、实务界的人士 50 余人以及我国香港地区和美国的专家出席了会议并进行了热烈研讨。与会者认为,婚姻家庭争议与人的身份有关,不同于普通的民事法律关系,更多地涉及感情、亲情和道德,因此,既不宜用简单的契约式关系及其调整方式来解决,也不能简单地以权威性的裁判"分清是非",进行处理,而必须把促成当事人之间恢复感情、消除对立,实现和解,作为纠纷解决的根本目标和价值取向。为此必须特别注重替代诉讼方式(尤其是调解)的运用,可以设立法院外的非诉讼调解,由民间组织、社会团体或基层司法、行政组织主持进行。我国的民间调解组织和妇联、工会等社会团体,以及行政机关在对所属成员的婚姻家庭纠纷的调解中也都曾发挥重要的作用。还可以借鉴日本,设立法院附设的诉讼前调解。②

尽管研讨会的主角不一定都是专家、学者,还有大量的实务界人士参与,但每次会议形成的理论认识却总是惊人地一致,这就是:婚姻家庭案件的审判需要特殊的审判程序、特殊的审判组织机构、特殊的审判人员、特殊的审理理念。这些认知为家事法院的设立和运作提供重要的理论依据。

总之,通过这些年来我国理论和实务界对家事审判、人事诉讼的研究和探讨,已经形成了构建家事法院的程序基础和理论基础体系,家事法院的构建已不存在理论障碍。

---

① 参见《"婚姻家庭案件中的性别视角研讨会"在京召开》,http://news.sohu.com/20070805/n251419824.shtml,最后访问日期:2008 年 7 月 22 日。
② 参见马忆南:《婚姻家庭争议解决机制研讨会观点综述》,http://www.chinalawsociety.org.cn/research/shownews.asp? id = 327&cpage = 2,最后访问日期:2008 年 7 月 20 日。

(四) 设立家事法院有丰富的域外资源可资借鉴

家事法院在国外最长已有近百年的历史,不管家事法院的形式经历了怎样的变迁,大多数国家都陆续建立了相对独立的家事法院是不争的事实。尽管各国建立家事法院的具体情势有所不同,但还是有一些共通的规律可以归纳、总结,并可以给我们提供必要的参考和启示。本书在上一章中已经着重阐述了成立家事法院的重要因素,包括:少年犯罪和少年违法行为的数量是否剧增;以离婚为核心的家庭事件的数量是否剧增;历史上是否有类似的机构或者组织存在;既有的审判程序是否适合处理家庭案件;传统法院在处理家庭事件中的是否存在局限性等。这些因素与家事法院的设立和完善具有密切的关联。

从我国具体情况来看,设立家事法院的上述要素已经基本具备。其一,我国少年案件的数量近年来不断增长已经成为重要的社会问题,少年犯罪之外的违法事件更是数量庞大;其二,家事案件的数量尽管最近两年没有继续增长,但总量仍是巨大的,而且也不太可能继续下降,更何况家事案件的复杂程度远远高于从前,处理难度明显加大;其三,尽管我国历史上没有类似的专门家事审判机构,但近年来改革实践中,涌现出若干婚姻家庭专门合议庭也同样起到了相应的作用;其四,我国既有的民事诉讼审判程序对家庭案件已经具有一定的不适应性,若干次家事案件审判的研讨会正是源于这一困境;其五,我国法院,尤其是地方各级法院也是以解决纠纷为其主要功能,主要具备司法机能,一般不具备社会机能,家事案件妥当解决所需要的各项非司法机能,现有法院无法满足,因此,我国法院在处理家庭事件中存在着严重的局限性,需要进行大胆的改革。

正是从这个意义上说,构建家事法院既不是学者们的空想和虚构,也不是政治国家权力行使者的任性行为,而是遵循和顺应客观规律的必然选择,因为它反映了社会生活条件中涌现的应然法权关系的要求,是产出家事领域中特殊司法正义的"应然法权"。①

---

① "应然法权",又称"应有权利"、"法权要求"。依历史唯物主义的观点,应然权利是来自于社会物质生活条件中主体交往的权利要求,这种权利要求对包括法律在内的制度建设具有决定性意义。参见公丕祥:《法哲学与法制现代化》,南京师范大学出版社1998年版,第254页。

(五) 设立家事法院不会给财政带来太大压力

从表面上看,设立家事法院是在普通地方法院之外设立了新的法院,似乎需要巨额的财政投入,如法院选址、建办公大楼、购置办公设施、招聘专业人员和其他辅助人员等,然而,仔细思量就会发现,有很多假设并不成立。首先,家事法院并不需要一下子在全国全面铺开,而是实行根据需要与可能逐步推进的原则,在条件具备的地方可以率先组建独立建制的家事法院,在条件不具备的地方,可以在普通法院内设立相对独立的家事法庭,这应当不需要耗费太多资源。其次,对于专业人员和辅助人员,可以从原普通法院抽调进行整合,因为原先的婚姻家庭综合庭或者民事庭已经培养了很多专门从事家事案件审判的专业人员,同时还可以再吸收一些热爱家事审判、具有某一方面专门知识的其他庭的人员共同组成家事法官队伍;其他辅助人员,也可以采用同样的方式进行筛选和整合。这样可以在不增加现有法院编制的基础上将人员整合好。最后,从我国近年来的经济发展情况看,随着改革开放不断向纵深发展,我国的经济稳步增长的势头并没有改变,综合国力显著提高,一些地方已经提前进入中等发达国家水平。在这种情况下,适量投入资金支持组建家事法院或者充实家事法庭,应该说不会有太大的障碍。更何况,这样的投入并不是无谓的付出,而是将得到巨大回报的"投资"。因为与传统综合性法院相比,专门的家事法院不仅能够提高处理家事案件的效率,而且还能使大多数家事纠纷获得圆满的解决,促进家庭和谐和家族感情。俗话说"家和万事兴",家庭和谐是社会和谐的前提,有了家庭和谐的基础,整个国家和社会的和谐秩序,何愁不能形成?这种无形的效益是无法用数字来说明和描述的。

所以,即便从法经济学的角度而言,设立家事法院也是具有高效益的"投资"行为,具有长久的利好支撑。

三、构建我国家事法院的宏观构想

(一) 构建家事法院的指导思想和基本原则

既然在我国设立家事法院既具有必要性,又具备一定的现实可能性,那么接下来需要关注的就是构建家事法院的指导思想和基本原则,因为,只有时刻关注家事法院的指导思想和基本原则,我们构建的家事法院才不至于背离设计的初衷,才能最大限度的发挥其效用,实现利益最大化。

1. 考量国情

国情原则是设立家事法院首先需要考量的因素。国情是一个国家客观存在的基本事实。我国的国情包括许多方面,但最根本的是正处于并将长期处于社会主义初级阶段。对于这一阶段的特点,邓小平同志说得很明确,就是不发达的阶段。这个判断不是主观臆测,而是在科学分析和全面估量中国国情的基础上做出的符合实际的结论。1992年,邓小平同志在南方谈话中语重心长地指出:"我们搞社会主义才几十年,还处在初级阶段。巩固和发展社会主义制度,还需要一个很长的历史阶段,需要我们几代人、十几代人,甚至几十代人坚持不懈地努力奋斗,决不能掉以轻心。"①

改革开放以来,我国生产力水平有了很大提高,综合国力明显增强,人民生活不断改善,社会主义建设取得巨大成就。但要看到,我国人口多、底子薄、生产力不发达的状况还没有根本改变,我国正处于并将长期处于社会主义初级阶段的现状没有根本改变。正如邓小平同志所言:"社会主义本身是共产主义的初级阶段,而我们中国又处在社会主义的初级阶段,就是不发达的阶段。一切都要从这个实际出发,根据这个实际来制订规划"。② 此外,我们还需要注意的是,我国是个多民族的国家,由于历史以及地理等因素的影响,各地经济发展水平、人们的思想观念等差异极大。总体上来说,我国东部地区,特别是东部沿海地区,经济发达、人口稠密、交通便利;中部地区经济上处于半发达和欠发达状态、人口稠密、交通较为便利;西部地区经济上主要处于欠发达或相当落后的状态、地域辽阔、大部分地区人口稀少、交通状况落后。③ 在这种背景下,我们就不可能采取一刀切的方式,让家事法院以单一方式或模式在所有地方全面开花。

国情原则要求我们,根据需要和可能设立家事法院,根据时间表有序

---

① 《邓小平文选》第3卷,人民出版社1993年版,第379—380页。
② 同上书,第252页。
③ 参见毕玉谦:《我国各级法院的职能定位与审级制度的重构》,载《中国司法》2005年第8期。

地设立家事法院,根据各地具体情况,允许有一定的变通性或者替代性的做法。只有循序渐进,一步一个脚印,我们的综合性家事法院才能最终在全国范围内开花结果,发挥其最大的功效。

2. 注重效益

效益原则也是设立家事法院必须考量的因素,这里的效益应当是综合性的效益。一个没有效益的政策或者举措肯定是得不到国家与人民支持的。与现有的体制相比,只有当设立家事法院能产生较大的效益时才能获得各方的支持。

家事法院的效益可以从多方面展示:其一,从法院制度现代化的角度来看,家事法院应当能够体现"审判职能分化以及行使这种职能的角色分离"的现代化趋势。现代化是当代社会发展不可逆转的趋向,法院制度现代化也应当是法院制度发展的不二路径,因此,家事法院的设立从有利于法院制度专门化这一现代化视角而言,是有效益的,它构成了法院制度发展的重要且活跃的因素。其二,从家事法院在解决家庭纷争的能量上看,家事法院应当能吸收几乎全部的家事纷争,从而在案件数量上实现其效益。一旦家事法院真正付诸实践,它应该能将传统法院中至少1/3的民事案件工作量消解,这样的结果可以大大缓解普通法院的压力,使其集中精力承办其他民商事案件,提高审判质量。其三,家事法院应该能显著提高效率。家事法院正是因为具备专业性和专门化的特质,所以其处理案件的效率大大提高。这也是现代社会分工的基本动力和前提。其四,家事法院应当有利于培养家事审判、家事调停、家事调查等方面的专门人才。家事法院是依赖专门人才的专业法院,而专门人才的养成需要有制度化的环境和场所,家事法院应当担起这一责任。而这同样蕴含着莫大的效益,因为只有专门人才才具备按照家事事务之特性作出有针对性的妥当解决的能力,做到不仅在表面上平息了纠纷,而且在感情和心灵上也产生使当事人获得真正解放的效果,其效益显而易见。

实践中,处理家事纠纷的机构一直就是存在的,当我们决定抛弃原先的法院,而在其之外另起炉灶设立全新的家事法院时,我们需要认真地考虑新法院的效益,只有效益卓著,新法院才能在运行了多年且具有极大惯性和惰性的传统法院系统内分离出来,成为真正的专业法院。

3. 理顺关系

家事法院不是一个孤立的现象,它的设立具有"牵一发而动全身"的效果。因此,准备设立家事法院时需要考量家事法院与社会机构以及其他法院的协调和平衡,处理好多方面的关系,这样才能各得其所,共同发展,实现一加一大于二的综合效果。

特别需要关注的是以下几种关系:一是家事法院与社会协助机构。家事法院与普通法院不同的重要一点就是其具有社会机能,而社会机能的发挥必须依靠社会相关部门的支持和协助,如国家有关机关、社会福利组织、社会工作者等,否则,家事法院即便有三头六臂也无法胜任这一角色。因此,要设立家事法院,必须通过适当的机制使家事法院与上述社会组织和机构之间形成长效的协作互助关系,共同履行对国家与社会的义务。二是家事法院与少年法院。目前,世界上既有统合家事事件和少年事件而成立的综合性家事法院,也有分别设立家事法院和少年法院的情形。对于前者,二者的关系比较好协调,对于后者,需要划清二者的职责范围和作用界限,妥善处理好二者的关系。对于那些二者都有管辖权的具体案件,可以通过立法设定一定的法律原则来进行解决,同时还要建立二者相互协助和资源共享的常规制度。三是家事法院与普通民事法院。家事法院与普通法院也有一些共同管辖案件,因此,也需要妥当协调二者关系。可以通过立法或其他法律文件的形式合理规制家事法院对与家事案件有牵连的普通民事案件的合并管辖原则,普通法院也可以在必要时依职权或依当事人申请将案件移送家事法院,反之,家事法院在没有合并利益的情况下,也可以将家事相关案件移送普通法院。在需要调查的事项和执行事项上,二者应当进行相互的协助和合作。

平衡协调原则意味着,法院在分化和扩展的基础上,应当注意其体制内和体制外的整合和梳理,使纵横交错的各类专门法院不仅在法律上名分自定,而且逻辑顺畅、秩序井然,形成一个功能互补、结构严谨的法院体系。

4. 便民、亲民

家事法院的设置应当使民众受益,而不是给民众带来更大的负担和麻烦,即家事法院的设立不应当仅仅出于法院自身的专业分工或者职能需要,而应当更多地考虑民众接近正义的便利性和实效性,因此,专门法院的设置不应当脱离民众的需求和渴望,应当以便民、亲民、近民作为基本的指导思想。

家事法院作为与民众和社区具有密切联系的专门法院,应当更具外向性和人文性,体现在设置的地域选择上,应当注意不要将其设立在偏远的地域,而应当选择交通相对便利的中心地带;在家事法院的具体数量上,应当根据案件量等综合因素进行考量,在一些直辖市,可以考虑设立两所以上的家事法院,并且在市区进行合理布局。在较大的市,在设立一所家事法院的基础上,可以在人口密集的区域设置若干家事法院分支机构。通过合理布局,家事法院应当成为民众信赖而又易于接近的正义场所。

5. 理想与现实兼顾

设立家事法院,国外有诸多的模式,这些模式大多是各国根据本国情况因地制宜创设的,可以说各具特色,也各有利弊。尽管从理论上说,综合性家事法院似乎更为理想,因为它的功能发挥最为充分、效率更高、效果更卓著。但对于我国的具体情况而言,设立家事法院绝不能照搬照抄,因为我国的现实还不容许我们将家事法院的设置一步到位。

从我国目前的现实来看,家事法院的级别无论定位于基层法院还是中级法院都有难以克服的障碍。与多数发达国家不同,我国实行的是四级二审制的审级制度,每一个层级的法院都有审理一审案件的功能,在这一背景下,家事法院设在哪一层次本身就是一个问题。当然由于家事案件的性质和特征,肯定不会设在高级法院或最高法院这个层次,而只能在基层法院和中级法院这一层次来考虑。然而,仔细分析我们会发现这样一个现实的悖论:即由于家事案件与民众日常家庭生活密切相关,因此,家事法院设于基层法院这一层次对民众最为便利,也最合理,但现实障碍也是显而易见的,因为,我国目前大约有三千一百多个基层法院[①],设立与基层法院并列的家事法院将是一个浩大工程,不要说国家财力、人力等存在问题,其必要性也会颇受质疑,人们会追问"如此大动干戈,有改革必要吗"?那么,设在中级法院这个层次如何?从数量上看,我国目前大约有四百个左右的中级人民法院[②],在全国设立四百个左右的家事法院数量似乎可以接受,然而仍然需要巨大的财力支撑,构成一定的障碍。同时,在中级法院层次设立家事法院可能还会带来另一个问题,即本来家事

---

① 参见毕玉谦:《我国各级法院的职能定位与审级制度的重构》,载《中国司法》2005年第8期。

② 同上注。

案件由基层法院受理,家事案件当事人可以比较便利地接近法院,而现在专设了与中级法院对应的家事法院,一个设区的市只有一所,数量极少,家事案件当事人反而会觉得不方便了,因为到家事法院的路途显然比到基层法院远,花费也会相应地增加。可见,设立家事法院不是想象中那么简单,在我们大胆设想的同时,更需要小心求证,仔细斟酌,否则,理想化的改革将失去民众的支持和认同。

6. 留有余地

设立家事法院还需要用发展的眼光去进行筹划,为法院制度将来的改革和发展留下足够空间。家事法院不过是整个法院体系的一个有机组成部分,因此,必须把它置于我国整个法院组织制度的改革架构中去考量。

关于我国的法院制度改革,几年前就有学者提出若干构想,如中南财经政法大学的姚莉教授认为,我国的法院设置应在保持四级法院架构的基础上对法院体系和审级制度做协调一致的调整,具体构想是:(1)将基层法院定位为简易法院,适用简易程序或者特别程序审理案件。简易法院原则上按县、区级行政区划设置,但做适当调整,较大的县可以设两个简易法院,城市较小的区可以两个区设一个简易法院。(2)设置地区法院作为主要的一审法院。地区法院原则上按照地级市行政区划设置。(3)设置上诉法院作为主要的二审法院。上诉法院按照省级行政区划设置。(4)在中央设置最高法院,主要职责是维护法律的统一。这一职责主要通过具有指导意义的法律审程序和部分案件的二审程序来获得实现。① 复旦大学章武生教授对基层法院的改革提出了若干构想,如关于基层法院的分布,他认为一般以在每个县、县级市的政府所在地设置一个基层法院为宜,而在省、自治区、直辖市政府所在地以及设区的市,则应大大减少基层法院的数量。章教授还设想,大城市设 2—3 个基层法院,中小城市只设一个基层法院。这样便于基层法院形成规模效应,实现规范化、制度化、效率化、专业化,并有利于克服地方保护主义。② 中国人民大学王利明教授等则提出,在法院组织体系的独立上,可"选择司法区域的独立为改革的突破口",所谓司法区域的独立,即改革现行的按行政区划

---

① 参见姚莉:《法制现代化进程中的审判组织重构》,载《法学研究》2004 年第 5 期。
② 参见章武生:《基层法院改革若干问题研究》,载《法商研究》2002 年第 6 期。

设置地方各级人民法院的体制,使司法管辖区域不与行政管辖区域重合。从长远看,最好的办法是"设立法院系统自上而下的垂直领导"。①

尽管法院制度的改革是一项繁重而艰巨的任务,不可能在短时期内完成,但家事法院的设置却不得不考虑将来的改革举措,因为不同的改革方案,对家事法院的设置会产生不同的影响。因此,考虑家事法院的设置方案时必须注意给将来的法院制度改革预留一定的空间,以免造成资源浪费。

(二) 我国家事法院的设置模式

如前所述,各国家事法院存在多种样式或者模式,这些模式似乎各有千秋,难分上下。但从应然的层面上说,独立的家事法院应当是最好的选择,家事法庭次之,在少年法院或者少年法庭附带处理家事案件再次之,在普通法院任命专门家事法官处理部分家事案件最次。正因此,采取最后一种模式的一些国家如法国,已经开始在现行司法制度的框架内尝试建立像家庭事件处理部这样的机构。②

尽管在家事审判机构的诸种模式中,家事法院这一模式最能体现家事法院的功能和价值,综合效益也最大,但从我国现有国情而言,并非实行一个统一的模式为最佳。因为我国各地经济发展水平极不平衡,加之人们的思想、观念、意识等差异较大,所以,不能强求快速成立家事法院,更不能奢望家事法院在全国大面积展开。正如有学者所言,我国现阶段在各地"一刀切式"地设立独立的家事法院有以下问题:就硬件设备及人力资源而言,增建法院,需要广觅土地,添购各项办公设施,人力上需要大批法官和司法辅助人员,这无疑会增加国家财政负担,非短期内可以实现;就案件量而言,目前并非各地皆有许多的家事及少年事件,若在各地均成立家事法院,则易形成资源浪费。若在普通法院内设置家事法庭,实行起来比较容易,如不必耗资修建办公场所,但最终还要向建立独立家事法院的方向发展。③ 笔者完全同意她的观点,并认为我国家事法院的设置可以采取分步走的总体策略,具体而言是从远期目标、中期目标和近期

---

① 参见王利明、姚辉:《人民法院机构设置及审判方式改革问题研究》(上),载《中国法学》1998 年第 2 期。
② 参见〔日〕中村英郎:《民事诉讼理论的法系考察》,日本成文堂 1986 年版,第 100 页。
③ 参见张晓茹:《家事裁判制度研究》,中国政法大学 2004 年博士论文。

规划三个方面来进行综合考虑。

1. 远期目标

家事法院设立的远期目标应当是在全国设立统一的综合家事法院,家事法院应当置于初审法院的地位,但它不是简易法院。家事法院包括处理家事案件的家事部和处理少年案件的少年部,各部设若干审判法庭。在人员配置上,家事法院除了家事法官和少年法官之外,还将配置专职或者兼职的家事调查官、家事调解委员、心理医师等。在具体设施上,除了设法庭外,还应当设置商谈室、调解室、科学调查室、医务室等,此外,为了给家事案件当事人提供更多便利,还可设立婴幼儿等待室等便民场所。

至于设置多少所家事法院,由各个市根据具体情况进行规划,通常一个县应当设置一所,但在设区的市以及直辖市,可根据辖区大小、案件数量多寡、交通便利程度、经济发展状况等多种因素决定设立一所或者若干所,不必在每一个行政区都设一个家事法院。

家事案件的上诉法院与普通民事案件的上诉法院相同,都是普通二审法院,但在二审法院内部可以设立家事上诉庭和少年案件上诉庭,专门管辖上述案件的上诉事宜,以便更好地体现专业分工,实现家庭领域的正义。

为了便于对家事法院实行统筹管理,最高人民法院可以设立类似于日本最高院设立的家庭局①,专门负责家事案件的相关管理事宜,如制定并解释与家庭审判、家事调停以及少年审判相关的法规、规则;编辑、整理、出版与家庭审判相关的案例和资料;对家事审判中相关人员的资格和要求作出明确的规定和考核要求等。

2. 中期目标

我国家事法院的中期目标,是指伴随着我国司法制度改革的进程,经

---

① 日本最高法院下设家庭局,家庭局下辖三个课。家庭局第一课的职责为,制定并解释与家庭审判和家事调停相关的法规;制定家庭审判和家事调停程序规则;依据上述程序管辖家事案件,管理参与员及家事调停委员;负责联络与家庭审判和家事调停相关联的行政机关;编辑出版家庭审判月报等;负责整理与家庭审判相关联的资料;同时还负责不属于家事局其他课管理的本应属于家事局管理的其他事务。家庭局第二课主要负责少年审判和侵害少年利益的有关成人刑事案件的法规制定与解释;制定与上述法律程序相关联的规则负责处理与上述程序相关联的案件;负责与少年审判的侵害少年利益等有关的成人刑事犯罪相关联的少年院、少年救护中心等机构的联络。家庭局第三课负责管理家庭法院的调查官与家庭法院助理调查官的事务以及有关家庭案件的科学调查的论证与实施。参见冷罗生:《日本现代审判制度》,中国政法大学出版社2003年版,第57—58页。

历 5 年左右时间,在大中城市进行家事法院的试点,争取在某一个城市率先成立第一个家事法院。而后在实践中不断总结和完善,并根据需要和可能逐步向全国推广。

笔者认为,可以在一些经济条件比较好、开放程度比较高、家事案件比较多、家事审判经验比较丰富、交通比较便利的大中城市(如上海)率先进行试点,组建独立建制的家事法院。从我国现实情况看,家事法院应置于与基层法院类似的地位,是初审法院,受理所有一审家事案件,包括家事诉讼案件、家事非讼案件。为了便于路途较远地方的民众能够顺利接近家事法院,可以在若干地方设立家事派出法庭。家事派出法庭可以和现行的基层法院派出法庭合署办公,没有派出法庭的,也可以将家事派出法庭附设在基层法院内部,这样可以最大限度的节约资源。

对于不具备条件的地方,可以组建相对独立的、规范化的家事法庭,家事法庭与目前的婚姻家庭合议庭不同,它不只是合议庭,它是一个组织机构相对完整的家事审判机构,内部成员包括相对固定的家事法官、家事调解员、家事调查官等,并有较为严格的专业要求。家事法庭还可以聘请有关社会福利机构或者社会团体,如妇女联合会、共青团、人民调解委员会等对家事案件的调解和审判给予指导和协助;聘请有关人员,如心理学、医学、社会学、行为学、教育学方面的专家给予帮助。

3. 近期规划

从我国目前的情况看,家事法院的设置宜根据具体情况,考量各地情势,采取稳妥的方式渐进推进。目前,首要的工作是在一些已经成立婚姻家庭案件合议庭、家事审判基础较好的法院,率先组建相对独立的家事法庭。家事法庭应当有较为稳定的家事法官群体,有符合家事审判要求的相对专门化的兼职陪审员队伍,有相对专业的调查人员,同时,家事法庭还应当继续保持其与社会公益组织和人员的常规联系,使公益组织和有关社会工作者、志愿者能成为家事法庭的协力机关。

在不具备成立家事法庭的地方,可以在基层法院成立相对专业化的家事案件合议庭,由专人负责家事案件的审理和裁判,逐步培养专业化的家事法官及相关专业人员,待条件成熟再改组成立家事法庭或者家事法院。

在家事案件量较小,或者尚不具备成立家事案件合议庭的法院,可以指定专门人员负责家事案件之审理和裁判,逐步培养家事审判的专业化人才,为将来家事法院或家事法庭的建立创造条件。

(三) 从少年法庭、少年法院到家事法院

设立家事法院不可忽略有着深厚根基的少年法庭和少年法院,家事法院与少年法院不是一对你死我活的冤家,尽管前几年,要求设立少年法院的呼声曾经很高,但它对于设立家事法院并没有本质影响,因为少年法院发展到一定时候往往直接向少年与家庭综合法院转变,因此,正确认识和处理好家事法院与少年法院的关系,有利于少年法院在发展壮大的基础上自然实现其向家事法院的转换,一举实现家事法院在全国范围内全面开花。

我国少年司法专门化的实践远远早于家事法院,早在1984年11月,上海市长宁区法院就成立了全国第一个少年法庭,因其效果卓著,加之受到最高人民法院的关注和指导,这一经验被全面推广,到1990年底,全国的少年法庭已经达到2400余个;至1998年底,少年法庭的个数增长到3694个,从事少年审判的工作人员曾经一度超过1万人。① 尽管在法院系统机构改革的影响下,少年法庭的数量目前有所回落:截至2007年,全国法院设立的少年法庭共计2219个,从事少年审判的法官减少到7018人②,但其规模仍然是巨大的。在少年法庭发展过程中,各地法院积极探索,摸索出许多具有开创性地举措,使少年法庭逐步突破了"刑"字的框框,如江苏常州市天宁区法院在1991年8月曾经试着建立审理刑事、民事、行政案件的综合性少年案件审判庭;一些省份还试行少年案件指定管辖庭的做法,即"通过指定管辖将少年案件集中到有专门机构、审判力量较强的少年审判庭审理"③。

随着少年法庭改革与实践的不断深入,将少年法庭提升为少年法院的呼声不绝于耳。大约从1998年起,组建少年法院的相关文章和文件就屡屡出现于报刊和媒体上,在2001—2003年的相关杂志上,关于设立少

---

① 参见姚建龙:《从少年法庭到少年法院——对我国目前创设少年法院的几点思考》,载《中国青年研究》2001年第6期。
② 参见中国青少年研究中心2008年10月28日在京发布的《中国未成年人权益状况报告》,http://sunyunxiao.youth.cn/zxzx/200810/t20081028_814506.htm,最后访问日期:2008年11月10日。
③ 参见林常茵:《试述我国基层法院少年审判机构的发展趋向》,http://12355.youth.cn/dcyyj/sfzd/200711/t20071102_607700.htm,最后访问日期:2008年8月25日。

年法院的理论论证文章数不胜数,仅在《青少年犯罪问题》杂志上就连续出现多篇关于设立少年法院的专门文章。实践中,上海、河南、福建等省市曾经为筹建少年法院而作过实质性的努力,如河南省高级人民法院李道民在2002年3月九届全国人大九次会议上提交了《关于在我国设立少年法院的议案》,洛阳市中级人民法院曾向最高人民法院提出《关于成立洛阳市少年法院的请示》(洛中法[2001]39号)。从政策层面看,少年法院似乎也有很多利好,如2003年8月全国人大执法检查组在对未成年人保护的"两法"执法检查报告中,提出在一些条件较好的大城市可建立少年法院试点的意见。最高人民法院即决定在全国开展少年法院的试点工作并提出方案,报全国人大常委会审批;2004年底,中央司法体制改革领导小组提出"要改革和完善未成年人司法制度"的意见;最高人民法院在《"二五"改革纲要》中,也将完善未成年人司法制度列为重大改革任务之一,并在纲要第58条明确规定:"完善审理未成年人犯罪案件和涉及未成年人权益保护案件的组织机构。"少年法院有呼之欲出之势。然而,全国人大常委会对最高人民法院提出的关于设立少年法院的方案未予批准,2005年之后,设立少年法院的努力告一段落。

尽管设立少年法院的尝试遭遇挫折,但据笔者对一些基层法院的调查情况看,现有的少年法庭仍然在改革中不断走向深入。如南京市鼓楼区法院、玄武区法院、秦淮区法院、浦口区法院等几个设立少年法庭的法院,几乎都已经将少年法庭建成了"综合性的法庭",不仅受理少年刑事案件,而且受理涉及少年权益保护的民事案件和行政案件,如少年抚养案件、少年被侵害案件等。从审理形式看,少年庭常采用适合未成年人身心特点的非正式庭审方式,如江苏省多家法院的少年法庭均采用了"圆桌审判"的形式来审理少年案件,这已经成为人民法院教育、挽救、感化未成年人的有效形式。① 从实践看,"圆桌审判"能有效地拉近法官与少年被告人及其父母之间的距离,消除他们的恐惧心理,不仅使庭审程序在缓和的气氛中进行,而且还可以使法官将法制教育寓于其中,促使少年被告人勇敢承认错误,痛下决心改正错误;促使处于家庭战争中的夫妻幡然醒悟,重新认识亲情和温馨家庭对未成年子女成长的重要性,进而改善双方关系,或将子女问题妥善处理好。从全国情况看,各地少年法庭都在积极探

---

① 参见刑一、王俊、王茜楠:《圆桌审判,特殊的课堂》,载《江苏法制报》2008年3月27日。

索"圆桌审判"、"判后跟踪教育"等符合未成年人生理、心理特点的审判方式,有的还坚持"回访制度",凸显对未成年犯罪人的人文关怀。

笔者相信随着综合性少年法庭的发展,少年法庭的归宿要么是成立独立的综合性的少年法院,要么是与家事法庭的发展合流,成为设立家事法院的前提。而作为前者的综合性的少年法院,往往因名不符其实而改名为"少年及家事法院"(泰国及我国台湾地区即是如此),实际上还是家事法院。所以,无论是少年法庭的发展壮大,还是家事合议庭、家事法庭的发展,都将对统合成立家事法院有所助益。

(四) 我国家事法院的管辖范围

关于家事法院的管辖范围,未来的家事法院与近期的家事法庭,当然会有所区别。

1. 未来家事法院的管辖范围

我国未来的家事法院应当是综合性的家事法院,它内设家事部和少年部,分别管辖家事案件和少年案件。

家事案件又可以分为家事诉讼案件和家事非讼案件。家事诉讼案件包括人事诉讼案件和其他家事诉讼案件。人事诉讼案件主要包括:(1)婚姻事件,包括离婚之诉、确认婚姻无效之诉、婚姻撤销之诉、同居之诉等;(2)亲子事件,包括否认子女之诉、确认生父(母)之诉等;(3)收养事件,包括收养无效之诉、解除收养之诉等。其他家事诉讼案件主要包括:(1)抚养事件,包括子女抚养之诉、给付抚育费之诉、变更抚养费之诉等,此种事件往往是离婚等人事诉讼事件的附带解决事项,但也可以单独提起诉讼。(2)遗产继承案件。包括确认遗嘱效力、确认继承人身份、分割遗产等诉讼。也有国家将此类诉讼作为非讼事件处理。(3)家庭成员侵权案件,包括配偶之间的侵权案件,如离婚损害赔偿或者婚内损害赔偿以及其他家庭成员间的侵权案件。家事非讼案件主要包括:(1)确认公民无民事行为能力、限制行为能力案件;(2)宣告公民失踪、宣告公民死亡案件;(3)监护事件,如选任指定监护人、选任监护监督人、许可监护人等案件;(4)继承相关事件,如确认撤销遗嘱、选任遗嘱执行人、受理放弃继承的申请等案件;(5)财产管理事件,如选任失踪人、被宣告死亡人的财产管理人以及其他有关财产处分的案件;(6)离婚附带事件,如指定亲权人、确定抚养费、离婚费用分担等案件;(7)其他。如确定赡养费以及赡养费分担案件等。

少年案件可以分为少年犯罪案件和少年保护案件。具体而言可以从四个方面加以确定：（1）少年犯罪案件。对于成年人与未成年人共同犯罪的案件，成年人犯罪案件也可以由少年部受理。（2）小年龄成年人犯罪。如18周岁以上25周岁以下的在校学生犯罪案件，把这一部分案件纳入少年部，体现了我国《预防未成年人犯罪法》第34条的要求。（3）少年严重不良行为，即严重危害社会，尚不够刑事处罚或者因不满16周岁而不承担刑事责任的触法少年儿童案件。（4）未成年人保护案件，如以未成年人为被害人的刑事犯罪案件。①

关于家事法院的管辖范围，理论和实践中还存在一些误区。如有人认为，家事法院除了管辖上述案件外，还应当受理家庭内刑事案件，因为这类案件与家事案件一样，是在具有亲属关系的当事人之间发生，具有不同于一般犯罪的特殊性，所以也应当由家事法院统一管辖。② 笔者认为尽管家庭内刑事案件具有一定的特殊性，如被告人与被害人之间存在一定的亲属关系，但在审理程序上并没有特殊性，由家事法院管辖，不仅没有必要，而且还可能造成程序复杂、法律适用不统一等不良后果。因此，这类案件不宜划归家事法院管辖；还有人认为，少年案件除了包括少年犯罪案件和少年保护案件外，还包括少年行政案件，如原告是未成年人的行政案件和其他涉及未成年人的行政案件。③ 笔者认为少年行政案件也不宜由家事法院管辖，因为少年行政案件由普通法院管辖和受理并没有什么障碍，不需要由并不熟悉此项业务的家事法院来管辖。家事法院的能力是有限的，无限扩大其管辖范围，只能使其丧失特殊性，又回归"大而全"的普通法院。

2. 家事法庭的管辖范围

在现阶段，家事法院还不具备普遍确立的条件，在普通法院设立家事法庭可能是具有实用性的一种理性选择。在这样的背景下，需要从理论上界定其管辖范围。家事法庭只能受理家事民事案件，家事刑事案件和少年案件不宜受理，少年案件由少年法庭统一受理和管辖，家事刑事案件

---

① 参见姚建龙：《少年法院研究》，华东政法学院2003年法学硕士论文。
② 参见尹绪洲：《家事审判制度研究》，河南大学2001年硕士论文。
③ 参见洛阳市中级人民法院《关于成立洛阳市少年法院的请示》（洛中法[2001]39号）。

由刑庭受理和管辖。至于家事案件的范围,可以比照家事法院家事部的管辖范围,逐步予以确立和完善。目前,我国各地成立的家事案件合议庭,多半是以婚姻案件为核心组建的,很少将家事非讼案件纳入其中,在以后改革和发展中,宜逐步将家事非讼案件纳入其中,并将家事案件合议庭改建为家事法庭。

四、本章小结

家事法院源自国外,在对家事法院进行全方位分析之后,必然思考这一制度对我国的实践意义。笔者认为,建构家事法院将是我国法院制度现代化进程中的应然选择,因为在世界经济全球化、法律发展趋同化的背景下,我国已经融入法制现代化的滚滚洪流,这一历程不可逆转。正因此,在法律制度的发展中,我们既不能闭关自守,盲目乐观,也不能视国外已经成熟的经验和制度于不顾,盲目排斥,应当说移植与创新都是我们在制度发展中必须坚持的原则。对于法院制度而言,家事法院的产生和发展是家事审判制度产生和发展的必然产物,而家事审判制度又是民事诉讼制度发展到一定程度时的必然产物。

就我国而言,建立家事法院已经显现出必要性。一方面,我国少年案件的数量日趋增多,以离婚为核心的婚姻家庭案件数量庞大,另一方面,普通法院处理此类案件愈来愈显示出不适应性,因为我国民事司法改革的实践早已将当事人主义的诉讼理念植入法官的思维之中,对那些需要职权探知和职权介入的家事案件并没有分别规制,这样,普通法院对家事案件愈来愈感到棘手,这就迫使学界和实务界共同思考家事案件审理的特殊性,包括审理该类案件的人员特殊、法院特殊、程序特殊、审理理念特殊,构建具有专业性的专门家事法院成为家事审判制度中重要内容,同时它也是法院制度现代化以及科学重构专门法院体系的必然要求。

在我国建立家事法院不仅是必要的,也是可行的,因为家事法庭在我国实践中已经初见雏形。如以"婚姻家庭案件合议庭"、"妇女维权合议庭"、"妇女儿童合议庭"等名称出现的专门合议庭。这些专门合议庭中不仅有相对专门化的家事法官,而且还聘有专门的家事陪审员,更为重要的是,该种家事合议庭已经初步具备家事法院的社会机能,如为社会提供热线电话,当妇女儿童遇到维权问题时,可通过拨打该电话向合议庭进行投诉或者咨询。随着家事审判制度研究的深入,家事审判制度的重要价值已经逐步被认知,立法和司法解释也已经在一定程度上对家事审判和一般民事审判进行界分。这些都为家事法院的构建打下了坚实的基础。

当然,考虑到我国的具体国情,家事法院的构建还不能一步到位,而应当采取分步走的建构思路,比如在确定远期目标、中期目标的基础上考虑近期规划。远期目标可以考虑在我国建立全国统一的、综合性的家事法院体系;中期目标则是在一些大中型城市进行家事法院试点,取得突破后,循序渐进地向全国推进,在不具备条件的地方可以暂时采取家事法庭的形式进行组建;近期规划则是在家事合议庭的基础上,试行组建相对独立的家事法庭,配备相应的家事审判成员,在条件不具备的地方,可以成立家事案件合议庭进行过渡,条件成熟后,再一举改建为家事法院或家事法庭。

总之,我国是否建立家事法院已经不是问题,问题仅仅是如何建立家事法院,建立何种样态的家事法院。我们有理由保持一种理性的期待,相信在不远的将来,在某个大中城市将产生我国第一个独立的家事法院!

主要参考文献

（一）中文著作类

1. 肖扬主编：《当代司法制度》，中国政法大学出版社1998年版。
2. 冷罗生：《日本现代审判制度》，中国政法大学出版社2003年版。
3. 夏吟兰：《美国现代婚姻家庭制度》，中国政法大学出版社1999年版。
4. 孙云晓、张美英主编：《当代未成年人法律译丛》（澳大利亚卷），中国检察出版社2006年版。
5. 刘立宪等：《海外司法改革走向》，中国方正出版社2000年版。
6. 龚刃韧：《现代日本司法透视》，世界知识出版社1993年版。
7. 陈刚、廖永安主编：《移植与创新：混合法制下的民事诉讼》，中国法制出版社2005年版。
8. 宋冰编：《读本：美国与德国的司法制度及司法程序》，中国政法大学出版社1998年版。
9. 陈刚主编：《比较民事诉讼法》（2003年卷），中国人民大学出版社2004年版。
10. 陈刚主编：《比较民事诉讼法》（2004—2005年卷），中国人民法学出版社2006年版。
11. 陈苇主编：《加拿大家庭法汇编》，群众出版社2006年版。
12. 陈苇主编：《外国婚姻家庭法比较研究》，群众出版社2006年版。
13. 陈琪炎：《亲属、继承法基本问题》，台湾三民书局1980年版。
14. 张中剑、赵俊等：《少年法研究》，人民法院出版社2005年版。
15. 范愉：《非诉讼纠纷解决机制研究》，中国人民大学出版社2000年版。
16. 薛波主编：《元照英美法词典》，法律出版社2003年版。
17. 朱胜群编著：《少年事件处理法新论》，台湾三民书局1976年版。
18. 王亚新：《对抗与判定》，清华大学出版社2004年版。
19. 邱联恭：《司法之现代化与程序法》，台湾三民书局1992年版。

20. 李浩:《民事诉讼制度改革研究》,安徽人民出版社2001年版。
21. 李浩主编:《强制执行法》,厦门大学出版社2004年版。
22. 江伟、杨荣新主编:《民事诉讼机制的变革》,人民法院出版社1998年版。
23. 张卫平:《诉讼架构与程式——民事诉讼的法理分析》,清华大学出版社2000年版。
24. 宋浩波:《犯罪学原理》,中国人民公安大学出版社2001年版。
25. 巫昌祯主编:《婚姻与继承法学》,中国政法大学出版社1997年版。
26. 汤维建主编:《民事诉讼法学》,北京大学出版社2008年版。
27. 江伟主编:《民事诉讼法》,高等教育出版社、北京大学出版社2000年版。
28. 汤维建等:《民事诉讼法全面修改专题研究》,北京大学出版社2008年版。
29. 王强义:《民事诉讼特别程序研究》,中国政法大学出版社1993年版。
30. 李霞:《监护制度比较研究》,山东大学出版社2004年版。
31. 林秀雄主编:《民法亲属继承实例问题分析》,台湾五南图书出版公司2003年版。
32. 戴东雄:《亲属法实例解说》,台湾三民书局2000年版。
33. 江伟主编:《中华人民共和国民事诉讼法修改建议稿(第三稿)及立法理由》,人民法院出版社2005年版。
34. 刘敏:《裁判请求权研究》,中国人民大学出版社2003年版。
35. 吴英姿:《法官角色与司法行为》,中国大百科全书出版社2008年版。
36. 朱景文:《比较法社会学的框架和方法——法制化、本土化和全球化》,中国人民大学出版社2001年版。
37. 文军主编:《西方社会学理论:经典传统与当代转向》,上海人民出版社2006版。
38. 公丕祥:《法哲学与法制现代化》,南京师范大学出版社1998年版。
39. 苏力:《法治及其本土资源》,中国政法大学出版社1996年版。
40. 张福森主编:《各国司法体制的宪法性规定》,法律出版社2005年版。
41. 郑瑞法主编:《法院现代化建设战略研究》,人民法院出版社2007年版。
42. 陈惠馨:《亲属法诸问题研究》,台湾月旦出版公司1993年版。
43. 曹诗权:《未成年人监护制度研究》,中国政法大学出版社2004年版。
44. 杨立新:《亲属法专论》,高等教育出版社2005年版。
45. 王洪:《婚姻家庭法》,法律出版社2003年版。

(二)外文著作、译著及论文

1. 〔日〕中村英郎:《民事诉讼理论的法系考察》,日本成文堂1986年版。
2. 〔日〕梶村太市、德田和幸编:《家事事件手续法》,日本有斐阁2005年版。

3.〔日〕高桥宏志、高田裕成编著:《新人事诉讼法与家庭裁判所实务》,《实用法律杂志》临时增刊 2003 年 12 月 25 日发行。

4.〔日〕小岛武司等:《司法制度的历史与未来》,汪祖兴译,法律出版社 2000 年版。

5.〔日〕沼边爱一、佐藤隆夫、野田爱子、人见康子编:《新家事调停读本》,日本一粒社 1991 年版。

6.〔日〕沼边爱一:《家事案件的理论与实务》、《家事案件的现状与问题二》、《家事调停中家事法官的责任五》,日本评论社 1990 年版。

7.〔日〕石田敏明:《新人事诉讼法:要点解说与 Q&A》,新日本法规 2004 年出版发行。

8.〔日〕吉冈睦子、长谷部由起子编著:《Q&A 人事诉讼法解说》,日本三省堂 2004 年版。

9.〔日〕池内美、町村泰贵:《离婚调停》,日本评论社 2006 年版。

10.〔日〕山本户克己:《人事诉讼手续法、家事审判法》,日本有斐阁 2004 年版。

11.〔日〕高桥宏志:《民事诉讼法:制度与理论的深层分析》,林剑锋译,法律出版社 2004 年版。

12.〔日〕川岛武宜:《现代化与法》,王志安等译,中国政法大学出版社 1994 年版。

13.〔日〕松本博之:《人事诉讼法》,日本弘文堂 2006 年版。

14.〔日〕小岛武司:《自律型社会与正义的综合体系——小岛武司先生七十华诞纪念文集》,陈刚等译,中国法制出版社 2006 年版。

15.〔日〕棚濑孝雄:《纠纷的解决与审判制度》,王亚新译,中国政法大学出版社 1994 年版。

16.〔日〕高见泽磨:《现代中国的纠纷与法》,何勤华等译,法律出版社 2003 年版。

17.〔日〕高木丰三:《日本民事诉讼法论纲》,陈与年译,中国政法大学出版社 2006 年版。

18.〔日〕野田爱子:《家庭法的世界潮流与家事法院》,载《家事月报》第 38 卷。

19.〔日〕六本佳平:《日本法与日本社会》,刘银良译,中国政法大学出版社 2006 年版。

20.〔英〕凯特·斯丹德利:《家庭法》,屈广清译,中国政法大学出版社 2004 年版。

21.〔英〕安东尼·W.丹尼斯、〔英〕罗伯特·罗森编:《结婚与离婚的法经济学分析》,王世贤译,法律出版社 2005 年版。

22.〔英〕丹宁勋爵:《家庭故事》,刘庸安、张文镇译,法律出版社 2000 年版。

23. 〔美〕哈里·D.格劳斯:《家庭法》(英文版),法律出版社 1999 年版。

24. 〔美〕哈里·D.格劳斯:《美国家庭法精要》,陈苇主编,西南政法大学外国家庭法及妇女理论研究中心 2005 年版。

25. 〔美〕弗里德曼:《法律制度》,周叶谦译,中国政法大学出版社 1994 年版。

26. 〔美〕理查得·A.波斯纳:《法律的经济分析》,蒋兆康译,中国大百科全书出版社 1997 年版。

27. 〔美〕戴维·波普诺:《社会学》,李强译,中国人民大学出版社 1999 年版。

28. 〔美〕麦克尼尔:《新社会契约论》,雷喜宁、潘勤译,中国政法大学出版社 2004 年版。

29. 〔美〕斯蒂文·N.苏本等:《民事诉讼法——原理、实务与运作环境》,傅郁林等译,中国政法大学出版社 2003 年版。

30. 〔美〕史蒂文·苏本、玛格瑞特·伍:《美国民事诉讼的真谛》,蔡彦敏、徐卉译,法律出版社 2002 年版。

31. 〔美〕杰克·H.弗兰德泰尔、玛丽·凯·凯恩、阿瑟·R.米勒:《民事诉讼法》,夏登峻、黄娟、唐前宏、王衡译,中国政法大学出版社 2003 年版。

32. 〔美〕加里·斯坦利·贝克:《家庭论》,王献生、王宇译,商务印书馆 1998 年版。

33. 〔德〕马克斯·韦伯:《经济与社会》之《法律社会学》,林荣远译,商务印书馆 2004 年版。

34. 〔德〕马克斯·韦伯:《论经济与社会中法律》,张乃根译,中国大百科全书出版社 1998 年版。

35. 〔德〕汉斯—约阿希姆·穆泽拉克:《德国民事诉讼法基础教程》,周翠译,中国政法大学出版社 2005 年版。

36. 〔德〕奥特马·尧厄尼希:《民事诉讼法》,周翠译,法律出版社 2003 年版。

37. 〔意〕莫诺·卡佩莱蒂编:《福利国家与接近正义》,刘俊详译,法律出版社 2000 年版。

38. Heidi P. Perryman, Parental Reaction to the Disabled Child: Implications for Family Courts, Family Court Review, Blackwell Publishing, October, 2005.

39. Marla B. Kraus, Special Needs Children in the Family Courts: Planning is Important Even When Life Doesn't Go the Way We Plan, Family Court Review, Blackwell Publishing, October, 2005.

40. Herbert J. Belgard, The American Bar Association and Unified Family Courts: Introduction to a Survey, Family Court Review, Sage Publications, Inc., January, 2004.

41. Anne H. Geraghty and Wallace J. Mlyniec, Unified Family Courts: Tempering Enthusiasm With Caution, Family Court Review, Sage Publications, Inc., October, 2002.

42. Barbara A. Babb, Where We Stand: An Analysis of America's Family Law Adjudicatory Systems and the Mandate to Establish Unified Family Courts, 32 FAM. L. Q. 35—36, Spring, 1998.

43. Andrew Schepard, Law Schools and Family Court Reform, Family Court Review, Sage Publications, Inc. , October, 2002.

44. John Sullivan, Chief Judge Announces Plan to Streamline Family Court, N. Y. Times, Feb. 25, 1998.

45. Unified States Commission on Child and Family Welfare, Parenting Our Children: In the Best Interests of the Nation, A Report to the President and Congress 38, 1998.

46. Kathleen M. Sullivan, Access to Justice: the Social Responsibility of Lawyers: the Good that Lawyers Do, 4 Wish. U. J. L & POL'Y 7, 2000.

47. Norman J. Davis, A Reference to the New Family Court Rules, Arizona Attorney, the State Bar of Arizona, February, 2006.

48. Johnson Kuhn, Pro Bono Work in the Family Court, Delaware Lawyer, Delaware Bar Foundation, Spring, 2005.

49. Nat Stern and Karen Oehme, Defending Neutrality in Supervised Visitation to Preserve a Crucial Family Court Service, Southwestern University Law Review, Southwestern University School of Law, 2005.

50. Gerald W. Hardcastle, Adversarialism and the Family Court: A Family Court Judge's Perspective, UC. Davis Journal of Juvenile Law & Policy, The Regents of the University of California, Winter, 2005.

51. Gregory Firestone, Mediating Judicial Policy: Successful Mediation of a Family Court Rule on Domestic Violence and Mediation, Family Court Review, Sage Publications, Inc. , January, 2004.

52. William Howe, Introduction to the Oregon Futures Report, Family Court Review, Sage Publications, Inc. , October, 2002.

53. Oregon Judicial Department—Statewide Family Law Advisory Committee, Oregon's Integrated Family Court of the Future, Family Court Review, Sage Publications, Inc. , October, 2002.

54. Judithh D. Moran, Family Court Reform: Fragmented Courts and Child Protection Cases: A Modest Proposal for Reform, Family Court Review, Sage Publications, Inc. , October, 2002.

55. Paul Adams and Susan M. Chandler, Family Court Reform: Building Partnerships to Protect Children: A Blended Model of Family Group Conferencing, Family Court Review, Sage Publications, Inc. , October, 2002.

56. Anthony J. Sciolino, Advocating for Change: the Status & Future of America's Child Welfare System 30 Years After Capta: the Changing Role of the Family Court Judge, Cardozo Public Law, Policy & Ethics Journal, April, 2005.

57. Sheila Jennings, Special Needs Children in the Family Court: Autism in Children and Parents: Unique Considerations for Family Court Professionals, Family Court Review, Blackwell Publishing, October, 2005.

58. Mark Browning and Jim Hoening, Hawaii's Family Court Promotes Innovative Divorce Resolutions, Hawaii Bar Journal, Hawaii State Association, July, 2006.

59. David J. Newblatt, How to Convince the Judge on Motion Day in Family Court, Michigan Bar Journal, the State Bar of Michigan, July, 2006.

60. Bob Cerceo and Marshal S. Willick, Can the Family Court Ever Hear Civil Division Court Matters?: Marital Torts and the Selective Expansion of Subject Matter Jurisdiction, Nevada Lawyer, the State Bar of Nevada, August, 2006.

61. Bar Association Committee Reports, Family Court Bench/Bar, Rhode Island Bar Journal, the Rhode Island Bar Association, July, 2006.

62. Warren Moise, The Corpus Evidentia in Family Court, South Carolina Lawyer, South Carolina Bar, May, 2004.

63. James W. Bozzomo and Gregory Scolieri, A Survey of Unified Family Courts: An Assessment of Different Jurisdictional Models, Family Court Review, Sage Publications, Inc., January, 2004.

64. Bobbe J. Bridge, Solving the Family Court Puzzle: Integrating Research, Policy and Practice: Opening Remarks to the 42nd Annual Conference of the Association of Family and Conciliation Courts, Family Court Review, Blackwell Publishing, April, 2006.

65. Astra Outley, Adoption and Foster Care: Overcoming Barriers to Permanency: Recommendations for Juvenile and Family Courts, Family Court Review, Blackwell Publishing, April, 2006.

66. The Harvard Law Review Association, Developments in the Law: VI. Unified Family Courts and the Child Protection Dilemma, Harvard Law Review, May, 2003.

67. Ericka A. Schnitzer-Reese, International Child Abduction to Non-Hague Convention Countries: The Need for an International Family Court, Northwestern University Journal of International Human Rights, Northwestern University School of Law, Spring, 2004.

68. Erin J. May, Commentary to Wittmann: Commentary on "Empirical and Ethical Problems with Custody Recommendations:" A Call for New Family Court Priorities, Family Court Review, Blackwell Publishing, April, 2005.

69. David Barnard, The Family Court in Action, London: Butterworths, 1983.

70. Carol Smart, Papers Celebrating the 25th Anniversary of the Family Court of Australia, From Children's Shoes to Children's Voices, Family Court Review, Sage Publications, Inc., July, 2002.

71. Stephen Cretney, Family Law in the Twentieth Century A History, Oxford University Press, 2003.

72. Nat Stern, Karen Oehme, Defending Neutrality in Supervised Visitation to Preserve a Crucial Family Court Service, Southwestern University Law Review, Southwestern University School of Law, 2005.

73. Parker and Parkinson, Solicitors and Family Conciliation Services—A Basis for Professional Co-operation, Family Law, Volume, 13, 1985.

74. Wilson, Alternative Dispute Resolution, Auckland University Law Review, Volume. 7(2), 1993.

（三）期刊论文类

1. 李青:《中日"家事调停"的比较研究》,载《比较法研究》2003 年第 1 期。
2. 陈爱武:《家事调解:比较借鉴与制度重构》,载《法学》2007 年第 6 期。
3. 李浩:《委托调解若干问题研究》,载《法商研究》2008 年第 1 期。
4. 彭南元:《论家事案件采心理咨询服务之可行性》,载《司法周刊》2002 年 10 月 2 日,第 1102 期。
5. 董开军:《澳大利亚联邦司法制度研究报告》(上),载《中国司法》2005 年第 3 期。
6. 林菊枝:《家事裁判制度之比较研究》,载《政大法学评论》1976 年第 13 期。
7. 张鸿巍:《美国少年法院研究》,载《广西大学学报》(哲学社会科学版)2005 年第 2 期。
8. 刘学在、胡振玲:《论司法权与行政权的十大区别》,载《湖北教育学院学报》2002 年第 4 期。
9. 孙笑侠:《司法权的本质是判断权》,载《法学》1998 年第 8 期。
10. 蒋红珍、李学尧:《论司法的原初与衍生功能》,载《法学论坛》2004 年第 2 期。
11. 丁以升、孙丽娟:《论我国法院纠纷裁判功能的理性建构》,载《法商研究》2005 年第 2 期。
12. 毕玉谦:《我国各级法院的职能定位与审级制度的重构》,载《中国司法》2005 年第 8 期。
13. 吴英姿:《乡下锣鼓乡下敲——农村基层法官在法与情理之间的沟通策略》,载《南京大学学报》2005 年第 2 期。

14. 蒋月:《家事审判制:家事诉讼程序与家事法庭》,载《甘肃政法学院学报》2008年第1期。

15. 苏力:《法律活动专门化的法律社会学思考》,载《中国社会科学》1994年第6期。

16. 左卫民:《司法审判职能之分化:传统型与现代型法院制度的比较研究》,载《学术研究》2001年第12期。

17. 左卫民:《反思法院制度:意旨、对象与路径》,载《四川师范大学学报》(社会科学版)2005年第3期。

18. 姚莉:《功能与结构:法院制度比较研究》,载《法商研究》2003年第2期。

19. 姚莉:《法制现代化进程中的审判组织重构》,载《法学研究》2004年第5期。

20. 章武生:《基层法院改革若干问题研究》,载《法商研究》2002年第6期。

21. 王利明、姚辉:《人民法院机构设置及审判方式改革问题研究》(上),载《中国法学》1998年第2期。

22. 邱璿如:《家事事件审理程序之建构》(上、下),载《台湾本土法学杂志》2002年第10期。

23. 戴瑀如:《国家应否及如何介入子女亲权与会面交往权之酌定——欧洲人权法院相关裁判之评析》,载《月旦法学杂志》2007年第12期。

24. 黄荣康、路志新:《澳大利亚家事法院的调解》,载《广州审判》2005年第6期。

25. 魏大晓:《家事诉讼与非讼之集中交错——以对审权与裁量权巍为中心》,载《月旦法学杂志》2003年第3期。

26. 魏大晓:《亲权与家事事件审理程序》,载《月旦法学杂志》2002年第11期。

27. 林富洲:《论家事法庭之调解实务》,载台湾地区《律师杂志》7月号,第274期。

28. 施慧玲:《论我国家庭法之发展与研究——一个家庭法律社会学的观点》,载台湾地区《政法法学评论》第63期。

29. 梁爱诗:《Divorce, what next?》,载《香港律师》1990年1月号。

30. 孙彰良:《日本儿童福利法制概述》,载《扶幼e季刊》第136期,2006年1月出版。

31. 彭南元:《论家事案件采心理咨询服务之可行性》,载《司法周刊》2002年第1102期。

32. 郭丽安、李星谦、王唯馨:《家事调解的实践与反省》,2005年台南长荣大学主办的"家事商谈实务国际研讨会"论文。

33. 赖月蜜:《澳洲、香港、日本之家事商谈相关制度比较研究——兼论我国家事商制度之现况与发展》,暨南国际大学社会政策与社会工作学系2005年博士论文。

34. 许翠玲:《新竹地方法院家事法庭目前调解制度运作情形报告》,2005 年于司法院少年及家事厅主办的"司法院强化地方法院家事调解功能座谈会"上发言。

35. 郑维瑄、苏金婵:《台南地方法院家事调解服务模式探讨与反思》,2005 年台南长荣大学主办的"家事商谈实务国际研讨会"论文。

36. 成都法院赴日本、韩国考察组:《日本、韩国少年司法制度掠影》,载《当代法官》2006 年第 2 期。

37. 康树华:《国外青少年犯罪状况与我国的比较》,载《江苏警官学院学报》2005 年第 5 期。

38. 蒋索、何姗姗、邹泓:《家庭因素与青少年犯罪的关系研究评述》,载《心理科学进展》2006 年第 3 期。

39. 杨曦、张旭、章皎洁、李炎、胡泽卿:《家庭因素对青少年犯罪的影响》,载《神经疾病与精神卫生》2007 年第 2 期。

40. 张克锋:《家庭与青少年犯罪》,载《广东社会科学》2006 年第 3 期。

41. 中国审判编辑部:《婚姻案件审判的社会责任和审判技巧》,载《中国审判》2006 年第 8 期。

42. 中国审判编辑部:《婚姻案件审判的社会责任和审判技巧》(续),载《中国审判》2006 年第 9 期。

43. 宋鱼水:《我对调解的感悟》,载《中国审判》2007 年第 3 期。

44. 管育鹰:《试论我国专门法院设置的改革》,载《人民司法》2004 年第 8 期。

45. 许洱多:《"90 后"犯罪现象敲响社会警钟 专家分析特点及原因》,载《上海法治报》2008 年 2 月 25 日。

46.《李银河谈"非婚同居"现象》,载《北京娱乐信报》2003 年 7 月 16 日。

47. 尚秀云:《家庭教育欠妥会毁掉孩子》,载《北京日报》2005 年 1 月 5 日。

48. 李浩:《诉讼调解引入社会力量的意义》,载《人民法院报》2007 年 11 月 6 日。

49. 张晓茹:《发达国家的家事裁判制度》,载《人民法院报》2006 年 3 月 3 日。

50. 李杰:《完善我国身份关系诉讼制度的构想》,载《中国法学》1990 年第 6 期。

51. 刘田玉:《建立我国身份关系诉讼制度刍议》,载《中央政法管理干部学院学报》1998 年增刊。

52. 王礼仁:《设立人事诉讼制度之我见》,载《法律适用》2002 年第 10 期。

53. 梁宏辉、张德峰:《论我国人事诉讼程序之构建》,载《广西政府管理干部学院学报》2003 年第 5 期。

54. 邵俊武:《建立婚姻家庭民事诉讼专门程序之我见》,载《兰州商学院学报》2003 年第 4 期。

55. 陈爱武:《略论人事诉讼程序之构建》,载《诉讼法学研究》2006 年第 6 卷。

56. 许少波:《我国家事审判制度之构建》,载《开封大学学报》2001 年第 2 期。

57. 滕威：《关于设立身份关系特别诉讼程序的思考》，载《审判研究》(总第三辑)，法律出版社 2004 年版。

58. 孟涛：《日本人事诉讼法的改革动向——兼谈家事审判制度的发展规律》，载陈刚主编：《比较民事诉讼法》(2003 年卷)，中国人民大学出版社 2004 年版。

59. 张晓茹：《家事保全程序探究——对我国民事诉讼立法中一个空白点的诠释》，载《河南社会科学》2006 年第 4 期。

60. 张晓茹：《家事事件程序的法理分析》，载《河北法学》2006 年第 6 期。

61. 张晓茹：《日本家事法院及其对我国的启示》，载《比较法研究》2008 年第 3 期。

62. 姚建龙：《从少年法庭到少年法院——对我国目前创设少年法院的几点思考》，载《中国青年研究》2001 年第 6 期。

63. 姚建龙：《中国为什么需要少年法院:简单但却容易被忽视的理由》，载《青少年犯罪研究》2006 年第 5 期。

(四) 学位论文类

1. 尹绪洲：《家事审判制度研究》，河南大学 2001 年硕士论文。
2. 张晓茹：《家事裁判制度研究》，中国政法大学 2004 年博士论文。
3. 郭美松：《人事诉讼程序研究》，西南政法大学 2005 年博士论文。
4. 巫若枝：《当代中国家事法制实践研究——以华南 R 县为例》，中国人民大学 2007 年博士论文。
5. 李永燕：《家事法院比较研究》，南京师范大学 2007 年硕士论文。
6. 姚建龙：《少年法院研究》，华东政法学院 2003 年法学硕士论文。
7. 陈爱武：《人事诉讼程序初论》，南京师范大学 2002 年硕士论文。
8. 刘艳群：《论我国人事诉讼程序之建构》，四川大学 2005 年硕士论文。
9. 徐芳：《论人事诉讼程序》，中国政法大学 2006 年硕士论文。
10. 邵彩然：《论人事诉讼程序》，中国政法大学 2006 年硕士论文。
11. 李学经：《家事审判程序研究》，西南政法大学 2003 年硕士论文。
12. 蔡理亮：《建构我国家事审判程序之设想》，郑州大学 2004 年硕士论文。
13. 蔡孟珊：《家事审判制度之研究——以日本家事审判制度为借镜》，台湾大学法律学研究所 1997 年硕士论文。

(五) 网络文章及资料

1. 《对美国少年法庭的考察和借鉴思考》，选自《重庆审判》，http://www.xblaw.com/news.asp? nid = 5181
2. 张裕荣：《日本家庭裁判所调查官之人才育成》，http://translate.google.cn/

translate? hl = zh-CN&sl = zh-TW&u = http://ksy.judicial.gov.tw/test/

3. 香港法律改革委员会报告书《排解家庭纠纷程序》(2003 年 3 月), http://www.info.gov.hk/hkreform.

4. 赖月蜜:《社会工作在法院体系内发展之探讨与省思》,2006 年 6 月在实践大学主办的"台湾社会工作实务与社会工作教育之对话与省思国际研讨会"发表, http://www.ntpu.edu.tw/sw/temp/O_20080225131735.doc

5. 仙台家庭裁判所"家庭裁判所委员会"议事概要,议题"人事诉讼中的参与员活用", http://www.courts.go.jp/sendai/about/iinkai/pdf/h191206_kasai.pdf

6. 日本辩护士(律师)联合会网站资料:《走进司法》,http://www.nichibenren.or.jp/cn/law-in-life.html#FIVE

7. 中国民商裁判网资料:《日本法院制度》,http://www.zwmscp.com/list.asp?unid = 191

8. 澳大利亚政府网站资料:Family Courts of Australia, http://www.familycourt.gov.au/presence/connect/home/court_lists/adelaide/ 2007-4-6.

9.《市民に開かれた家庭裁判所をめざして》,http://www.kanto-ba.org/decla/h19s.htm

10. 杨大文等:《婚姻法修订中的热点问题》,http://www.jjyf.com/webpage/news/68/hyfxg.htm。

11. 民政部:《2003 年民政事业发展统计报告》,http://news.sina.com.cn/c/2004-05-08/03562475113s.shtml。

12. 民政部:《2005 年民政事业发展统计报告》,http://cws.mca.gov.cn/article/tjbg/200801/20080100009380.shtml。

13. 民政部:《2006 年民政事业发展统计报告》,http://www.gov.cn/gzdt/2007-05/23/content_623325.htm。

14. 民政部:《2007 年民政事业发展统计公报》,http://www.ce.cn/xwzx/gnsz/gdxw/200801/24/t20080124_14348497.shtml。

15. 唐灿:《北京市民的婚姻行为》,http://www.sociology.cass.net.cn/shxw/jtyx-byj/P020050623285438750889.pdf。

16. 郭卜乐:《专家述评:二十年全国离婚案件情况简析》,http://www.zgxl.net/sexlore/hljt/lihun/zjspesnq.htm。

17.《实录:DNA 鉴定专家邓亚军谈亲子鉴定》,http://scitech.people.com.cn/GB/1057/4333256.html。

18.《统计数据显示:4% 欧美爸爸养的不是亲生子》,http://tech.sina.com.cn/d/2005-08-12/0859691309.shtml。

19.《"婚姻案件审判的社会责任和审判技巧"研讨会》,http://cfcjbj.fyfz.cn/

blog/cfcjbj/index. aspx? blogid=86302。

20. 钟平:《试论铁路运输等专门法院的法律地位》,http://www.chinacourt.org/html/article/200508/10/172985. shtml。

21. 《老河口市维权合议庭为妇女儿童撑起一片蓝天》,http://www.hbwomen. org. cn/2008-07/24/cms650586article. shtml。

22. 王洪、刘爱瑛:《为离婚妇女撑起一片蓝天——襄樊中院为妇女维权纪实》,http://hubeigy. chinacourt. org/public/detail. php? id=4837。

23. 《五峰县妇联与法院建立联席会议制度保护妇女儿童合法权益》,http://www.women. org. cn/allnews/1302/1904. html。

24. 《湖北法院推行妇女儿童权益合议庭制度》,http://www.kidsay. cn/viewnews_21311. html。

25. 《我院成立女子合议庭》,http://wssc. newssc. org/system/2008/05/08/010821339. shtml。

26. 《朝阳成立妇女儿童维权合议庭》,http://www.cyw. com. cn/flkx/fngz/4aecfc3216f59c1601170b12f6ab000a. html。

27. 《石家庄正定县反家庭暴力合议庭三措维护妇女儿童合法权益》,http://www.sjzfe. gov. cn/art/2007/10/15/art_23397_197056. html。

28. 《广西贺州中级法院五项举措完善审判管理机制》,http://www.pagx. cn/childhtml/2006/7-14/20060714091658561. html。

29. 《用法律维护妇女儿童权益,清远培训特邀陪审员》,http://www.southcn. com/news/dishi/qingyuan/shizheng/200404190554. htm。

30. 《"婚姻家庭案件中的性别视角研讨会"在京召开》,http://news. sohu. com/20070805/n251419824. shtml。

31. 《广东省法官协会民事审判专业学术委员会审理婚姻家庭案件研讨会综述1998》,http://www.iamlawyer. com/flgf/dffg/20080609/205813. aspx。

32. 《江苏省法院民一庭婚姻家庭案件疑难问题法律适用研讨会综述分类:婚姻家庭专栏(2005年)》,http://www.iamlawyer. com/flgf/dffg/20080609/205842. aspx。

33. 《全国"婚姻案件审判的社会责任和审判技巧"研讨会在市北法院召开》,http://qdsb. chinacourt. org/public/detail. php? id=571。

34. 马忆南:《婚姻家庭争议解决机制研讨会观点综述》,http://www.chinalawsociety. org. cn/research/shownews. asp? id=327&cpage=2。

35. 齐树洁:《家事诉讼:法院任重而道远》,载最高人民法院《人民法院报》国际互联网站2001年9月22日。

36. 林常茵:《试述我国基层法院少年审判机构的发展趋向》,http://12355. youth. cn/dcyyj/sfzd/200711/t20071102_607700. htm。

37. 中国青少年研究中心 2008 年 10 月 28 日在京发布的《中国未成年人权益状况报告》,http://sunyunxiao.youth.cn/zxzx/200810/t20081028_814506.htm。

38. 《未成年人犯罪的全方位治理》,http://news.sohu.com/20070826/n251780499.shtml。

39. 《"十五"期间中国青年发展状况与"十一五"期间中国青年发展趋势研究报告》,http://sunyunxiao.youth.cn/zxzx/200701/t20070113_510682.htm。

40. 夏庆山:《香港的法院架构》,http://www.sdcourt.gov.cn/art/2005/08/11/art_4572.html。

41. 《家事法庭至今的演变》,http://sc.legco.gov.hk/sc/www.legco.gov.hk/yr97-98/chinese/panels/ajls/papers/aj08093a.htm。

42. 尹佐海:《香港司法制度中的法院与法官》,http://www.chinalawedu.com/news/2005/9/li72614951211519500217936.html。

43. 《香港特别行政区的法院架构是怎样的?》,http://www.judiciary.gov.hk/tc/crt_services/pphlt/html/guide.htm。

后 记

随着2008年暑假的结束,本书的(也是我的博士论文)初稿也画上了一个初步的句号。掩卷深呼吸,似乎并没有如释重负的感觉,反而有一种隐隐约约的失落感。

回想起炎炎夏日,在空旷寂寥的办公室电脑前,像织毛衣一般,每天一点一点地将自己的思绪织进电脑,历经数日终于形成初稿。尽管初稿是稚嫩甚至丑陋的,但它却是我耗费心血凝成的。过来人都有体会,博士论文的写作过程犹如经历一个炼狱的洗礼,痛苦、绝望、焦虑、失落……几乎是如影随行,有时像一个盲人在陌生的小路上跋涉,跌跌撞撞,鼻青眼肿是常有之事;有时又像一个茫茫雪山上的徒步登山者,好不容易向上攀爬了几米,却又遭遇一阵狂风恶雨,人又滑落到原点,望着陡峭的山峰,早先的豪气已经不堪一击……个中滋味难以表说。也许,我可以借用"痛并快乐着"的感悟来表达自己,尽管这多少有些事后的矫情。

民事诉讼法学者张卫平教授非常钟情圣经中的一句话"那门是窄的",他不仅在讲座中经常提及,而且还以此为名出版著作一本。我也深深为此语中的哲理折服,在书稿写作中,这句话也常常回荡在我的耳边。"那门是窄的"来自耶稣劝诫众门徒的劝谕中,原话是:"你们要进窄门,因为引到灭亡,那门是宽的,路是大的,进去的人也多;引到永生,那门是窄的,路是小的,找着的人也少"。找到永生之路,也许是每个人都梦想的,然而,永生之路并非适合每个人。在上路之前,我们自己就应该追问内心:那门是窄的,你愿意走窄门吗?那路是长的,你愿意走长路吗,你有能力走长路吗?做课题、写博士论文的过程,某种意义上说就是在"行远路、走窄门"的征程上,此中的不堪已经初见端倪,以后的路况又将如何,仍是茫茫未知。然一路跋涉，蓦然回首，已无回头之道，原来这个长路乃一条不归之路，只能向前不能后退。远远望去，前方有一条美丽的地平线，也许执着地向前，有一天能享受这份美丽！

本书稿能够最终完成，我最应当感谢的是我的导师——南京师范大学法学院党委书记、博士生导师李浩教授。本书从选题的确定，到大纲的修改定夺，再到初稿的修改以及各项建议，每一项都倾注了导师为我付出的辛勤汗水，令我感动至深！作为学界公认的学术带头人，导师在民事诉讼学术领域的造诣极高，但他从不恃才傲物，总是那么谦逊；对待学生虽然话语不多，但都是恳切之言、实在之语；更为重要的是，他总是勤于思考，勤于写作，用自己的行为默默地影响着我们。他温润如玉的品格、谦逊待人的风范以及严谨治学的态度是值得我学习和珍藏的毕生财富！

南京师范大学法学院副院长、博士生导师刘敏教授对我的书稿也提供了若干无私的帮助，在论文的大纲形成和初稿修改中，他都给我提出了诸多富有见地的修改意见，令我感动！我还要感谢南京师范大学副校长、博士生导师夏锦文教授，南京师范大学法学院博士生导师李建明教授，中南财经政法大学博士生导师姚莉教授，他们都曾为我书稿的提纲提出了许多实实在在的修改意见和建议，热情地给我指点迷津，令我少走了不少弯路！作为博士论文，在论文的评阅和答辩过程中，《中国法学》杂志主编、中国人民大学法学院博士生导师陈桂明教授，四川大学法学院博士生导师龙宗智教授，为我的书稿提出了若干中肯的建议和意见，让我深感荣幸！导师们诲人不倦的精神令我感念！再次表示我最真诚的感谢！

能顺利完成本书，还需提及许多为我提供帮助的其他老师、同学和朋友，他们同样是我的精神支柱。复旦大学法学院的章武生教授曾对我的书稿选题给予很高的评价，他的鼓励令我难忘！这一选题在 2006 年度还因此获得司法部法学课题的立项。赵莉老师作为我的同事和朋友，她在日文资料方面给我提供了许多无私的帮助，在此我表示由衷的感谢！南京师范大学民商法学博士研究生、南京信息工程大学的蒋洁老师，为我检索和收集了大量英文资料，给我的论文写作带来了极大的便利，令我感动至深！南京师范大学法理学博士研究生方乐同学，也为我提供了许多与写作相关的资料，并曾为我的书稿提出过富有见地的建议，我也要向他表示感谢！江苏省社科院法学所的研究员方明女士在实务资料方面给我提供过不少实在的帮助，一并感谢！在我论文写作遇到困难时，山东大学法学院的李霞教授多次给我鼓气,并给我寄来了一些专著和资料,也令我感动!

此外,在本书写作过程中,我阅读了大量与书稿主题相关的专著和文章,在收获思想和知识的同时,还获得了诸多启示和灵感,为我的论文写作带来便利,感谢这些专著和文章的作者,他们是张卫平教授、章武生教授、汤维建教授、王亚新教授、傅郁林教授、齐树洁教授、吴英姿教授、左卫民教授、夏吟兰教授、陈苇教授……

我还要感谢我的家人,先生和女儿都很支持我攻读博士学位,令我倍感欣慰!女儿尤其懂事!为了减少做饭、做家务的时间,在女儿就读的中学离我家很近的情况下,我一直让女儿在学校食堂解决午餐和晚餐,尽管食堂饭菜的营养和口味不敢恭维,但女儿从没有怨言,相比于那些为了孩子在学校附近租一套房、专门为孩子做可口饭菜的母亲,我是极不合格的。2009年夏天,女儿已顺利考入大学,让我倍感欣慰。我的年迈的父母也常常为我的家庭奔波,解决了我的后顾之忧,令我无以为报!然而,不幸的是,我的父亲在2008年度的最后一个月由于不慎,骑车摔伤了颈椎,导致高位截瘫的严重后果,虽然动了手术,但情况却并不乐观。他痛苦的表情、无奈的呻吟以及无助的泪水让我不忍目睹,我的心常常在痛苦的深渊挣扎。夜深人静时我不止千百遍地祈求老天能护佑我勤劳质朴、善良可敬的老父度过难关、早日康复,实践苍天的好生之德,保佑好人一生平安!所幸,经过一年的康复,父亲已经能够站立,并能缓慢挪步。尽管他的步伐如幼儿学步般蹒跚和不灵活,但这已经是奇迹了!在此,我把这本小小的书稿敬献给我深爱的父亲、母亲,祝愿亲人们健康无恙!

最后,本书能够顺利出版,还要感谢中国人民大学法学院诉讼法学博士生刘加良老师和本书的责任编辑李铎老师。刘老师曾为本书的出版做了许多联络和推荐事宜,他的无私奉献令我感动!刘老师是一个既勤奋又极有思想的年轻学子,有着厚实的民事诉讼法学理论功底,我由衷地相信他在学术沃土上将收获丰硕的成果!李铎老师则以敏锐的学术眼光对本书的修改和完善提出了许多建设性的意见和建议,他那严谨治学、认真负责的精神常令我感到汗颜!要不是他多次的善意催促和提醒,本书可能不会这么快就交付出版。谢谢李铎老师!

陈爱武于南京龙凤花园

2009年元月1日